JUSTICE ANYWHERE IS A THREAT TO JUSTICE EVERYWHERE. WE ARE
CAUGHT IN AN INESCAPABLE NETWORK OF MUTUALITY, TIED IN
A SINGLE GARMENT OF DESTINY. WHATEVER AFFECTS
ONE DIRECTLY, AFFECTS ALL INDIRECTLY.

U0004949

太平洋

美

阿拉斯加州

夏威夷州

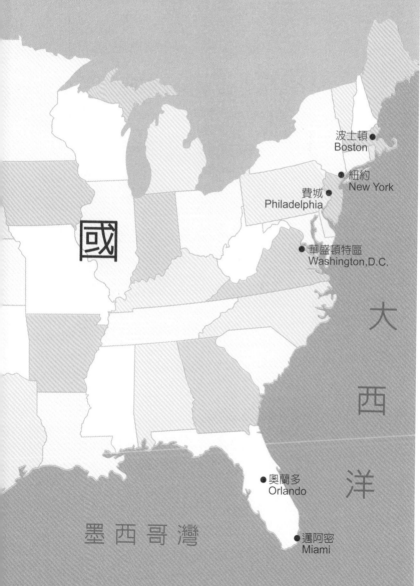

加拿大

美國

波士頓●
Boston

●紐約
New York

費城●
Philadelphia

●華盛頓特區
Washington,D.C.

大

西

洋

●奧蘭多
Orlando

墨西哥灣

●邁阿密
Miami

美國東岸重要城市位置圖

個人旅行主張

有人在旅行中享受人生，
有人在進修中順便旅行。
有人隻身前往去認識更多的朋友，
有人跟團出國然後脫隊尋找個人的路線。
有人堅持不重複去玩過的地點，
有人每次出國都去同一個地方。
有人出發前計畫周詳，
有人是去了再說。
這就是面貌多樣的個人旅行。

不論你的選擇是什麼，
一本豐富而實用的旅遊隨身書，
可以讓你的夢想實現，
讓你的度假或出走留下飽滿的回憶。

有行動力的旅行，從太雅出版社開始。

太雅

個人旅行
103

美國東岸
重要城市

紐約・華盛頓D.C.・波士頓
奧蘭多・邁阿密・費城

USA East
Coast Cities

(Joe Mabel / 攝)

文字・攝影 ◎ 柯筱蓉

太雅

個人旅行 *103*

美國東岸重要城市
紐約・華盛頓D.C.・波士頓・奧蘭多・邁阿密・費城

目錄

144 【費城分區導覽】

146 費城風情掠影
美利堅的誕生地／藝術蓬勃發展，
文化氣息濃／綠意盎然，公共空間
自然多／運動賽事繽紛，樣樣全不
缺

150 交通概說

156 熱門景點
自由鐘／獨立廳／
艾爾佛雷斯古巷道／
費城市政廳／「愛」公園／費城美
術館／富蘭克林博物館

170 費城一探究竟——
雕刻藝術，翻新費城

172 逛街購物
176 特色餐飲
182 住宿情報
186 費城周邊重要去處

來自編輯室

作者序

離開台灣之前，我認為台灣什麼都有，是一個豐富的地方，經過多年的旅行後，我終於知道了，原來台灣是美麗的故鄉，甜蜜的家園，真正的世界距離台灣挺遙遠的，你得走很遠很遠才看得見，而且是愈遠才愈了解這個世界。

世界上還有很多地方，尚未被文明沖淡淳樸真誠，典藏著各種原汁原味的美妙意境──因為旅行可以避開功利名銜的虛浮人事，可以每分每秒地學習社會人文累積的成就，加上壯麗廣闊的地理景觀──這一切，將會幫助你進行身心靈訓練、再提煉一回合。

此書的完成，我得感謝眾親友，最重要的當然是泰瑞、王芷、王芸對我無條件的「愛」，那是人生旅程最重要的燃料。

- -

關於作者

柯筱蓉

畢業於台灣大學、威斯康辛大學。為了回饋家鄉，連結美國崔維斯郡與澎湖縣，締結成姊妹市。也因為喜歡記錄旅遊經驗，出版了《巴黎親親》《美國東岸重要城市》旅遊書籍。如今重新再版《美東》，希望能和喜歡旅遊的朋友一同分享旅行經驗。現居美國與山水為鄰。

編輯室提醒

出發前，請記得利用書上提供的data再一次確認

　　每一個城市都是有生命的，會隨著時間不斷成長，「改變」於是成為不可避免的常態，雖然本書的作者與編輯已經盡力，讓書中呈現最新最完整的資訊，但是，我們仍要提醒本書的讀者，必要的時候，請多利用書中的電話，再次確認相關訊息。

資訊不代表對服務品質的背書

　　本書作者所提供的飯店、餐廳、商店等等資訊，是作者個人經歷或採訪獲得的資訊，本書作者盡力介紹有特色與價值的旅遊資訊，但是過去有讀者因為店家或機構服務態度不佳，而產生對作者的誤解。敝社申明，「服務」是一種「人為」，作者無法為所有服務生或任何機構的職員背書他們的品行，甚或是費用與服務內容也會隨時間調動，所以，因時因地因人，可能會與作者的體會不同，這也是旅行的特質。

新版與舊版

　　太雅旅遊書中銷售穩定的書籍，會不斷再版，並利用再版時做修訂工作。通常修訂時，還會新增餐廳、店家，重新製作專題，所以舊版的經典之作，可能會縮小版面，或是僅以情報簡短附錄。不論我們作何改變，一定考量讀者的利益。

票價震盪現象

　　越受歡迎的觀光城市，參觀門票和交通票券的價格，越容易調漲，但是調幅不大(例如倫敦)，若出現跟書中的價格有微小差距，請以平常心接受。

謝謝眾多讀者的來信

　　過去太雅旅遊書，透過非常多讀者的來信，得知更多的資訊，甚至幫忙修訂，非常感謝你們幫忙的熱心與愛好旅遊的熱情。歡迎讀者將你所知道的變動後訊息，善用我們提供的「線上回函」或是直接寫信來tai-ya@morningstar.com.tw，讓華文旅遊者在世界成為彼此的幫助。

太雅旅行作家俱樂部

如何使用本書

本書精采單元：美國東岸重要城市全區導覽、重點城市導覽、風情掠影、交通概說、逛街購物、特色美饌、住宿情報、旅遊黃頁簿以及城市一探究竟，一網打盡個人旅遊所需。多元豐沛的資訊，兼具廣度與深度，閱完此書即可輕鬆暢遊美國東岸重要城市。

先作功課的：

【風情掠影】 美國東岸重要城市各有其不同特色與樣貌，作者以生活化的筆觸，描繪6個城市之傳統與現況，觸及人文、生活、娛樂、休閒等面向，讀者可從中找出感興趣題材，發展具有個人風格的旅遊方式。其中，歷史溯源及相關旅遊資訊之掃描，更是出發前不可不看的知識大補帖。

【旅遊黃頁簿】 美國東岸重要城市執美國金融、政治、經濟、文化之牛耳，觀光面向多元，出發前拜讀相關旅遊訊息，有助於掌握行前規畫的準確度。

邊走邊看的：

【一日遊行程表】 重點分區備有精美編排的一日遊行程表，讀者不必太傷腦筋，即可直接按表操課，掌握行程的節奏，減少無謂的時間虛擲。

【分區熱門景點】 走訪美國東岸重要城市，看熱鬧更要懂門道。本書分區羅列當地必看旅遊熱點，並告訴讀者「去當地看什麼」、「怎麼去玩」、「看些什麼」。

一日遊行程表

各單元索引小目錄，輕鬆找出有興趣的景點

熱門景點

【旅行小抄】【玩家交流】【知識充電站】

為讀者設身處地設想，提供現場實用的旅遊TIPS，並獲取背景資料，進一步了解參觀的內涵。另外，一些值得注意的趣味細節、獨特的旅遊美感經驗、城市觀察心得，作者也在玩家交流中大方分享。

知識充電站

旅行小抄

玩家交流

【城市一探究竟】

透過作者的細膩思緒，歸納整理出單一主題的深度旅遊重點。6個主題的城市一探究竟，專注捕捉到美國東岸重要城市的藝術文化內涵。

需要時查詢的：

【交通概說】【逛街購物】【特色餐飲】【住宿情報】

交通概況、吃喝玩樂、逛街採購、住宿好所在，4個單元完全包打聽。包括營業時間、價位、類型、交通方式等概況，以圖像icon作成基本data，並加以重點解說，可免讀者大海撈針，迷失在幅員廣大的城市裡，同時從容體驗味蕾、視覺或購物的享受。

交通概說　　　　　逛街購物　　　　　特色餐飲　　　　　住宿情報

· 全書幣值以美金為單位。

· 美國境內各種票價及開放時間每年均會略有異動，本書已盡力更新最新資訊，但是要提醒者，購票前請先留意當地最新公布訊息，再行購買。

本書使用圖例

📷 景點	🚂 火車	💲 票價	@ e-mail	💳 付款方式
🛍 購物	✉ 住址	MAP 地圖	FAX 傳真	✈ 飛機
🍴 餐廳	📞 電話	➡ 如何到達	休 休息	🚇 地鐵
🛏 旅館	🕐 營業時間	http 網址	🛗 電梯	

暢遊美東
行程規畫有一套

一般人談到美國東部旅遊，主要是指波士頓、紐約、費城、華盛頓D.C.，是本書所提的美國東海岸城市的上半部，這4個都會型的城市，人口多商業大，城市間互動頻繁，有區域性的通勤巴士，就像台灣的國道巴士，班次多又便宜。例如波士頓和紐約之間，車行4小時，約15元，紐約和費城之間，車行2小時約12元，費城和華盛頓D.C.間，約是2小時30分15元。可以網上訂票，查詢時刻表及站址，也可到站才買票，太方便了，所以通勤巴士漸漸趕上飛機，變成民眾和觀光客的交通方式之一。

至於華盛頓D.C.以南的主要觀光區域，地點分散，加上人口不像北邊的四大城市多，所以交通方式以私人汽車或租車為主。

沿著東海岸的州際高速公路，

國鐵櫃檯

以95號為主，起自最北的緬因州，南至佛羅里達州的邁阿密，經過本書所提的6個主要城市，並且連接每一州的主要幹線，可到達重要的沿海度假城。

記住美國是大尺度國家，地方遼闊，如果時間有限，又想多走走，只好當空中飛人，這是美國的最常用的交通方式，也是造成美國航空網世界最密集的原因。

總之，善用各種交通工具，包括租車、國內航空、美國國鐵、區間巴士及長途巴士、短程市區計程車、UBER，將使你的美國東岸行程規畫更加完美。

租車

美國的公路四通八達，又寬又直，是愛車族的天堂，租車服務也因之發達，所有國際連鎖的租車公司在機場都有專櫃服務，每家也都有網路服務，從網上可得到車子等級、租價、折扣及特惠活動的訊息，甚至可以事先上網預約。一旦出了機場，走到租車公司往返機場、停車場之間的巴士專用站(通常在領行李處的門

16

外)，搭上預約公司的巴士到其停車場去領車，不消半小時，就有車代步了。

美國大都會博物館的內部展覽廳

國內航空

美國東岸幅員廣闊，雖然有便捷的交通系統，但州與州之間距離非常遠，有時候在有限的時間內旅遊，搭飛機變成了最有效率的選擇。美國國內航空非常發達，只要到各航空公司的網站上預約訂票即可，14天前預定的票價最低，愈接近起飛日期，機票價格愈高，每家公司都有促銷、大減價之類的活動，想要找便宜機票，就要多上幾家網站，還有超早(早上07:00以前)、超晚出發的班次，停靠站多的票價也比較低廉。

行李方面有許多限制，每人只可帶一個手提行李上機，託運約25～50元依航空公司而異。

購買減價機票要先想好，通常不得改時間地點，更不能轉讓，如果無法百分之百確定旅程日期，可不要貪圖便宜就買，改班機時間的罰款可能比票價還貴。另外，國內線通常沒有餐飲服務，有些航空公司甚至不劃位，依排隊次序而定。

州際高速公路連貫美國東岸重要城市地圖

美國國鐵

美國國鐵貫穿東海岸的班次不多，停靠站倒是很多，價格並不便宜，有時比搭飛機還貴。但搭乘鐵路車對遊客而言，還是比飛機舒服，其車艙分普通艙(Coach)、高級座艙(Suite)、臥舖(Sleeping car)及餐車(Restaurant)，可以直接到車站購票，或上網預購www.amtrak.com。

因為一路穿越高山遠野，也經過蔚藍海岸，風景十分美麗，所以開闢有東海岸觀光景點的專線，並時常舉辦各類促銷活動，現在愈來愈多人開始搭乘火車旅遊(Amtrak vacations)。為了促進觀光，針對非美國籍旅客還提供優惠車票，分別是 15、30、45天(Rail Pass)3種，在限期內可無限次數自由搭乘，有需要的人不妨在台灣的旅行社先行訂購。

巴士交通

1. 區間巴士

主要是指波士頓、紐約、費城、華盛頓特區間私人經營的巴士，比較有名的是Mega Bus(megabus.com)及Bolt Bus(boltbus.com)，中國城內也有許多華人經營的巴士公司，像是Chinatown Bus。這些巴士直達大城市，很受學生及年經族群歡迎，愈早買票愈便宜，不過行李有限制。

2. 長途巴士(Greyhound Bus)

美國全國各城市之間的往返，則是灰狗巴士。灰狗巴士遍及大城小鎮，如果想要深入美國鄉鎮，這是唯一的方式。

巴士車票可到最近的巴士站購買，或直接上網預購，只要鍵入灰狗巴士專屬網頁(www.greyhound.com)，輸入出發地和目的地，再找適合的班次，即可買到所需車票。灰狗巴士也像國鐵一樣，針對非美國籍遊客推出「灰狗周遊票」，票期分7、15、30、60天4種，可無限次搭乘。行前建議上網預購或向台灣旅行社訂購。

長途巴士通常每3小時停車休息，讓乘客伸腿、喝點咖啡、上廁所，但得注意上車時間，因為巴士不會等你的。

美東城市旅遊要善用交通工具

超級玩家的完美組合

美東有太多美好去處，如果你有充足時間，要玩得精采盡興，就屬三星期國鐵+長途巴士+一星期租車的21天壯舉最過癮。

● 21天路線

從紐約出發，先玩紐約及其附近景點，接著搭國鐵前往新港，再從新港去波士頓，停留波士頓期間，可以從市區搭水上巴士到鱈魚灣，之後，從波士頓搭國鐵或長途巴士到費城，從費城到華盛頓的路程，可以搭乘國鐵或各類長途巴士，有許多班次選擇。遊畢華盛頓D.C.，再租車直接開到威廉斯堡，沿95號公路南行，這樣的玩法很全面，濱海沿線的觀光景點都可一網打盡。

紐約(4天)→新港(1天)→波士頓(3天)→費城(2天)→華盛頓D.C.(3天)→華盛頓D.C.結束後開始租車→威廉斯堡(1天)→查爾斯頓(1天)→奧蘭多(3天)→棕櫚灘→羅得岱堡→邁阿密(2天)→莎瓦娜(1天)→華盛頓D.C.還車(1天)→搭國鐵或巴士返紐約搭機回國

●14天路線

從華盛頓D.C.往南的景點比較分散，建議開車玩法，從華盛頓D.C.往北行，因為城市大，街道複雜，外加停車超難，建議搭大眾運輸前往。

紐約(3天)→波士頓(2天)→費城(1天)→華盛頓D.C.(1天)→開始租車→查爾斯敦→奧蘭多(3天)→棕櫚灘→邁阿密(2天)→莎瓦娜(1天)→返華盛頓D.C.還車(1天)→搭車到紐約搭機或直接從華盛頓D.C.搭機返台

● 7天路線

如果要一星期玩東岸，就得租車加國內飛機不可。從台北飛到紐約，在紐約租車開往波士頓，再前行費城和華盛頓D.C.，在華盛頓D.C.機場還車。搭機到奧蘭多，奧蘭多租車開往棕櫚灘和邁阿密，從邁阿密搭機離開，雖然行程非常趕，還是可行的。

紐約(1天)→波士頓(1天)→費城(1天)→華盛頓D.C.(1天)→奧蘭多(2天)→邁阿密(1天)→台北

Boston
波士頓

哈佛大學
Harvard University

劍橋市
Cambridge

西區
West End

93號洲際公路

北區
North End

羅根國際機場
Logan International
Airport

麻省理工學院
M.I.T.
查爾士河

比肯舊區
Beacon Hill

市區
Downtown

波士頓人民公園
Boston Common

90號洲際公路

後灣區
Back Bay

南波士頓
South Boston

南區
South End

波士頓概略圖

人們爭相上船的畫作
(檔公共領域圖像資源)

波士頓

話說歷史軌跡的起點

波士頓創建於1630年，位於美國東北部大西洋沿岸，源起於一批在英國受到宗教迫害的清教徒，他們攜家帶眷乘五月花號船隊，冒著危險艱難的長途航行，到北美州拓荒。其中約翰·溫斯洛普率領的帆船，漂到查爾斯河入海口南邊的荒地後，開始就地發展。

船隊中有許多人來自英國的波士頓鎮，當他們開墾定居下來，就採用故鄉的名字來命名這塊新社區，這就是波士頓的由來。

18世紀中期，波士頓已發展成北美洲第一大城，普遍文化素質高，

五月花號開啟波士頓歷史
(由Mike Haywood繪製)

傑出人才濟濟，開始對英國的許多政策有異議。當英國藉增高稅捐來控制其殖民地時，波士頓居民最先反對，甚至為反高茶稅政策，把價值約2萬英鎊的茶葉倒入海裡，也就是歷史聞名的波士頓傾茶事件，此外還有許多類似事件相繼發生，埋下了獨立戰爭的種子。

1775年在波士頓附近的小村落萊克辛頓，村子裡的民兵和英軍發生軍火衝突，波士頓居民起而響應，揭開獨力戰爭，因此波士頓在美國的建國過程上站了「起頭」的重要歷史地位。

現在的波士頓是麻薩諸塞州最大城市，同時也是首府所在地。占地約230平方公里，已從早期的航運、政治轉化成今日的教育業、醫療保健、金融財政、科學研發、電腦、生物科技等等，還在繼續不斷地加強擴展經濟基礎。目前人口約有450萬，是全美第10大城。

獨立戰爭促進波士頓的發展(翻拍自博物館圖像)

風情掠影

美國第一批移民潮

從早期拓荒者披荊斬棘自給自足，經過獨立戰爭，到立憲建國，人民生活逐漸安定，經濟開始繁榮，18世紀後期，美國對世界的工商貿易迅速發展，由於波士頓是美國距離歐洲的最近、最大的港口，製造業開始以此為基地，工商行號蓬勃發展，其中服裝、皮革、機械工業等不斷擴大。很快地波士頓變成一個忙碌富裕的商港，工作機會比其他地方多，人口急速增加。

19世紀中期，愛爾蘭鬧飢荒，大量的移民遷徙至波士頓討生活，許多義大利人跟進，而後有猶太人，其次是波蘭人、葡萄牙人、希臘人……這一波移民潮，造成波士頓

移民愈多城市愈發展(為公共領域圖像資源)

的人口結構產生重大變化，不只是清教徒得和篤信天主教的愛爾蘭和義大利人在這座城市共同生存，他們還得接受一個多種族文化的新波士頓。

到19世紀末，愛爾蘭人幾乎占全城人口的三分之一，開始在波士頓政治中扮演重要角色，早至1884年，愛爾蘭裔的O'Brain就當選波士頓市長，20世紀的傑出代表則是甘迺迪家族。

現在的波士頓已是融合多元民族的國際都市，雖然1870年開始有華人的移入，但是華裔人口的成長是20世紀中才開始，多聚集在市中心的中國城，超過10萬人。

移民潮一波又一波(為公共領域圖像資源)

↑ 甘迺迪家族出了3位參議員(Cecil Stoughton／攝)

↑ 來自波士頓的美國總統約翰．甘迺迪(為公共領域圖像資源)

叱吒政壇的
甘迺迪家族

波士頓政治世家——甘迺迪家族
(Associated Press／攝)

甘迺迪家族是美國最有名的政治世家，源起約翰．甘迺迪總統的祖父——派翠克．甘迺迪，他是波士頓的愛爾蘭移民之後，曾任波士頓的市議員。約翰的外祖父菲斯傑瑞曾任波士頓市長，父親喬瑟夫．甘迺迪是波市的富商，轉行從政後曾任駐英國大使，對社會和政治影響力逐漸擴大後，象徵著波士頓愛爾蘭後裔從微賤到新貴，令許多人嚮往。

美國人崇尚民主自由，痛恨君主專政，還因此脫離英國統治，演出獨立戰爭。然而，為弱勢的黑人和少數族裔爭取社會福利不遺餘力的甘迺迪家族，卻有些皇族的幻覺，也許是他們的氣質、財富，也許是某些成員的高官職位令人羨慕，許多人把他們比喻為美國的貴族（Camelot），

甘迺迪總統被暗殺後，第一夫人賈桂琳．甘迺迪成了新聞焦點直到她過世
(Cecil W. Stoughton／攝)

甚至有甘迺迪王朝的稱呼。

約瑟夫．甘迺迪和其父輩社會地位雖高，政治舞臺和勢力範圍仍以波士頓為主，他的子女中，出了3位聯邦參議員，孫輩也出了數位議員，政治勢力向外州伸張。其中二子約翰表現最優越，從民主黨國會議員(1947～1953)，聯邦參議員(1953～1960)，到入主白宮(1960)當上美國有史以來最年輕的總統，讓甘家的聲望傳遍全美，無人不曉，也讓波士頓和政治連上線。

甘迺迪家族優越的政治背景，強大的家產，志向卻是要為勞工、移民、難民、失業者、貧民致力，是美國理想文化的一個縮影。他們的性格和成就，反映在波士頓的許多建設和地標上，像華裔名建築師貝聿銘設計的甘迺迪圖書館、甘迺迪老家(Hyannis)、甘家度假的瑪莎葡萄園，都吸引無數遊覽訪客。

↑哈佛校園古味濃韻　　　↑麻省理工學院

數一數二的哈佛大學、麻省理工學院

20世紀中期長春藤聯盟成立，參加這聯盟的球隊，一碰到其他聯盟的球隊，幾乎就包輸，經常在各類體育競賽墊底。

雖然運動成績很差，學術和研究表現卻分外突出，有許多科學的突破，培育許多世界級的傑出工商、政治名人，得到許多國際認同，久而久之，人們把長春藤聯盟和學術成就連上，現在長春藤聯盟被視為美國高等教育的指標，也是最受學生追逐的高等學校。

其中，哈佛大學屬全科教育，文史法哲皆優，學術鼎盛，是長春藤的翹楚，教出許多各行各業的名人，多位美國總統出自此校，世界各國領袖，包括台灣總統馬英九，也都在此讀書過，令人印象深刻；麻省理工學院小而精，不屬長春藤，其頂尖科學和工程教育皆為世界之最，教出許多著名的大師和科學家，發明了許多理論、高科

麻省理工學院建築都有編號，這是Building10

技、精密國防系統等，帶領著美國的科技發展，校園有許多摩登式建築，突顯其科技前衛的氣息，這兩所學校最受莘莘學子青睞，就在波士頓城內，提升了波市的知識教育水準，並且把波士頓拱成文化教育的旗艦城。

這兩所大學一直存在著和睦友好的競爭關係，可是兩校校園之間並沒有明顯的分界線，就像沿著查爾士河的一座大公園，學校享有世界一流大學的聲譽和影響力，因為國際知名，這兩所學校成為波士頓旅遊中不可錯過的遊覽項目。

↑ 玩遊艇樂瘋了

↑ 波士頓海邊的雕沙之樂

河海交接・沙灘小島
悠閒風情・度假放鬆

　　波士頓不只是在教育、人文歷史突顯，自然景觀也是得天獨厚，貫穿波士頓市區的查爾士河，經常白帆點點，原來是一群愛好帆船的人們，正在揚帆玩水，處處野鴨伴著綠波，還有每年一度的長春藤院校的划舟賽，把波士頓的都會塵囂，徹底的沖散。

　　查爾士河入海口北邊，李維爾海灘(Revere beach)，這個全美國最古老的沙灘，每年7月有一場盛大的新英格蘭海沙雕比賽，原就自然宜人的海景，頓時成了非常藝術的戶外博物館。

　　波士頓南邊的鱈魚灣(Cape Cod Bay)海岸線上，數十個淳樸小鎮，依著沙灘而立，高聳燈塔點綴著小漁港，面對浩瀚大西洋，海天一色，令

海洋上玩遊艇，一個個笑開懷

人心清氣爽，是波城上班族週末的最佳去處。

　　鱈魚灣附近海岸多小島，其中瑪莎葡萄園，最為有名。1974年美國大導演史蒂芬·史匹柏，在島上拍攝《大白鯊》影集，電影上映後不僅大賣，還得了3座奧斯卡金像獎，瑪莎葡萄園隨著影片，瞬間聲名大噪。

　　附近的年塔基島和瑪莎葡萄園一樣，都有優美的沙灘，配上保存歷史原貌的無數古老住宅，古樸加海風，休閒氣氛濃厚。

　　在這兩個島上，白天你可以欣賞海鳥、海邊漫步，或者輕鬆地騎腳踏車各處瀏覽，夜裡沙灘露營，星夜烤火，浪漫極了，連柯林頓前總統和歐巴馬總統都來此度假，可見其魅力。

↑波士頓每年一次馬拉松長跑盛會　↑棒球賽準備開場　↑棒球迷擠爆全場

運動競賽超豐富

運動迷有福了！波士頓的運動風氣鼎盛，端看其6支大聯盟的職業球隊就知道。

超過百年歷史的紅襪棒球隊(Red Sox Baseball)已經換過4次隊服，球襪顏色卻一直維持紅色，因為紅襪不僅代表隊名，還附有許多歷史意義！紅襪隊是美國聯盟(AL)最早的8支棒球隊之一，早年表現出色，不幸錯誤地讓出貝比·魯斯(Babe Ruth)給洋基隊後，消沉了好久。

從2003年起，紅襪5次打到決賽，並於2004年、2007年贏得2次世界冠軍，此後芬威球場經常座無虛席，波士頓民眾對棒球的激情，已經燒得火熱。

波士頓塞爾提克籃球隊成立於1946年，是美國NBA東岸聯盟(Eastern Conference)的15支籃球隊之一。從創立以來，奪過17次NBA的冠軍，是大聯盟中贏過最多次總冠軍的球隊。

提到波士頓的美式足球隊新英格蘭愛國者(New England Patriots Football)，故事就更有趣。愛國者隊從70年代開始苦壯，從2002年至今，已拿下5次超級盃的冠軍獎座，球隊的四分衛湯姆·布雷迪更4度榮膺超級盃最有價值的球員，並為他個人贏得家喻戶曉的明星地位。湯姆英俊瀟灑，身邊常有美女環繞，傳出花邊新聞，2009年娶巴西裔超級名模吉賽兒，更是喧騰一時，著著實實替波士頓居民，增添了許多生活趣味。

英式足球隊New England Revolution Soccer在波士頓才14年歷史，於2007年美國公開賽贏得全美冠軍，對這樣年輕的隊伍來說，算是很亮眼的成績。

波士頓的冰上曲棍球隊Boston Bruins Hockey已經80多年了，深受市民喜愛。經常兩隊間有糾紛，還沒來得及講清楚，就曲棍先上，打架的火爆場面頻繁，增加球賽的刺激性。

波市的運動活動不勝枚舉，除了以上的大聯盟外，每年4月第三個週一舉行的波士頓馬拉松，約有25,000名來自世界各地的長跑健將參與比賽，加上在旁打氣加油的助陣群眾，全城熱鬧滾滾。還有游泳、帆船、滑雪、獨木舟、健行等各種活動，可說是一個永遠在「動」的城市。

波士頓

搭飛機

聯合航空(United Airline的網址www.united.com)有從香港或台灣經舊金山到波士頓的航班,從亞洲出發的飛機通常在美國西海岸大城停靠,然後再飛到美國東岸大城。波士頓的羅根國際機場有60多條航線,台灣的長榮航空有直飛西雅圖或洛杉磯的班機,再轉國內航班到波士頓。華航、長榮則有直飛紐約,再轉國內航班到波士頓。機場及航線資訊請電美國國內免費電話1-800-23-LOGAN,上網查詢為www.massport.com/logan/。

開車

在波士頓機場租車,開出機場後上高速公路90號往西,在Exit 24B出口下交流道,進入市區觀光景點。如果從紐約開往波士頓,州際公路95號往北,轉90號往東,可以開進城中心;從波士頓以北的地方開進城,則走95號轉或93號往南進入城中心。

搭火車

Amtrak鐵路多半是長程旅客,從紐約北上波士頓很容易,火車一路先經過康乃迪克州(去耶魯大學可在New Haven站下車),然後是羅德島州(去新港市可在Providence站轉車),到了波士頓後,停靠波士頓南站和波士頓後港站(Back Bay)。往南去紐約市,則搭同樣路線,只是相反方向。詳情請上網www.amtrak.com。

短程通勤火車(Commuter Train)往返市區和波士頓周邊大城小鎮,共有11條線路,100多個停靠站,充分運用轉車,你可以到郊區的名勝旅遊,也可以住在城外旅館,價錢就會比較親民(網站上有各線路圖及停靠站名ww.mbta.com/schedules_and_maps/rail/)!

搭地鐵

地鐵標誌是「T」,共有藍、橘、紅、綠4條線,乘坐時要注意方向,從機場到市區要搭藍線,約10~20分鐘。在市區裡可搭地鐵到各重要觀光據點,詳細資料請上網www.mbta.com。

搭乘地鐵一趟2.25元,一週Pass 21.25元,一個月Pass 84.5元,巴士和地鐵可以通用,非常經濟方便。

波士頓的觀光遊覽車

交通概說

搭計程車

這裡的計程車不稱小黃，叫做Cab，按跳表計費。如果有行李需要搬運，每件加1元，付費時還要加15%的小費。

Boston Cab

☎ (617)536-5010

🌐 www.bostoncab.us

Town Taxi

☎ (617)536-5000

🌐 www.towntaxiboston.com

Metro Cab

☎ (617)782-5500

🌐 www.Boston-cab.com

搭Uber

如果你有Uber的帳號，只要在手機上輸進你要去的住址，就可以在原地等車子來接你。就像計程車一樣，只是用手機取代招手。價錢比計程車便宜。

🌐 www.uber.com

搭巴士

波士頓的主要旅館有自己的巴士，往來機場和市區，每30分鐘就有一班，預定旅館時別忘了詢問有否這項服務。

機場到市區的公共巴士是Silver Line(SL1)，從機場帶你直接進城，到波士頓市區的South Station站約10分鐘。到了South Station後，可以在此轉接其他線路的市區巴士，到旅館或觀光景點，詳細資料，各線路圖及時刻表可上網www.mbta.com。

還有Water Shuttle水上巴士，出機場後搭專門接駁機場及其附近車站和碼頭的免費巴士接駁各種交通工具。66號機場巴士可到機場碼頭，只需1.7元，水上巴士將帶你到市區的Long Wharf碼頭，在Long Wharf站可以轉接地鐵及各線巴士(可預先上網查閱時刻表www.massport.com/logan-airport/Pages/WaterTransport.aspx)。

波士頓運輸系統的重要隧道

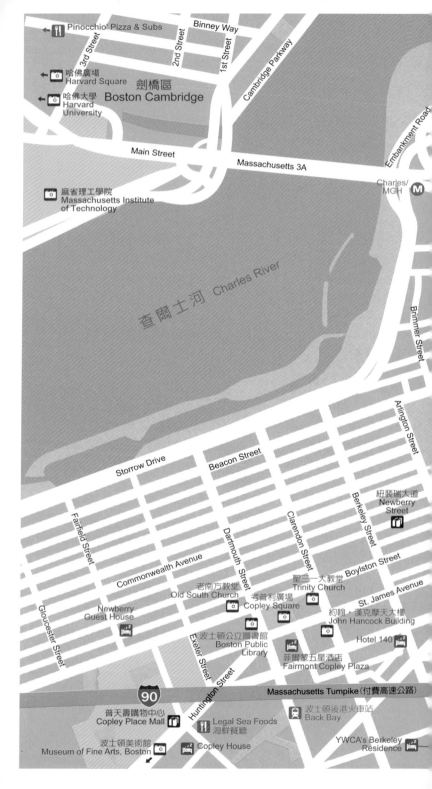

Pinocchio' Pizza & Subs

Binney Way

3rd Street
2nd Street
1st Street

哈佛廣場
Harvard Square

劍橋區

哈佛大學
Harvard
University

Boston Cambridge

Cambridge Parkway

Main Street

Massachusetts 3A

Embankment Road

Charles/
MGH Ⓜ

麻省理工學院
Massachusetts Institute
of Technology

查爾士河 Charles River

Brimmer Street

Storrow Drive

Beacon Street

Arlington Street

Fairfield Street

紐裝瑞大道
Newberry
Street

Berkeley Street

Commonwealth Avenue

Dartmouth Street

Clarendon Street

Boylston Street

老南方教堂
Old South Church

聖三一大教堂
Trinity Church

Gloucester Street

Newberry
Guest House

考普利廣場
Copley Square

約翰・漢克摩天大樓
John Hancock Building

St. James Avenue

Hotel 140

波士頓公立圖書館
Boston Public
Library

Exeter Street

菲爾蒙五星酒店
Fairmont Copley Plaza

Huntington Street

90

Massachusetts Turnpike (付費高速公路)

普天壽購物中心
Copley Place Mall

Legal Sea Foods
海鮮餐廳

波士頓後港火車站
Back Bay

波士頓美術館
Museum of Fine Arts, Boston

Copley House

YWCA's Berkeley
Residence

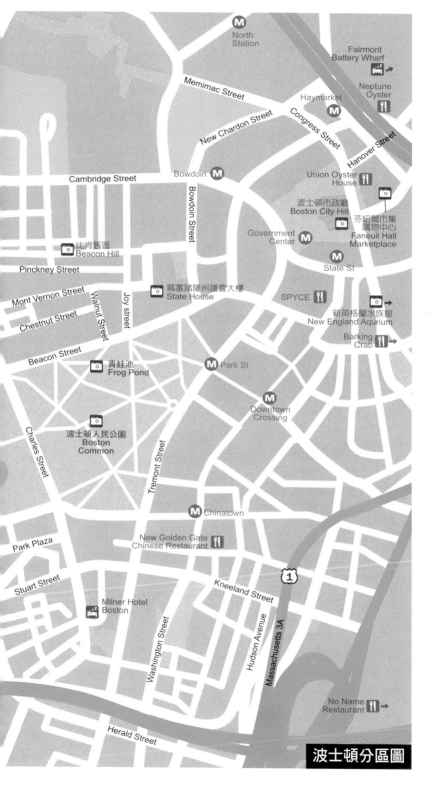

波士頓分區圖

城市印象

城
印·象
市

　　波士頓的景點以重大歷史事件發生地為主，分布在市區的自由步道上及比肯舊區，新鮮海產及浩瀚海景在93號公路東邊，體驗長春藤名校氣氛要越過查爾斯河到對岸的劍橋區，血拼大採購主要環繞著考普利及市中心。

　　開車、停車皆不易，大眾運輸工具便捷，可以好好利用。古舊建築多、街巷充滿文藝氣質，散步其中，最能欣賞其趣。

自由步道一日行程表

波士頓人民公園	
10 mins　建議停留60mins	
麻塞諸薩州議會大樓	美利堅憲法號
10 mins　建議停留60mins	30 mins　建議停留20mins
穀倉墓園	邦克山紀念碑
5 mins　建議停留20mins	35 mins　建議停留20mins
國王教堂	舊北方教堂
10 mins　建議停留20mins	10 mins　建議停留20mins
街角老書舖	保羅·李維爾故居
10 mins　建議停留20mins	20 mins　建議停留60mins
舊議會廳和波士頓大屠殺處	芬紐爾
	10 mins　建議停留20mins

Boston

熱門景點

愛國者長眠之地

穀倉墓園
Granary Burying Ground

- ✉ Tremont St. Boston, MA 02116
- ☎ (617)635-7361
- ⊙ 每天09:00～17:00
- 💲 無
- 🌐 www.boston.gov/cemeteries/granary-burying-ground
- ➡ 地鐵綠線Park Street Station 站下車
- 🗺 P.33

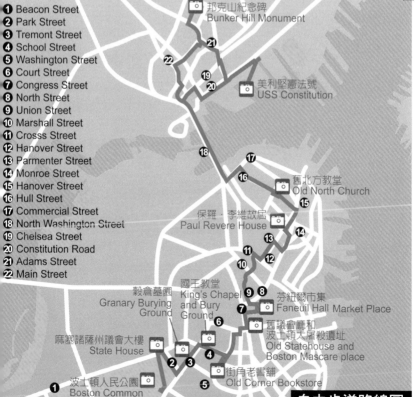

穀倉墓園為美國革命先烈埋骨之地

鐵柵欄內一塊塊陰暗古老的石碑，整齊排列著波士頓的革命先烈，許多都是耳熟能詳的歷史人物，像是當年深夜馳馬通知民兵抗英的保羅·瑞爾(Paul Revere)、富蘭克林的父母、首任州長約翰·漢克、富商彼得·芬紐爾(Peter Faneuil)，還有波士頓屠殺慘案的犧牲者等等，所以又稱為「愛國者長眠之地」。

❶ Beacon Street
❷ Park Street
❸ Tremont Street
❹ School Street
❺ Washington Street
❻ Court Street
❼ Congress Street
❽ North Street
❾ Union Street
❿ Marshall Street
⓫ Crosss Street
⓬ Hanover Street
⓭ Parmenter Street
⓮ Monroe Street
⓯ Hanover Street
⓰ Hull Street
⓱ Commercial Street
⓲ North Washington Street
⓳ Chelsea Street
⓴ Constitution Road
㉑ Adams Street
㉒ Main Street

邦克山紀念碑
Bunker Hill Monument

美利堅憲法號
USS Constitution

舊北方教堂
Old North Church

保羅·李維故居
Paul Revere House

國王教堂
King's Chapel and Bury Ground

芬紐爾市集
Faneuil Hall Market Place

穀倉墓園
Granary Burying Ground

麻塞諸薩州議會大樓
State House

舊議會廳和波士頓大屠殺遺址
Old Statehouse and Boston Mascare place

街角老書舖
Old Corner Bookstore

波士頓人民公園
Boston Common

自由步道路線圖

波士頓人民公園
Boston Common

✉ 139 Tremont St, Boston, MA 02111
☎ (617)635-4505
🕐 每天06:30～23:00
💲 無
ℹ 青蛙池：週一10:00～16:00，週二～四10:00～21:00，週五～六10:00～22:00；溜冰場(frog pond)每年11月～3月中開放，門票6元／電話：(617)635-2120／e-mail：frog.pond@scboston.org
🌐 www.boston.gov/parks/boston-common
➡ 開車由I-93高速公路於24A出口下，靠左沿Kneeland St.直行，在Steward St.左轉，然後右轉Charles St.再右轉Beacon St.就會看到公園。若搭地鐵紅線或綠線，在Park Street Station站下車
🗺 P.33

公園內的鴨鴨家族令小朋友流連

波士頓人民公園約50英畝大的廣場，這個全美最早的公立公園，也是波士頓最大的公園。廣闊的綠地是波士頓居民和觀光遊客休閒散步的好去處，也是波市各類慶典活動的場地，夏天經常有話劇表演、歌劇、演唱會等等，有時還舉辦球賽哦！園內的各種紀念碑設立於不同年代，紀念為戰爭犧牲的波士頓烈士，備添公園的美觀和歷史價值。

公園的池塘又叫青蛙池，倒映著大樹和附近的摩登高樓大廈，儼然像都市裡的綠洲，點綴數座活潑美麗的雕刻，非常怡人。其中母鴨帶著一排小鴨的銅雕可愛極了，點子來自暢銷兒童圖畫書《Make way for duckings》，作者Robert McCloskey描述好心人幫忙迷路的鴨子回到位於水池的家的故事。這8隻銅雕的鴨子太逼真，好像剛從Robert的圖畫書中跳出來似的，引發許多兒童的好奇心和興趣。

春夏期間民眾欣賞美妙的噴水池外，還可以戲水清涼一番，1997年開始在冬天時候改裝成溜冰場，供民眾滑冰，令波士頓的冬天更有味道。

旅行小抄

公園內的遊客中心

在波士頓人民公園有一個遊客服務中心攤位，裡面有免費的步道圖，還有波士頓附近的遊覽地圖，並且有專人回答你的各種疑難雜問。別忘了到此歇個腳充電一下。

青蛙池在冬天是浪漫的戶外溜冰場

迎戰英軍的暗號掛燈處

舊北方教堂
Old North Church

- 193 Salem Street, Boston, MA 02113
- (617)858-8231
- 感恩節、聖誕節、週一和每週禮拜時間不開放，4月～11月15日09:00～18:00，11月16日～3月10:00～16:00
- 成人8元，老人和學生6元，16歲以下4元
- www.oldnorth.com
- 開車可停在Government Center附近的停車場，靠近Commercial街和Hull街的交叉口處。搭地鐵可在橘線或綠線Haymarket站下，走到Salem St.街底就會看到教堂
- P.33

這所老教堂的頂塔，就是午夜騎士保羅·李維指示掛出兩盞油燈處。當時民兵組織的暗號，掛一盞油燈表示英軍由陸路進攻；兩盞燈就是水上登陸，這間教堂所揭示的燈號，給愛國鬥士們有時間去準備應戰，其貢獻不容忽視。教堂正前方有一座保羅·李維的騎馬雕像，英勇氣派。許多遊客喜歡在這雕像前照相留念，至於那兩盞油燈不在此教堂了，因為教堂至今仍在運作，那兩盞有歷史意義的油燈存放在博物館(Concord Museum)展覽。

舊時政經聖地

舊議會廳和波士頓大屠殺遺址
Old Statehouse and Boston Masscare place

- 206 Washington Street, Boston, MA 02109
- (617)720-1713
- 09:00～17:00，陣亡將士紀念日、勞動節到18:00，12/24到15:00，新年、感恩節、聖誕節、2月第一個禮拜，不開放
- 成人10元、老人與學生8.5元 6～18兒童免費
- www.bostonhistory.org
- 地鐵綠線Government Center Station站
- P.33

新州議會大廈蓋好前(1798)，舊議會廳是全城的政治經濟中心，1770年群眾在議會廳前面的廣場和英軍起衝突，長期受壓榨的民眾叫罵，丟雪球，丟石頭表達氣憤，不料英軍開槍，打死了5位老百姓，在這石板廣場上的正中心，有一雕刻著星型記號處，就是當年大屠殺的遺址。民怨埋

舊議會廳和波士頓大屠殺處

不住，6年後民眾聚集這廣場聆聽一群人在議會廳的露天陽臺上宣布獨立。

州議會大樓的黃金屋頂非常醒目

麻塞諸薩州議會大樓
Massachusetts State House

✉ 24 Beacon St, Boston, MA 02133
📞 (617)722-2000
🕐 週一～五08:00～18:00
💲 免門票
http malegislature.gov
➡ 搭地鐵綠線在Park Street Station站下車
MAP P.33

現在的州議會大廈建於1798年，是一棟古老建築物，波士頓人稱它為「新」州議會，藉以和殖民時期所用的州議會分別。當波士頓的舊州議會不夠使用，計畫要蓋新大樓時候，剛巧約翰‧漢克當選上第一屆民選州長，新的州議會就建在比科丘他自己的土地上。

約翰請了當年新英格蘭最知名的建築師布爾芬契(Charles Bullfinch) 設計，正門入口的右手邊陳列著一座當時的建築模型，圓頂是用木板組成，呈黑色的；現在金碧輝煌的黃銅色圓頂很耀眼，由22K黃金漆鑄整個圓頂型形成的，夠豪華夠昂貴的屋頂吧！竟然是為了預防漏水。

進門的接待大廳(Doric Hall)，除了每4年一次的州長就職典禮，舉凡宴請重要政治領袖的餐會、特殊集會、外國元首來訪的記者會都在這舉行。廳內的壯麗大樑氣派非凡，放眼美國國父華盛頓的大理石雕像、第一位在獨立宣言上簽名的麻州州長約翰‧漢克(John Hancock)銅雕、另一麻州州長安德魯雕像、林肯的畫像，其旁的兩座獨立戰爭時所用的火炮，處處有歷史。

沿著指標由接待廳的盡頭上樓梯到護士廳(Nurses' Hall)，這廳有

南北戰爭的麻州英雄威廉·巴特力(William Bartlett)的銅像，四周有描述當年重大歷史事件的壁畫，之所以叫護士廳，是因為廳內的一尊紀念南北戰爭時奉獻犧牲的戰地護士的雕像。之後，經過國旗廳(Hall of Flags)、大廳(The Great Hall)，別忘了欣賞古蹟級的木雕樓梯、彩繪玻璃，這些不僅是歷史的遺跡，還有許多建築的特色可欣賞。

眾議員會議廳是麻州人民代表開會立法處，這橢圓形的大廳採用進口原木裝潢，高貴嚴肅，在廳上方掛有木刻的神聖鱈魚(Sacred Cod)，這條鱈魚在麻州名氣可是大過美人魚喲！由18世紀的一名波士頓商人送給議會，象徵漁業在麻州的重要。

在黃金圓頂的正下方是州參議員會議廳，40位議員互選一位團隊領導，坐在裝飾有一隻金色老鷹的講臺上，其他39位沿著圓周座一圈。屋頂仍保持當年的設計，4個圖徽象徵農業、商業、戰爭、和平，氣派又藝術。

到州議會大樓絕對不能錯過州長辦公室，首先入眼的是接待室，掛滿歷任州長的畫像。當選上州長的第一個特權，就是可以從中選一幅自己最喜歡的州長畫像，掛在辦公室的壁爐上。每一位當選州長喜好不同，壁爐上所掛的卸任州長畫像也常常變更，煞是有趣。

哈佛搞怪社團

1933年哈佛大學的某學生社團，大概是書念多了，太無聊而開始惡作劇，假扮遊客溜進州議會廳，爬到頂處把這隻鱈魚抓了下來，藏它兩天後才還給政府，不知有沒受到處分，倒是這條鱈魚上了報，出了名，這個不當書呆子的幽默社團(Harvard lampoon)從此頑皮搞怪出名，喜劇明星(Con OBrien B.J.Novak)就是出自這社團呢！

自由鬥士之家
保羅·李維故居
Paul Revere House

✉ 19 North Square, Boston, MA 02113
☎ (617)523-2338
◉ 4月15日〜10月31日09:30〜17:15，11月1日〜4月14日09:30〜16:15
　新年、感恩節、聖誕節休息，1〜3月的每週一不開放
💲 成人5元，學生4.5元，兒童(5〜17歲)1元
🌐 www.paulreverehouse.org
➡ 地鐵綠線Government Center Station站下車
🗺 P.33

1775年4月18日夜晚，波士頓的自由鬥士之一保羅·李維得知英軍的突擊計畫，便在教堂的尖塔上掛了2盞油燈，這是當時民兵組織的暗號，表示英軍要來了。他連夜快馬奔往城郊的列克星頓(Lexington)、崗可(Corcord)小鎮，預報消息，使得民兵有所準備，為了紀念這位對革命戰爭有功的鐵匠，波士頓立了他的銅像，並且保存他的故居，供遊客參觀。

芬紐爾市集
Faneuil Hall Marketplace

✉ 4 South Market Building, Boston, MA
  02109
☎ (617)523-1300
🕐 芬紐爾大樓,週一～六10:00～21:00、週
  日11:00～19:00;武器博物館,週一～五
  09:00～15:00;昆西市場,週一～六10:00
  ～22:00、週日12:00～18:00
💲 無
http www.faneuilhallmarketplace.com
➡ 地鐵綠線Government Center Station站
MAP P.33

芬紐爾大樓後面有一座開國英雄Samuel Adams雕像

現在的芬紐爾市集泛指由昆西市場(Quincy Market),和附近的北市場(North Market),南市場(South Market)和芬紐爾大樓組合起來的一個熱門觀光休閒處。

1742年富商芬紐爾出資蓋芬紐爾大樓,提供當地藝匠製作屋頂的風向針,一定要抬頭仔細看看這棟歷史建築的最頂端,那隻蚱蜢造型的風向針,雖說風向針是用來預測氣象,也是當時少有的表達藝術的機會,所以工匠、藝匠在風向針的作工上有許多變化,那時候風向針多為公雞造型,蚱蜢算是最新流行!

這棟建築一直是政商共存,一樓是商場,二樓是集會處,只是20世紀中開始沒落,市府曾考慮拆除這些舊建築,1976年都市更新規畫時,重新大整修,現在一

芬紐爾市集的戶外餐飲可以享受美味兼欣賞人們

昆西市場擠滿了逛街人潮

樓是販賣觀光旅遊紀念品商店，喜愛軍事、武器的朋友可以上四樓的武器博物館(the Ancient and Honorable Artillery Museum)，收藏自獨立戰爭到最近恐怖分子所使用的各式武器，非常特異。

19世紀初期，波士頓人口成長許多，芬紐爾大樓無法應付波士頓人的商業需求，於1825年蓋了這棟看起來好像來自羅馬時代的昆西市場，這長方形建築提供麵包、起司、肉類、蔬果類等民生所需品批發交易之用，時代變遷，現在的昆西市場是色香味俱全，有超過百個小吃攤位，餐廳一家接一家，高大圓穹形的屋頂美侖美奐，有一種在博物館裡逛士林夜市的味道耶。

昆西市場前的昆西(Josiah Quincy)雕像

昆西市場和其右邊的北市場

吃完好吃的，再到昆西市場大廈的兩邊逛逛，右邊一棟叫做北商場(North Market)，左邊的叫南商場(South Market)，各種裝飾精美的流動攤販、小店、酒吧、精品、名牌，應有盡有，還有許多街頭藝人耍寶獻藝，多采多姿。

旅行小抄

免費解說，深入波士頓

在芬紐爾大樓裡面，國家級公園服務中心(National Park Services)提供免費的歷史背景介紹和解說，從09:00～16:30每半小時一次導覽，想要深入了解波士頓歷史不可錯過喲！

邦克山紀念碑
Bunker Hill Monument

✉ 43 Monument Square, Charlestown, MA 02129

☎ (617)242-5601

🕐 09:30〜17:00

💲 無

http www.nps.gov/bost/learn/historyculture/bhm.htm

➡ 開車可於高速公路I-93往南方向，Exit 28(Charlestown/Sullivan Square)出口下，往北方向的出口是Exit 25(Causeway St./Notth Station)，出交流道後，一直到Rutherford Avenue右轉。搭地鐵則在橘線到Community College站下

MAP P.33

　　邦克山紀念碑是紀念美國獨立戰爭的第一場主要戰役，雖然英軍因占據高處，擊敗了英勇的民兵，但是死傷慘重，付出相當大代價。民兵雖輸，但士氣高昂，點燃後續的全面反英情緒，終究贏得獨立之戰。

　　紀念碑高221英呎，沒有設置電梯，只有樓梯可達，每層階梯都有標號，共294階，如果你能爬到最後一階，也就是最頂處，除了腿痠腳麻外，可以看到整個紀念碑，盡覽波士頓街景和港灣囉！

美利堅憲法號
USS Constitutiont

✉ Building 22, Charlestown Navy Yard，Charlestown, MA 02129

☎ (617)426-1812

🕐 憲法號博物館，4月〜10月09:00〜18:00，11月〜3月10:00〜17:00，感恩節，聖誕節，新年不開放。憲法號戰艦，5/1〜10/7週二〜日10:00〜18:00，10/8〜10/28週二〜日10:00〜17:00，10/29〜4/30週三〜日10:00〜16:00。馬丁路德日、感恩節、聖誕節、新年不開放

💲 自由捐款。館方建議成人10〜15元、兒童5〜10元，家庭25〜45元

http www.ussconstitutionmuseum.org

➡ 開車可於高速公路I-93往南方向，Exit 28(Charlestown/Sullivan Square)出口進交流道，一直到Rutherford Avenue右轉，碰到Chelsea Street左轉。I-93往北方向，要在Exit 23(Government Center/Aquarium)出口下交流道，沿著N. Washington Street走，直到過橋，轉到Chelsea Street。搭地鐵可在橘線或綠線North Station站下，沿著自由步道的紅磚(紅線)走

MAP P.33

　　波士頓的查爾斯船塢是美國第一所船塢，早就不再造船了，現已

美利堅憲法號曾有「勝利海軍」之美譽

規畫成憲法號博物館，著名的憲法號戰艦停泊於此地供遊客參觀，當年殖民地的民兵和英軍就是於此港開始交戰，一直打到邦克山。

　　這座船塢曾經製作過幾百艘船，包括美利堅憲法號風帆戰艦，該艦總長62.2公尺，寬約13.6公尺，深6.85公尺，2200噸的排水量，有38門砲口，可載船員400人，1797年下水加入美國獨立戰爭的海戰，有很好的戰績，贏得「勝利海軍」名號，這個具有歷史意義的公園和屢戰屢勝的軍艦，不可不看。

Boston

歷史建築交會處
考普利廣場
Copley Square

- ✉ 47 Huntington Ave, Boston, MA 02116(市立圖書館前、Boylston Street及St. James Avenue之間)
- ☎ (617)536-9000
- ➡ 地鐵綠線Copley Station站
- MAP P.30

考普利廣場是都會稠密建築中的一片淨土，位於達特茂斯(Dartmouth St.)街及柏依斯頓街(Boylston St.)街交會處的小公園和空地處。環繞這塊方形廣場的四邊，皆屬重量級的歷史建築物，分別是美國名建築師Henry Hobson Richardson自創一格的美國羅馬式聖三一大教堂及波士頓公立圖書館、南方教堂、菲爾蒙五星酒店、約翰·漢克摩天大樓。

美式建築創建之作
聖三一大教堂
Trinity Church

- ✉ 206 Clarendon Street, Boston, MA 02116
- ☎ (617)536-0944
- ⏰ 每天開放，除了每週日的07:45～09:00、11:15和18:00禮拜時間
- 💲 免費
- 🌐 www.trinitychurchboston.org
- ➡ 地鐵綠線Copley Station站
- MAP P.30

聖三一大教堂的主要特色是它的建築形式有別於傳統，由美國建築天才瑞邱生(Henry Hobson Richardson)在許多競標的設計圖中脫穎而出，以古羅馬圓拱柱型為基礎，加上許多原創的自由發揮式設計，是教堂建築史上的突破，也是近幾世紀以來仿效歐洲建築的轉彎處。

因為這款建築設計出現後，來自世界各地的建築師開始仿效引用這款美國味的建築觀念，頓時這款設計流行各地，遠及芬蘭首都赫爾辛基。在芬蘭還有幾棟類似這種風格的建築物存留下來喲！拜瑞邱生之賜，聖三一大教堂因此大大出名。

考普利廣場的聖三一大教堂

新舊共存的典範
波士頓公立圖書館
Boston Public Library

- ✉ 700 Boylston Street, Boston, MA 02116
- ☎ (617)536-5400
- ⏰ 週一～四09:00～21:00，週五、六09:00～17:00，週日13:00～17:00
- http www.bpl.org
- ➡ 地鐵綠線Copley Station站
- MAP P.30

當年的市政建設，強調要蓋一座「人民皇宮」的公立圖書館。1895年完工時全館富麗堂皇，精緻壁畫、藝術雕刻、造型銅門、花園中庭，處處高貴豪華，名副其實的平民皇宮。1995年擴建新館，面積與類似皇宮的舊館面積相同，可是建築的風格完全不同，新舊共存的搭配居然運作和諧，一直為許多都市的建設典範。

波士頓公立圖書館新館

波士頓公立圖書館舊館

權貴富賈下榻首選
菲爾蒙五星酒店
Fairmont Copley Plaza

- ✉ 138 St. James Avenue, Boston, MA 02116
- ☎ (617)267-5300
- http www.fairmont.com/copley-plaza-boston
- ➡ 地鐵綠線Copley Station站
- MAP P.30

考普利廣場的Fairmont Hotel建築氣派

這座建於1912年的7層樓高酒店，外型氣派非凡，室內裝潢鑲金貼銀，超級豪華，是世界首富、權勢達官，阿拉伯油商，皇室貴族到波士頓的首選下榻處。

原波士頓美術館所在地，美術館因空間不夠搬遷到新址。地方鉅富買下空美術館後，把整棟建築拆毀，於1912年重蓋這座E字型、法國平頂古典式、所謂的唯美派建築(Beaux Art Architeture)，現在是波士頓最高級的旅館(Copley Plaza Hotel)。

Boston

波士頓第一高樓

約翰‧漢克摩天大樓
John Hancock Building

✉ 200 Clarendon Street, Boston, MA 02116
☎ (617)247-1977
➡ 地鐵綠線Copley Station站
🗺 P.30

華裔建築名人貝聿銘以極簡風格設計的新英格蘭最高建築，整棟大樓都是玻璃惟幕牆，非常摩登；其旁卻是古樸的聖三一教堂，充分顯示波士頓新舊共存的建築特色。

玻璃帷幕牆明亮耀眼，像一面超級大鏡子，反射著整棟聖三一教堂，許多人說是「樓外樓」，一種海市蜃樓、亦幻亦真的影像，到此一遊，別忘了把這真假兩棟聖三一大教堂的特殊景象照下來。

考普利廣場的約翰‧漢克摩天樓是波士頓第一高樓

約翰‧漢克摩天大樓的功能有點像101大樓，頂樓是觀景臺，底層是逛街、購物、餐飲之處，中間樓層則被當作為公司行號的辦公室。

歐式風格懷舊社區

比肯舊區
Beacon Hill

✉ Beacon St.以北到Cambridge St. Bowdoin St.和Charles St.間的老街舊巷
➡ 地鐵紅線Charles St./Massachusetts General Hospital站
🗺 P.30

對西方人而言，歐洲是舊世界，美國又稱新世界。在新世界裡，最舊的地方大概就屬已200多年歷史的波士頓比肯區了，也因此許多人說波士頓有點像歐洲。雖然不實，但比起美國任何其他城市，「舊」這點，算它有一點像。比肯區主要特色是一排排古舊但維修整齊的老式透天厝型，石板地老街燈，氣氛引人回味歷史，走在其間，窄街舊巷中的「舊」引發思古之情，是這一風景區所獨有。

比肯舊區的老街巷道

波士頓美術館
Museum of Fine Arts, Boston

✉ 465 Huntington Ave., Boston, MA 02115

☎ (617)267-9300

🕐 週一、二10:00～17:00，週三～五10:00～22:00，週六、日10:00～17:00

💲 成人25元，老人和18歲以上的學生23元，學生10元，會員和6歲以下免費

http www.mfa.org

➡ 從北邊開車進城在I-93South或 Route 1South在Fenway出口；從南往北(I-93North)進城，在18號出口，也就是Mass. venue/Roxbury。從西邊往東(I-90East)進城，要在22號出口，也就是PrudentialCenter/Copley Square。地鐵綠線 Museum of Fine Arts站，或橘線Ruggles站下。或公共汽車39號museum of Fine Arts站，搭8、47 號或CT2的Ruggles站下

MAP P.30

波士頓美術館的建築受歐風影響

波士頓美術館(Museum of Fine Arts)已有130多年歷史，藏有45萬多件來自世界各地的藝術作品，從4000多年歷史的古埃及遺物，到21世紀超現代風的藝術品，應有盡有，令人目不暇給。

1905～1950年期間，波士頓美術館和哈佛大學成立共同考古計畫案，在埃及南部蘇丹北部挖掘出無數木乃伊和紐比亞文化遺物，對古埃及遺跡收藏完整，僅次於埃及博物館，遠甚其他博物館。

波士頓美術館的建築雖然受歐風影響，館藏卻有自己獨特的風格。除了古埃及文物，它的印象派作品也很豐富，雷諾瓦《布吉爾舞會》、哥雅《我是誰》、莫內《教堂日落》等展件前，總是擠滿人，其中以莫內的《穿和服的女人》最為有名，據說，畫中那位穿和服的模特兒，就是莫內夫人本尊。

由於19世紀美國最有名的幾位畫家，剛巧是波士頓人，美術館就地之便，收藏許多幅約翰‧考柏利(John Singleton Copley)、約翰‧莎約(John Sargent)的作品，到了20世紀初，美術館獨樹一格，曾邀請莎約在館內創作壁畫，來此，可別錯過挑高大廳的穹圓頂和棟樑的圖畫，那可是大師的原作。

美國獨立戰爭初期，奔馳通知大家英軍入侵的午夜騎士保羅‧李維，他不僅是革命英雄，也是波士頓著名鐵匠，美術館收集了約200多件他的作品，其中以自由之子盃(Sons of Liberty Bowl)最為有名。

逛完波士頓美術館，還有力氣走半公里路，不妨到依莉莎白‧嘉德訥博物館參觀，這館原是嘉德訥夫人的住宅，以中庭設計著名，是波城唯一僅有的氣質型博物館。

旅行小抄

美術館裡的舒適角落

如果你的年齡介於7～17歲，趕在週日下午3點以後，或者公立學校放假日，帶著學生證前往，可以免入場費啲！館內的服務中心(Sharf Visitor Center) 有中文導覽圖和解說，別忘了好好利用一下。

美術館每一層樓都設有餐廳，最新開張的Bravo是正式餐廳，以美國菜為主，酒吧有種類繁多的葡萄酒，午餐時間也供應小吃、便餐。Galleria Café以沙拉、簡餐為主。位在庭園的Courtyard Café供應簡餐，是逛得快要斷腿者的最佳歇息處！天氣晴朗時，可以點杯飲料在庭院坐坐，待恢復體力，再返回美術館繼續下一去ㄒㄚ。

濱海遊樂天地

新英格蘭水族館
New England Aqurium

✉ 1 Central Wharf, Boston, MA 02110
☎ (617)973-5200
◎ 週一～五09:00～17:00，週六、日18:00
$ 成人27.95元，3～11歲18.95元，60以上老人25.95元
http www.neaq.org
➡ 地地鐵藍線 Aqurium站
MAP P.30

水族館位於波士頓海邊，外形像變形倉庫又像新型機場，摩登雕刻的新英格蘭水族館內，有海洋魚類、淡水魚類、海豚表演、企鵝餵食秀、IMAX戲院、沿海步道、賞鯨船等等，是一琳琅滿目、老少咸宜的觀光景點。

進了水族館，先問好各餵食秀時間，就可以很清楚地看到企鵝的活動和餵食，因為水族館特意設計，去掉厚重的玻璃隔牆，近距離觀看企鵝，十分過癮！

周邊是大型的水族箱，有各種魚類優游其間，超級大的圓柱型水族箱，應該說是水庫，沿著螺旋樓梯往上走，就可看見 550磅的大海龜，別忘了和牠打聲招呼哦，牠的名字叫Myrtle，可是小朋友的最愛。

賞鯨季節(4～10月)來水族館，幾乎百分之百可以看到不同種類的龐大鯨魚，在廣闊的海洋裡活潑蹦跳，那種震撼的喜悅，只有親臨其境才能想像，絕對不要錯過。還有賞鯨船返港時，從海上可以看盡水平線另一端的波士頓金融區，摩天建築排排站，像是海市蜃樓，壯觀美麗，令人興奮激動。

水族館門票、IMAX票可以上網先買，省去排隊時間，如果怕暈船不想搭船出海，可以在海洋步道上散步，在水族館戶外餐廳看海午餐，也很棒！

新英格蘭水族館正門

哈佛大學
Harvard University

✉ 8 Garden Street, Cambridge，MA 02138
☎ (617)495-1000
http www.harvard.edu
➡ 地鐵紅線Harvard站
MAP P.47

哈佛廣場附近

哈佛大學由好幾個校區組成，主要的景點多在舊校區，一排排很有古味的紅磚建築環繞著廣闊的草坪，淳樸有氣質。最老的一棟叫麻塞諸薩樓(Massachusetts Hall)，建於1720年，美國革命期間曾經充當民兵宿舍，現在1、2樓是哈佛校長及行政人員的辦公室，頂樓則是大一學生宿舍。聽說，有幾次樓上學生開舞會，索性下樓邀請校長、副校長等人上來同樂咧！

校園裡最有名的一棟叫大學樓(University Hall)，它的建築很特別，由當年建造州議會大樓的名建築師布芬契(Bulfinch)於1815年設計完成，現為文理學院教職員辦公處。大樓前方有一座約翰·哈佛的紀念銅雕，傳說摸摸銅像左腳

的鞋子會得好運，吸引許多遊客，到此一摸。由於被摸太多次，銅像左邊的鞋子格外閃閃發亮。

校警樓(Wadsworth House) 是一棟木造的古董房子，1775 年美國獨立戰爭，華盛頓將軍曾經駐紮此樓，指揮大局。現在是維持哈佛校園安全的警衛室。

紀念教堂(The Memorial Church)建造於1932年，原為紀念第一次世界大戰犧牲的哈佛學子，後來加了二次世界大戰犧牲的同學名單，之後韓戰、越戰陣亡的哈佛生也陸續入列。現在每天有禱告會，每週末則舉行禮拜。

走出舊校區，在45 Quincy St.上的紀念堂(Memorial Hall)看起來像歐洲的古老大教堂，其實是為美

哈佛大學的紅磚建築淳樸有氣質

Boston

國內戰陣亡英雄而建的，這棟建築所設置的21個超大彩繪玻璃，可是出自19世紀美國設計名家第凡內(Tiffany)，拉法巨(La Farge)的工作室哦！紀念堂的表演廳(Sanders Theater)是這棟大樓的核心，經常舉辦音樂會、演講等活動，地下室有餐廳、學生集會處，非常熱鬧。

哈佛大學保存下來的歷史建築

與紀念堂同一條街的卡本特中心(Carpenter Center，24 Quincy St.)是一棟外型怪異的都市型建築，別小看這棟視覺藝術系所在的大樓，它可是突破傳統的現代建築大師Le Corbusier唯一在美國的作品，因為Le Corbusier，這世界才開始出現摩登的大廈，走訪卡本特中心可以看到都市建築的雛型、摩天大樓的源頭。

哈佛除了優秀學子、建築有風格，還有許多博物館，其中，哈佛自然歷史博物館(Harvard Museum of Natural History)最不容錯過。此館擁有植物系的玻璃標本、動物系的罕見動物標本，以及12,000多件

的地質化石、礦物標本，三大寶庫都放在同一棟建築，無疑是早期自然科學系的教材百寶箱，除了作為上課和研究之用，現在也開放民眾參觀。其中，植物系館的各種花草標本，由德國玻璃專家Leopold Blaschka 及兒子 Rudolph集50餘年心力而製作完成，約830多件的玻璃植物標本，件件唯妙唯肖，令人讚嘆不已，此館又叫玻璃花館。

19世紀末20世紀初期，哈佛的考古隊活動頻頻，既替世界揭開古文化的神祕，也為學校擴展教學內容。靜靜躺在這博物館內的許多標本與礦物，就是當年考古所得，也是當年上課的寶貴教材。

哈佛大學附近街道圖

哈佛大學衛德寧圖書館外觀古典，裡面則是高科技配備

哈佛圖書館
Harvard University

✉ 26 Oxford Street, Cambridge, MA 02138
📞 (617)495-3045
🕐 09:00～17:00
💲 玻璃花館：成人15元與學生13元，3～18歲 10元，3歲以下免費，非哈佛學生出示身分 證明10元
http www.hmnh.harvard.edu
➡ 地鐵紅線Harvard站
MAP P.47

1636年成立的哈佛圖書館，是美國最古老的圖書館，也是世界最大的學術圖書館，光是分館就有90個之多，主要分布在波士頓，部分設於華盛頓D.C.和義大利的斐冷翠，約收藏了1,500萬冊的書籍和刊物。

其中最大的館藏是哈佛的大學部圖書館，這組圖書館有11個分館，以位於舊校區的翰瑞·衛德寧圖書館(Widener Memorial Library)為主。

衛德寧夫人的寶貝兒子因鐵達尼號撞到冰山沉船，葬身大海，衛夫人傷心之餘，贈款建造此館，1915年建造完成後，命名翰瑞·衛德寧圖書館，以紀念哈佛畢業的愛子，約有500多萬冊藏書，學術風濃厚。

旅行小抄

哈佛學生帶你遊校園

哈佛廣場位於麻塞諸薩大道上(1350 Massachusetts Avenue.)，又叫皓約克中心(Holyoke Center Arcade)，該中心有專人解答校園參觀及餐飲住宿問題，並提供免費地圖。來哈佛，別忘了參加一項哈佛學生帶團的免費遊覽，由哈佛學生為你解說重要建築的歷史背景、建築特色及學校舉辦的各種藝術活動和展覽，這可是最高水準的導遊哦！

波士頓，美國的起點

　　提起美國，多數人先聯想到波士頓，我想提醒讀者，從一個小小波士頓城變成遼闊的美利堅大國，沒錯，波士頓是美國的起源，但視為美國代表則是誤導。

　　與這個新興國家有關的幾個定點城市，歷史再古老也不過2、300年，用時間來定義她的文化，不太有代表性。所以請不要說，波士頓最具美國文化，因為美國的文化價值多和地理、政治環境有關！

　　本書所介紹的幾個城市，除了奧蘭多、邁阿密，都屬美國早期成立的城市，之所以集中在東海岸，是地理因素使然，她們最靠近歐洲，但不是最像歐洲，美國有50州，土地太廣闊，任何一城一州都無法代表她，更別想代表美國文化了。

　　當50州都算進去後，混合成一個什麼都有的大格局國家，各有其地方特色，再由民主政治體系來維持一致性，這——就是美國，而波士頓涵蓋於其中。

玩家交流

哈佛圖書館

哈佛大學附近街巷

哈佛廣場附近街景

知識充電站

哈佛三大謊言

令人難以想像，名門大學也有「說謊」的毛病！而謊言就藏在約翰‧哈佛紀念銅像下面的三行字：　約翰‧哈佛／創校者／1638。根據文獻記載，哈佛創立於1636年而非1638年；約翰‧哈佛是老師兼贈書贊助人，並不是創校者；而最嚴重的錯誤是，這位相貌堂堂的帥哥竟然不是約翰‧哈佛！只因為找不到哈佛先生的相片，便以某位古早校友的照片作代表立像，此舉對以「真理」為校訓的哈佛而言，可真是諷刺啊！

哈佛搞怪社團

1933年哈佛大學的某學生社團，大概是書念多了，太無聊而開始惡作劇，假扮遊客溜進州議會廳，爬到頂處把這隻鱈魚抓了下來，藏它兩天後才還給政府，不知有沒有受到處分，倒是這條鱈魚上了報，出了名，這個不當書呆子的幽默社團Harvard lampoon從此頑皮搞怪出名，喜劇明星Conan O'Brien、B.J.Novak就是出自這社團呢！

波士頓一探究竟

波士頓教育風氣盛，又有長春藤龍頭哈佛大學，許多人因此對長春藤感到好奇。當年美國國土廣闊，學校分布各處，為了方便校際間的運動比賽，許多大學邀請同一區域的其他學校組成聯盟，聯盟內的大學每年舉辦多項校際運動比賽(多為足球賽)，獲得球賽冠軍的學校，便代表聯盟出征，和另一個聯盟的第一名較勁。漸漸地就產生了西南聯盟、10大學校聯盟、西部大學聯盟等等。

1954年，新英格蘭8所早期的私立院校因地理位置之便，組成大學部的運動聯盟，這幾所大學歷史悠久、建築物比較老舊，幾乎每所學校的建築都長滿長春藤，聯盟組成後，學生們以長春藤的共同景觀，作為運動聯盟的代稱，久而久之，長春藤就表示這8所院校的大學部，分別為達特茅斯學院、康乃爾大學、哈佛大學、耶魯大學、賓夕法尼亞大學、普林斯頓大學、哥倫比亞大學、布朗大學。波士頓是長春藤聯盟中重要的城市，許多人因此把波士頓和長春藤連在一起。

長春藤學校分布圖

加拿大

紐約州

賓夕凡尼亞州

達特茅斯學院

哈佛大學

麻塞諸州

布朗大學

康乃爾大學

耶魯大學

哥倫比亞大學

普林斯頓大學

賓州大學

大西洋

東岸名校，長春藤聯盟

❄ 時尚精品匯集地
紐裴瑞大道
Newberry Street

✉ Boston Public Garden和Massachusetts
　Avenue大道之間
http www.newbury-st.com
➡ 地鐵綠線Old South Church站
MAP P.30

紐裴瑞大道上有許多精品時尚

紐裴瑞大道是後灣區的第一條街，現在是波士頓最吸引人的逛街、吃飯去處。細細欣賞你會發現，很多熬過歲月沖刷的歷史遺跡，像是以馬內利教堂(Emmanuel Church)、法國文教中心(French Library & Cultural Center)、聖三一神學院(Trinity Church Rectory)。

大道上一家接一家的高檔服飾店，精品名牌、皮件皮鞋、手工絲織、藝品等無所不有，並且餐廳、畫廊、咖啡店、蛋糕店、東方市場各處林立。

其中Marcoz Antiques (173 Newberry Street)則是收藏各式古董，Oak (245 Newberry Street)則是販售純手工製作的衣服、禮物出名，這是一條非常特殊浪漫的逛街大道。

紐裴瑞大道是一條翻新的舊街

紐裴瑞大道上的高級時尚

Boston

一次逛過國際頂級名牌

普天壽購物中心
Copley Place Mall

✉ 2 Copley Place, Boston, MA 02116-6568
☎ (617)262-6600
🕙 週一～六10:00～20:00，週日12:00～18:00
🌐 www.celebrateboston.com
➡ 地鐵綠線Copley Station站
🗺 P.30

櫥窗設計新穎大方

想要體驗都會感的購物經驗，就來普天壽大樓吧。這裡又叫Du Mode，聚集有世界各名牌商品，像是Louis Vuitton、Tiffany 、Gucci…… 還有各類餐飲可享用。

普天壽購物中心的擺設令你想買

這裡也有像台北101最頂層的觀景臺，可以俯瞰波士頓的都會和海景，盡收眼底。

普天壽逛街購物中心的玩具店

普天壽購物中心Coach名牌包

看似豪華價錢親民的Forever 21服飾店

芬紐爾市集
購物中心
Faneuil Hall Market Place

✉ 4 South Market Street, Boston, MA 02109
☎ (617)523-1300
🕐 週一～六10:00～18:00，週日12:00～
   18:00
🌐 www.faneuilhallmarketplace.com
➡ 地鐵綠線Government Center Station站
🗺 P.30

芬紐爾市場街景氣氛明朗

　　這裡的幾棟大型歷史建築內，有博物館、商店、攤位、花市、美食街、正式餐廳，迎合不同口味的遊客。在廣場上的一批批人群，有的是街頭藝人正在耍寶，有些是穿戴整齊的上班族在臺階上小憩，或是仕女們在露天咖啡店休閒聚會，空氣中瀰漫著市集特有的氛圍。而精緻優雅的小商店、戶外廣場的開朗氣氛，多采多姿，尤其受到市民、觀光遊客歡迎。

芬紐爾市場也有雅致的歷史建築

芬紐爾市場樓面設計簡潔

哈佛廣場
Harvard Square

✉ 18 Brattle Street, Suite 352, Cambridge,
   Massachusetts　02138
☎ (617)491-3434
🕐 各店家營業時間有所不同
🌐 www.harvardsquare.com
➡ 地鐵紅線Harvard Square站
🗺 P.47

哈佛廣場的地下鐵出口處人來人往

　　如果你要買紅襪隊的棒球帽、哈佛T恤、哈佛紀念品、名家著作、教科書等等，來哈佛廣場就對了，這裡的哈佛合作社有許多紀念品可挑。另外，哈佛書局還有17萬多冊書籍，連中文書都有一堆咧！

特色餐飲

約翰‧甘迺迪總統也嘗過

Legal Sea Foods

- ✉ 800 Boylston Street, Boston, MA 02199 (分店所在地請查www.legalseafoods.com)
- ☎ (617)266-6800
- ⌚ 週一～四11:00～22:30，週五～日11:00～23:00 (每家分店營業時間不一樣)
- 💲 15～30元起
- 🌐 www.legalseafoods.com
- ➡ 地鐵綠線 Boylston Station站
- 🗺 P.30

合法海鮮餐廳招牌

　　合法海鮮餐廳像是波士頓餐廳的台北101，創於1904年，現在已經擴展成32家連鎖店的大企業。它曾經是全美最賺錢的餐廳之一，夙以「新鮮」為口號，廣告打的是「不新鮮不合法」。

　　餐廳招牌菜是清蒸新英格蘭龍蝦沾牛油汁、檸檬汁；最受歡迎的湯品則是新英格蘭鮮貝濃湯(New England Clam Chowder)，新鮮的蚌殼肉、洋蔥、馬鈴薯塊，混著濃縮奶酪慢熬，吃前加點迷你蘇打餅，細滑有點Q又有點脆，無人不愛。不少名人試過，尤其約翰‧甘迺迪總統來此品嘗後，更名聲大噪，現在是家喻戶曉的一道菜。

　　美食雜誌《Bon Apetite》曾稱讚合法海鮮餐廳名不虛傳；美國著名旅遊作家Patricia Schultz則將此餐廳列為人生最值得經歷的1000件事之一。

合法海鮮餐廳的Steamers令人食指大動　　　　合法海鮮餐廳的龍蝦很新鮮

55

無名海鮮，大大有名

No name Restaurant

- ✉ 15 1/2 Fish Pier East S. Boston, MA 02210
- ☎ (617)423-2705
- ◎ 週一～六11:00～22:00，週日11:00～21:00
- 💲 10元起
- http www.nonamerestaurant.com
- ➡ 公共汽車Silver線Manulife Building站
- MAP P.30

無名海鮮可以看到海洋

　　無名海鮮是指沒有命名的餐廳，不是指沒有名氣，餐廳很有名的，但是裝潢很簡單，因為靠

無名海鮮餐廳的標誌

海邊，強調貨真價實，俗擱大碗，有煎烤魚、蝦、蚌等。

　　它的炸干貝很受歡迎，為了保持原味，佐料很基本，白色海鮮醬和檸檬配著吃，外皮酥脆裹著肉質鮮嫩的干貝，好吃到不需任何佐料了；清蒸活跳龍蝦非常鮮；最有名的一道是清湯式新英格蘭蚌湯，不同於傳統的濃稠湯底，又是蚌肉，又是魚塊，還有蝦，真是過癮！

全美最老的餐廳

Union Oyster House

- ✉ 41 Union St. Boston, MA 02108
- ☎ (617)227-2750
- ◎ 週一～四、日11:00～21:30，週五、六至22:00
- 💲 10～20元
- http www.unionoysterhouse.com
- ➡ 地鐵綠線Haymarket站
- MAP P.30

Union Oyster House的海鮮超讚

　　許多遊客來此探究號稱美國最古老的餐廳是什麼模樣？就在自由步道上，位在昆西市場的芬紐爾大樓附近。餐廳充滿時間洗鍊的痕跡，令人感到古味古香，這裡最好吃的當然就屬招牌菜——生蚵了，嘗嘗鮮嫩汁多的大顆生蠔，或者來一盤酥炸生蠔，配上一大杯生啤酒，讚！奶油海鮮蚌殼湯是訪波士頓不可不嘗的，而龍蝦三明治令你有滿足感，別忘了好好欣賞這間餐廳的建築，這裡可是有許多超過200多年的歷史古蹟呢！

❖ 讓機器人做菜給你吃
SPYCE

- ✉ 241 Washington St, Boston, MA 02201
- 🕐 10:30～22:00
- 💲 7.5元起
- 🌐 www.spyce.com
- ➡ 地鐵綠線Government center站、藍線、橘線State street站
- 🗺 P.31

新的飲食經驗只有在Spyce

這是一間將高科技和飲食文化完美組合的餐廳，由機器人掌廚，味道不錯，而且清潔滿分，集新鮮、新穎、新觀念於一身的餐廳。4位MIT機械系的學生，每天忙著研究機器人沒有時間煮飯，於是產生了新點子，乾脆製造一個會煮飯的機器人，經過多次實驗與開發，終於美夢成真，並邀請名廚設計菜單、調味料，及沾醬。

因為有7部機器人負責做菜，所以SPYCE的主廚Daniel Boulud是不下廚的，他負責選擇食材和配菜，強調健康趨勢，像是羽衣甘藍、各種豆子、五穀雜糧類，交給機器人後，不消3分鐘就是一道好吃的菜肴，令人驚嘆！

❖ 海味濃郁美味餐廳
Neptune Oyster

- ✉ 63 Salem Street, Boston, MA 02113
- 📞 (617)742-3474
- 🕐 週一～四、日11:30～22:30，週五、六至23:30
- 💲 25元起
- 🌐 www.neptuneoyster.com
- ➡ 地鐵綠線 Haymarket站
- 🗺 P.30

Neptune Oyster海鮮餐廳的龍蝦捲很好吃

這家精緻的海鮮餐廳，以龍蝦捲聞名。師傅把蒸到恰到好處的龍蝦去殼，取肉後剁成塊狀，拌上餐廳特製的調味醬，再配上生菜夾在熱狗麵包中，就是一道簡單可口的龍蝦捲。此龍蝦肉多細嫩富有嚼勁，帶著甜香的奶油味，真是好吃極了。還有生蠔新鮮大顆多汁，只稍沾幾滴檸檬汁，就再好不過。

岸邊小店 大好味道
Barking Crab

- ✉ 88 Sleeper Street (Fort Point Landing), Boston, MA 02210
- ☎ (617)426-2722
- ◎ 週日~四11:30~22:00，週五~六11:30~23:00
- 💲 25元起
- 🌐 www.barkingcrab.com
- ➡ 地鐵紅線South Station站
- 🗺 P.30

矮小的平房餐廳卻是民眾聚集慶祝節慶的會場，氣氛總是熱鬧哄哄，令人興奮。位在堤岸邊有拱橋通到市區。新鮮龍蝦有清蒸也有奶油焗烤，任你挑選，酥炸花枝外脆內嫩，配上芥茉醃黃瓜沾醬，讓人一口接一口，欲罷不能。烤鮭魚像牛排一樣大塊，美味又有飽足感，樣樣叫人流口水，曾經兩度當選全波士頓最好的海鮮餐廳。

Barking Crab位在河邊，外觀矮小古舊，海鮮及啤酒可是很夠看

吃知名的蔥薑雙龍蝦
New Golden Gate Chinese Restaurant

- ✉ 66 Beach Street, Boston, MA 02111
- ☎ (617)338-7721
- ◎ 每天11:00~04:00
- 💲 10元起
- ➡ 地鐵銀線China Town站
- 🗺 P.30

新金門的蔥薑雙龍蝦讚

新金門海鮮酒家在波士頓中國城，這裡的龍蝦螃蟹蚌殼皆為廣式煮法，最有名的是蔥薑雙龍蝦，大師傅把活跳跳的兩隻大龍蝦快刀剁成塊，先來個大火過油，再起油鍋炒香蔥、薑，入龍蝦和調味，簡單又快速，龍蝦肉的鮮嫩完全保持住，非常好吃，最重要一點是非常划算，不用20元就可吃到一大盤，要吃中式龍蝦到這裡準沒錯。

新金門位在中國城

金門海鮮酒家

Boston

以Q感披薩餅取勝

Pinocchio' Pizza & Subs

✉ 74 Winthrop Street, Cambridge, MA 02138
☎ (617)876-4897
🕐 週一～四11：00～01：00，週五、六至 02：30，週日13：00～24：00
💲 10元起
http www.pinocchiospizza.net
➡ 地鐵紅線Harvard Square站
MAP P.30

　　就在Harvard Square裡面，披薩餅非常受歡迎，因為餅皮口感不過脆也不韌，Q感恰到好處，番茄醬也非常可口，起司棒料豐富，配有生菜，多麼健康好吃的組合！菠菜披薩

和西西里披薩很好吃，學生們愛吃起司牛排堡，參觀完哈佛大學後，剛好到這休息填飽肚子。

Pinochio 的披薩餅超好吃

住 宿 情 報

🏠 奢華型旅館

高級區的高級酒店

Battery Wharf Hotel

✉ 3 Battery Wharf, Boston, MA 02109
☎ (617)994-9000
💲 350元起
http www.batterywharfhotelboston.com
➡ 地鐵橘線Haymarket站
MAP P.30

在Battery Wharf的酒店氣氛超好

　　超級尊貴高雅，位在海堤邊的全新酒店，大格局設計卻不減溫馨感覺，燈光雖暈暗，到處點著蠟燭很浪漫，廣闊海景是它的特點。如果你是有錢人，不要多想，趕快住進去就對了，如果你不是有錢人，這裡將是你夢想過夜的地方，服務一級棒，整體非常舒服。

❧ 氣質型精品旅館

Newbury Guest House

✉ 261 Newbury Street, Boston, MA 02116
☎ (617)670-6000
$ 159～269
http www.newburyguesthouse.com
➡ 地鐵綠線Hynes Station站
MAP P.30

　　住在後灣區的the Newbury Guest House，享受豪華但不奢侈，走到公園，漫步紐裴瑞大道都很方便，旅館乾淨舒敞，氣質古樸，令人感覺很高尚，是一座精品型旅館，住進去就像是回到溫暖的家一樣。

Newbury Guest House 古色古香

⌂ 中等型旅館

❧ 懷舊風旅館

Milner Boston

✉ 78 Charles Street South, Boston, MA 02116-5443
☎ (617)426-6220
$ 169元起
http milner.boston-hotels-ma.com/en
➡ 地鐵綠線Boylston Station站
MAP P.30

　　這棟旅館建於1877年，喜歡懷舊風的人超愛它的氣氛，但喜歡新潮造型的人恐怕受不了這種環境。不過，每個人都同意它的地點很方便，價錢也親民，網上預約有很大的折扣。

⌂ 經濟型旅館

❧ 價格最划算

Hotel 140

✉ 140 Clarendon Street , Boston, MA 02118
☎ (617)585-5600
$ 159元起
http www.hotel140.com
➡ 地鐵綠線Copley Station站
MAP P.30

　　號稱全城最划算的旅館，因為所在區域的其他旅館租金，都比此間高太多，旅館設計簡單大方，整潔舒適，服務特佳。

Boston

🏠 背包客型旅館

❖ 價格實惠地點佳

YWCA's Berkeley Residence

- ✉ 40 Berkeley Street, Boston, MA 02116
- 📞 (617)375-2524
- 💲 35元(1床位)
- ➡ 地鐵橘線Back Bay站
- 📍 P.30

位於後灣區南邊，以床位計價，可長住，共用衛浴，提供網路和早餐，真是太划算了，而且地點非常好，走路不消5分鐘(約500公尺)可達考普利廣場，欣賞不同種類的建築及景觀，商家集中，逛街購物方便，但是停車費很貴，最好搭大眾運輸工具到此旅館。

YWCA青年旅館地點佳

🏠 民宿

❖ 地點好，可炊可長住

Copley House

- ✉ 239 West Newton Street, Boston, MA 02116-6412
- 📞 (617)236-8300
- 💲 125元(一天)、750元(一週)
- 🌐 www.copleyhouse.com
- ➡ 地鐵綠線Prudential Station站
- 📍 P.30

位於市區，交通方便，通常有兩個房間以上，並有廚房、洗衣機、烘乾機設備，可提供遊客長住，出差、訪客、團遊、同學會最適合入住。原先是大公司大企業長期租下來供員工出長差時使用，比較寬敞有家居的味道，這種形式的旅館看似價錢比較高，其實只要大家平均分擔，擔負幾乎都比住旅館便宜。

波士頓周邊重要去處

鱈魚灣

鱈魚灣(Cape Cod Bay)位處麻州地圖的手臂部分，是波士頓人休閒度假的最愛。這裡可以乘船欣賞海灣全景，也可以開車搖下車窗，任海風吹散你的髮絲，愜意地欣賞浩瀚海洋及沙灘；或是健行於叢叢高草間，欣賞保護完整的樹林及海鳥。另外，別忘了登上高聳燈塔，進一步看沙、看海哦！

鱈魚灣陸地分為三部分，最西邊最靠近本土的叫作上灣(Upper Cape)，由數個小城鎮組成，其中的Falmouth是到瑪莎葡萄園的主要港口，中灣(Middle Cape)有許多美麗海灘，像是靠近Hyannis 的著名海灘kalmus Beach，不但保持原始風味，還是暖流經過的溫水海灘，很多人來此衝浪。下灣(Lower Cape) 則幾乎全被大西洋環繞，也是以沙灘著名，其中Coast Guard Beach 曾被Dr. Beach評選為全美第5好的海灘。鱈魚灣還包括瑪莎葡萄園島和念塔基島，也是非常受歡迎的觀光休閒好去處。

交通資訊

開車

經由93號公路往南(93S)接3號公路往南(3S),如果要避開塞車,可以在波士頓港的Long Warf碼頭(搭地鐵藍線Aquarium 站附近),搭高速快艇到鱈魚灣最東邊的普羅文斯鎮,並在鱈魚灣上的許多閒逸小城鎮上玩它一天,再搭船回波士頓。

陸上交通

鱈魚灣上的陸上交通以Hyannis Transportation Center為樞紐,灣上各城鎮間的大眾交通工具有P&B、Peter Pan Bus、Cape Cod Public Transportation、The Flex Bus等公共汽車, 往返各個城鎮非常方便。

海上交通

灣上有多條海運航線,車子可以停在航運公司提供的免費停車場,搭船前往馬莎葡萄園。在鱈魚灣上的許多港口都有遊艇到瑪莎葡萄園,其中的 Falmouth港有Island Queen號,Falmouth-Edgartown Ferry輪,Vineyard Haven Ferry輪;Hyannis港有Hy-line Cruises號。年塔基島的旅客可在New Bedford港搭Catamaran Ferry Services的郵輪。在波士頓的Long Warf和鱈魚灣的各個港口及景點,都有時刻表及票價資料,可上網預購船票(www.capecodchamber.org/ferry-schedules)。

波士頓周邊地圖

特色小鎮與美麗海灘
鱈魚灣
Cape Cod Bay

✉ 5 Patti Page Way, Centerville, MA 02632
☎ (508)362-3225
💲 免費
http www.capecodchamber.org
➡ 波士頓港的Long Warf碼頭搭地鐵藍線
　Aquarium站
MAP P.63

　　鱈魚灣內有幾個古樸小鎮，其中的Hyannis小鎮有甘迺迪莊園，可以欣賞一下權貴的度假處。另一小鎮在灣上最盡頭，叫作普羅文斯鎮(Province Town)，是當年五月花號停泊處，鎮上的圖書館陳列一艘很大的帆船，充分展現海港味。這是鱈魚灣上的最重要地標之一，因為它曾是第一批移民落腳的地方，在美國歷史上扮演第一個出場的角色，不容輕忽。在灣上的重要旅遊經歷之一，就是要嘗嘗鱈魚灣的海產，小鎮街上處處可見龍蝦料理招牌，叫一客龍蝦捲(Lobster Roll)、一碗蚌肉濃湯(New England Clam Chowder)、一杯冰啤，遙望浩瀚海景，乃人生一大樂事。

鱈魚灣處處白帆點點

童話感的美麗小島
瑪莎葡萄園
Martha's Vineyard

✉ Martha's Vineyard Chamber of Commerce, Vineyard Haven, MA 02568
☎ (508)693-0085
💲 免費
http www.mvy.com
➡ 鱈魚灣上的許多港口都有遊艇到瑪莎葡萄園，其中的Falmouth港有Island Queen號、Falmouth-Edgartown Ferry輪、Vineyard Haven Ferry輪；Hyannis港有Hy-line Cruises號
MAP P.63

瑪莎葡萄園的住宅很休閒

　　鱈魚灣外海的小島——瑪莎葡萄園，是另一處可延伸玩樂之地，島上不鼓勵車輛進入，你得把車子停靠在鱈魚灣上的Falmouth Harbor港口停車場，拎著行李搭船或快艇遊島。在瑪莎島上最好是租一輛腳踏車，漫遊欣賞這裡的莊園，歇歇腳上藝品店、畫廊，或者坐在露天咖啡廳，吃點心看行人，好悠哉！

沙灘戲水一樂也

鱈魚灣購物尋寶

據估計，鱈魚灣約有2千4百多家商店，每個小鎮都有一些別致惹眼的店家。喜歡逛大型購物中心，可到Hyannis那兒有Cape Cod Mall；或到Mashpee那兒有購物和餐廳匯集的Mashpee Commons。

其實，鱈魚灣最有趣的逛街購物就屬古董尋寶了！沿著Old King's Highway也就是6A公路就對了。美國著名的藝文雜誌《Smithsonian Magazine》曾描述這條6A公路，說是「美國最好玩的一條路」。也許是那位作者特愛老古董舊玩意之故，然而這一路上的小店家、舊書攤、手工藝品店、舊衣拼布店、私房特色的起士店各具特色，所販賣的仿古水晶珠寶、銅銀器皿晶瑩透徹，每家都有許多東西小巧美麗，有些來自收藏家，有些是當地人別出心裁，以獨特創意所製造的單一作品，總之，樣樣都「古錐」得令人愛不釋手。

特 色 餐 飲

≫ 造型特異的海鮮餐廳
The Raw Bar

✉ 230 Ocean Street, Hyannis, MA 02601
☎ (508)775-8800
🕐 週五11:00～20:00，週六11:00～19:00
　　週日11:00～17:00
💲 10元起
🌐 www.therawbar.com

這個小小餐廳裝潢特異，很有型，位於 Mashpee的Popponesset Market Place。酒吧檯吃法提供傳

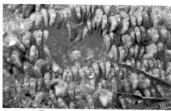

Raw Bar是吃海鮮的好地方

統海味，有最好的龍蝦捲、海蚌、牡蠣、沙蚌，帶殼蝦配上一杯好酒，太過癮！每週三晚上17:00～22:00有龍蝦大餐。

≫ 全城最划算，只提供早、午餐
Box Lunch

✉ 353 Commercial St. Province Town, MA
☎ (508)487-6026
🕐 每天10:00～16:00
💲 10～15元起
🌐 boxlunchcapecod.com

在Province Town的圖書館對面，只有早餐、午餐。龍蝦三明治捲(Lobster Roll) 附湯(Clam Chowder) 只要12元，是全城最划算的餐廳。長條麵包夾著大塊龍蝦肉，料豐盛味鮮美，還免費附送蚌肉又多又厚的濃稠海鮮湯，非常過癮。

Box Lunch海鮮料理

道地義大利美味
Osteria La Civetta

✉ 133 Main Street, Falmouth, MA 02540
☎ (508)540-1616
🕐 週三～日,午餐11:30～14:00,晚餐18:00
　　～22:00
💲 20元起
🌐 www.osterialacivetta.com

　在Falmouth鎮上的主街(Main Street),老闆來自義大利,燒得一手道地的義大利海鮮麵,海鮮來自當地,新鮮得沒話說,還有甜點也很棒,一定要試試。

Osteria La Civetta的海鮮料理

好吃的炸海鮮
The Clam Shack

✉ 227 Chinton Avenue, Falmouth Harbor,
　　MA 02540
☎ (508)540-7758
🕐 11:00～20:00
💲 10元起

　在Falmouth 碼頭,這裡的海鮮多半是炸的,但是非常好吃,像是又脆又鮮的炸海蚌,它的龍蝦捲也很棒,還有海景可欣賞。

clam shack的蠔趁熱吃最棒

超讚的魚排三明治
The Bite

✉ 29 Basin Road, Menumsha, MA 02535
☎ (508)645-9239
🕐 每天11:00～20:30
💲 10元起
🌐 www.thebitemenumsha.com

　瑪莎葡萄園島上餐廳眾多,多為觀光客型,而且超貴。Bite 的蚌殼好吃,魚排三明治(Flouder Sandwich)很讚,還可以外帶,選好

The Bite的魚排三明治

要吃的海產料理,帶一份到海邊野餐,配著海洋的美景,這樣才是美好的瑪莎葡萄園經驗。

❖ 修道院改建的B&B

The Belfry Inn & Bistro

✉ 8 Jarves Street, Sandwich, MA 02563
☎ (508)888-8550，800-844-4542
💲 165元起
http info@belfryinn.com

這一家充滿歷史感的B&B，曾經是鱈魚灣富商的家，賣給當地的天主教會後，住宅改建成修道院，最近一任的主人買下後改建，裝潢後成一家溫馨的高檔旅店，地點非常好，有些房間在修道院裡面，旅館另外附有餐廳和酒吧。

❖ 公車站旁的平價旅館

Beach Plum Motor Ladge

✉ 2555 Rte. 6, Eastham, MA 02642
☎ (508)255-7668
💲 130元起
http www.beachplummotorlodge.com

這家親民價位的旅館，由一家義大利移民及其後代經營，已經歷過四代了，可能是鱈魚灣上最便宜的一家。房間很乾淨，而且靠近公共汽車站，P&B和 The Flex 兩家大眾運輸都經過門前，很方便，而且含早餐，提供免費上網。

❖ 鱈魚灣的浪漫之屋

Chatham Gables Inn Bed & Breakfast

✉ 364 Old Harbor Road, Chatham, MA 02633
☎ (508)945-5859
💲 220元起
http www.chathamgablesinn.com

在6號公路上的11號出口(Exit 11)下交流道，左轉到137號路往南，連棟白色小木屋，乾淨舒適，非常浪漫，價錢又好，是鱈魚灣的上選住處之一。大多數房間有陽臺和木製搖椅，供客人休閒看景，含早餐，並提供水果。

❖ 簡單平價過夜宿地

Hi-Mid Cape Eastham Hostel

✉ 75 Goody Hallet Drive, Eastham, MA 02642
☎ (508)255-2785
💲 35元起
http www.beachplummotorlodge.com

這家親民價位的旅館，可能是鱈魚灣上最便宜的一家。房間很乾淨，而且靠近公共汽車站，P&B和 The Flex 兩家大眾運輸都經過門前，很方便，而且含早餐，提供免費上網。走幾分鐘路就可到海邊，還可以騎腳踏車四處遊逛。

New York

紐約

布朗克斯區
Bronx

曼哈頓
Manhattan

皇后區
Queens

布魯克林區
Brooklyn

史坦登島
Staten Island

紐約概略圖

(圖片提供／國會圖書館相片收藏品)

紐約

紐約的轉移與崛起

全美各大城市的形成，多多少少有些雷同之處，只有紐約獨樹一格，找不到其他城市可以媲美，它獨領風騷，走在美國的前端，成為美國的代表，與其他世界級大都會互別苗頭。

紐約作家John Fitzgerald提到，所有城市就像長在樹上的蘋果，紐約則是其中最大的一顆，對大多數人而言，只要吃了最大的一顆蘋果，就不需再多吃，因此有些人認為，去過紐約就算去過美國了，由此可見紐約這顆「大蘋果」的威力和吸引力。

話說歐洲人移入前，約有1萬5千名印地安人散居此地，荷蘭人占領後，命名為「新阿姆斯特丹」，之後，英國人也看上這裡，引發英荷之戰，打勝後易名為「新約克」，也就是所謂的「紐約」。但敗北的荷蘭人不死心，又捲土重來，奪下它改稱「新橘子」。呵！現在的大蘋果，原來曾經當過橘子！沒幾年，英國人又搶了回來，稱作「紐約」至今。

英國雖然搶到大蘋果，但是美國獨立氣氛已逐漸形成，1775年紐約加入全美獨立戰爭，先是連輸兩役，但抗英行動不曾間斷，直到1783年所有擁英皇軍撤退，華盛頓將軍駐進紐約，並於1785年召開聯邦議會，決定設立美國的首都於紐約。

1789年華盛頓將軍在華爾街的聯邦大會廳，宣誓就職第一任美國總統，紐約經濟逐漸繁榮，1825年開發伊利運河(Erie Canal)，紐約變成運送中西部糧食作物到大西洋岸各海港的樞紐，經濟蓬勃發展。

19世紀中期愛爾蘭鬧飢荒，歐洲移民大舉移進美國各大城，紐約就是第一站；加上美國南北內戰，許多黑人湧進北方大城市，紐約人口突增，都市計畫不斷擴張，學校、公園、消防設施逐漸成形。

20世紀初地下鐵開工，中央火車站、賓州站、大眾運輸便利城市發展，公共設施伸展到布魯克林、皇后區、哈林區復甦，曼哈頓的摩天大樓如雨後春筍，終於在1925年紐約超越倫敦，成為世界最大的城市，並且是世界金融貿易中心。

風情掠影

不可不訪的自由女神

自由女神(Statue of Liberty)原名為「自由照耀世界」，是法國政府贈送美國獨立一百週年的紀念禮物，也就是說，她是舶來品，非美國貨。不過，她充分代表了美國崇尚民主、自由的精神，因為自由女神右手高舉象徵自由的火炬；左手捧著一本封面刻有「1776年7月4日」的法律典籍，象徵獨立、自主；腳底則是打碎的手銬、腳鐐和鎖鏈，象徵掙脫暴政約束，終獲自由。

金屬鑄造的自由女神雕像，造型十分巨大，雕像高46公尺，加基座為93公尺，重200多噸，向來被視為美國的象徵。19世紀末20世紀初歐洲移民冒著生命危險，搭船來美洲新大陸尋找新希望時，最先映入眼

往自由女神雕像的海上

簾的美國印象就是她！一群群長途航行、身心俱疲的人們，看到自由島上的雕像，總是興奮得喊叫「美國到了！」「美國到了！」

這種代表美國自由精神的地標，不是任何紐約的摩天高樓可以替代，1984年自由女神像被列為聯合國科文組織世界文化遺產，現在是紐約最重要的觀光景點。

往自由女神雕像的船上一定要回頭看看這偉大的天際線

↑赫斯特大樓

↑防火梯是紐約特色之一

摩天大樓雲集，儼然一座都市森林

走在紐約的街道上，大樓高聳，雄偉寬廣，成為特殊景觀。在紐約都市發展過程中，曾一度興起「比高」風，企業競相投資興建高樓，作為公司總部，像是花旗銀行、紐約時報、美國鋁業公司、大都會保險公司、輝瑞製藥公司、高露潔公司等企業大樓，比高比炫，既彰顯名門企業氣派，又大做廣告宣傳，累積企業的形象，可謂一舉數得。這頹企業大樓除了當商辦，又有地產增值潛力，經濟好的時候，難怪大家搶著建造。

曼哈頓地皮有限、人口又多，房地產向來供不應求，只要樓房蓋得愈高，建商就賺得愈多，因此建築開始吹起「比大」風，像是川普大廈，樓層又高又大，底層設百貨公司，中段規畫為數層豪華辦公室，較高樓層是昂貴住家區，多功能的建築設計可賺足了銀子。另一超級大樓群組成的

著名的超薄大樓(Flatiron Building)

洛克斐勒中心，以商辦作為訴求，提供了許多辦公室空間，賺進的高價租金自不待言。

一波又一波的房地產開發，使得大樓如雨後春筍般冒出，一棟接一棟筆直矗立的摩天大廈，漸漸地改變了紐約的天空。這種萬商雲集的景象、奇特壯觀的天際線，令人讚嘆不已，只有親臨紐約，才能體會那種感動。

↑ 都市森林

↑ 華爾街上的聯邦財經大樓

錢滾錢的華爾街

美國是自由企業經濟，所謂的資本主義制度。在這制度下，華爾街扮演著推手角色，同時也成了美國經濟的仲介。所有的產銷(商品和服務)由公司行號控制，到市場去自由競爭；所有的投資由私人決定，也就是說，每個人都可以投資、影響公司，進而影響經濟。

因為紐約證券交易所位於華爾街，這條街上會管帳的人才多，一批批想投資的有錢人帶著「細軟」，來此拜訪處理大錢的財務專家。而理財高手也喜歡來這裡，因為此地找工作相對容易，於是金主、銀行員工、證券交易員、財稅專家、經濟專家全都聚集在華爾街附近。

那些在華爾街辦公大樓的金融菁英忙著「算」和「賺」，每一筆加減都會「錢來錢去」，久而久之，華爾街就成了錢滾錢的代名詞。

對這分分秒秒都在處理錢的地方，來到紐約的遊客無不充滿興趣，想一探究竟，所以華爾街不僅是金融財政中心，更成了紐約另一個擠滿觀光客的景點。

華爾街上的證交所

↑時代廣場區　　↑百老匯劇院區

歌聲舞影百老匯

來紐約一定要看百老匯秀(Broadway Show)！因為紐約是百老匯歌舞劇的發源地，音樂家、舞蹈家的聚集地，藝術人才濟濟。歷年來表演經驗的累積，文批語評的刺激，還有每年頒發歌舞劇東尼獎的鼓勵，百老匯劇已變成紐約的另一個文化代名詞，歌聲、舞影都是世界之最。

百老匯最先只是一條路名，因為紐約的劇院多半位於百老匯大道和第8大道間，及42街～57街間。這個方塊區間約有40多家的歌舞劇院，要看歌舞劇就得去百老匯區，久而久之，紐約客稱歌舞劇為百老匯劇。

百老匯秀並非只有音樂劇，還包含話劇、笑劇等近40齣戲碼，並且是長期演出。大部分人來看百老匯秀是喜歡現場演出氣氛，欣賞色彩鮮豔的服裝、音效、燈效及道具等噱頭，所以華麗精緻的舞臺秀廣受歡迎。

百老匯秀的票價通常不便宜，大多隨著「受歡迎程度」而有所不同。膾炙人口且演出最久的《歌劇魅影》，不僅歌曲好、劇情佳，豪華氣派的舞臺效果更炫人，只是喜歡看百老匯劇的人幾乎都看過了，它已逐漸被後起之秀《Ma Ma Mia》《獅子王》《西城故事》《芝加哥》等給趕上了。

百老匯劇院區

↑露天小攤添趣味　　↑紐約露天市場是挖寶的好地方　　↑亮鞋兼休息

活動多 變化多 生活趣味多

　　紐約有800多萬人口，相對的有錢人多，喜歡藝術的人多，喜歡運動競賽的人也多，什麼都比別的城市多一點。博物館或私人畫廊常有大師級的畫展，最新最酷的產品商展也是常年不斷。傑出的文學作品一部接一部多是紐約出版商發行，世界各國領袖到聯合國發表意見的新聞，也是紐約客生活的一部分。

　　至於運動風氣，也是全美罕見的熱鬧，很少一個城市同時擁有兩支大聯盟的棒球、足球隊，但紐約就有！兩支大聯盟棒球隊洋基(New York Yankie)、大都會(New York Met)，以及兩支大聯盟足球隊巨人(New York Giant football)、美池(New York Mets football)全年的比賽活動，強力帶動起紐約的運動風潮。不僅如此，NBA聯盟的尼克籃球隊(New York Knick)、紐約巡邏冰球隊(New York Rangers harkey)都使用麥迪遜廣場的場地，20世紀後期開始流行的長桿曲棍球，也有許多場競賽在這舉行，使得曼哈頓麥迪遜廣場，精采球賽看不完。

　　因為外來人口頗多，迷英式足球的也是一大票，一有比賽，交通就亂，你能想像現場的熱情吧！除了各大聯盟球隊的許多定期比賽外，國際級馬拉松盛會等節目也多得不得了。

　　除了運動，紐約也是一座新潮的流行城市。曼哈頓每季推出的服裝秀，總招來一大批潮男潮女，各種以紐約為背景的電視節目錄製、電影製作也引起旋風，例如大受歡迎的慾望城市《Sex and the City》，不僅成功打響紐約的流行城市知名度，更吸引大批觀光客來此朝聖。

　　現在你應該可以了解，為什麼美國這麼大，卻有許多人寧願待在紐約，擠在狹小公寓住了吧！因為紐約五光十色，有看不盡的活動，生活多變化，日子絕不單調，尤其運動競賽令人興奮不已。儘管紐約居大不易，這些多彩多姿的節目，可讓紐約人充分調劑了都會生活的壓力啊！

紐約

搭飛機

從台灣、香港、大陸到紐約的航線很多，其中華航、長榮有台北直飛紐約班機，約14小時抵達，華航、長榮停JFK機場，而國泰的直達航班是從香港出發，直達紐約JFK機場約15～16小時(機場圖詳見P.85)。

開車

1. 從波士頓上州際公路95往南開，靠近曼哈頓之前，在布朗克斯區要轉到278號高速公路，再開進紐約市中心。

2. 如果從費城往北開，州際公路95號往北，穿過曼哈頓大橋(Manhatten Bridge)，進入紐約曼哈頓的上城區，然後轉入9A公路，到市區景點。

3. 從紐約JFK機場進城，建議搭火車或巴士進城，租車或開車要先上678號高速公路，再轉486號往西，就可達曼哈頓。

4. 紐約都會大部分街道是單向行駛，停車場費用約25～50元，停數小時和整天差不多，路邊停車幾乎是不可能的任務。

巴士

紐約市有3個機場，分別是JFK、La Gaurdiar、Newark。拿到行李出了海關，可看到許多標誌，沿著「GROUND TRANSPORTATION」和「BUS」的箭號指示方向，走到巴士站，每座機場都有直達曼哈頓的大巴士(像台灣的國光號車)，上車買票，約10～16元。

Super Shuttle 紐約三大機場門口都有這家巴士客運；電話：800-258-3826；上網 www.supershuttle.com。

New York Airport Service 只往返 JFK and LaGuardia兩機場，電話：(718)875-8200，上網 www.nyairportservice.com。

Olympia Trails/ Coach USA 專跑 Newark機場，電話：(877)863-9275，上網www.coachusa.com/olympia。

地鐵和巴士的票價都是2.75元，可互相通用並轉車接駁。如果待在紐約的時間夠長，建議購買Pass，一週Pass32元，一個月Pass121元。

搭地鐵

地下鐵是最準時的交通工具，一開始搭乘，或許會覺得很複雜，即使同一線路，有些還有快車、普通車之分，先搞清楚所經線路及其起始、終點(頭尾兩站)站名，這樣才不會搭到相反方向哦。 曼哈頓西邊主要是藍線(A、C)，橘線(B、D) 或紅線(1、2、3、9)；東邊以綠線(4、5、6)為主幹。以下是紐約重要觀光景點的地鐵停靠站：

New York

交通概說

紐約重要觀光景點地鐵停靠站

林肯中心(Lincoln Center)	1、2、3、9線66th Street站；A、C、B、D線72nd Street站
卡內基廳(Carnegie Hall)	B、D、E 線7th Avenue站；F線57th Street站
大都會博物館(Metropolitan Museum of Arts)、古根漢(Guggenheim Museum)	4、5、6線86 th Street站
洛克斐勒中心(Rockefeller Center)現代藝術(Museum of Modern Arts)	B、D、F線47-50St-Rockefeller Center站
時報廣場(Times Square)劇院區	1、2、3、9線42 Street站；B、D、F線 42 nd Street站
帝國大廈(Empire State Building)	1、2、3、9線34th Street站；B、D、F線34th Street站
紐約大學(New York University)華盛頓廣場(Washington Square)	A、C、E、B、D、F線4th Street站；4、5、6線Astor Place站
格林威治村(Greenwich Village)	1、2、3、9線Christopher Street站
華爾街(Wall Street)南街碼頭(South Street Seaport)	4、5、6線Wall Street站；2、3線Wall Street站
自由女神(Statue of Liberty)	1、9線South Ferry站，走到Battery Park搭船

搭計程車或 UBER

紐約計程車類似台灣小黃，但是尺寸不同，屬於美國尺寸，除了機場到市區不跳表，市區各地按表計費。如果有行李需要搬運，每件需加1元，付費時還要加15%的小費。

在領行李的出口處有「GROUND TRANSPORTATION」和「TAXI」標誌和箭號，沿著指標走到計程車專區。如果前往曼哈頓，從JFK機場出發約需 45～60分鐘，45元外加過路費和小費；從 La Guardia 機場出發約需 20～35分鐘，24～28元外加小費和過路費；從Newwark機場則約需35～50分鐘，30～38元也要小費和過路費。

搭火車

從外州到紐約市，可搭Amtrak長途火車進城，到曼哈頓的Penn Station下車，再轉市區的地鐵或巴士遊紐約，可以避免開車之苦與停車之難。

市區和近郊之間的短程火車，主要是指 Long Island Railroad 和 Metro North Railroad，兩線都是到紐約附近重要景點的交通工具，前者可到長島的沙灘和富豪大亨集中的觀光小鎮Hampton；後者可到西點軍校所在地(West Point)和哈德森流域(Hudson Valley)，詳細資料請查www.mta.info/。

計程車一覽表

公司	電話	網址
Yellow Cab	(845)877-7222	www.yellowcabnyctaxi.com
New York Cab	(800)821-1230	www.newyorkcitycab.net
Manhattan City Limo	(212)571-1011	www.manhattancitylimo.com

紐約下城分區圖

Colonial House Inn
High Line 空中公園
8th Avenue - 14th Street
Gansevoort Street
The Townhouse In of Chelse
Fatty Crab 馬來西亞餐廳
Pongsri Tha Restaurar
8th Avenue
Chelsea Star Hostel New York
W.13
Tartine French Restaurant
Magnolia Bakery (Magnolia蛋糕店)

West Street
Washington Street
Greenwich Street
Hudson Street
7th Avenue
6th Avenue

格林威治村 Greenwich Village

Washington Square Park

紐約大學 New York University

W. Houston Street

哈

德

森

河

78

Canal Street

W. Broome Street

蘇活區 Soho

小義大利區 Little Italy

Lafayette Street
Centre Street

芽莊越南餐廳 Nha Trang Vietnamese restaurant

Chambers Street

Chambers Street

Church Street

Worth Street

中國城 Chinatown

Brooklyn Bridge

鹿鳴春上海餐廳 Joe's Shanghai Chinese Restaurant

St. James Pl

世界貿易中心一號大樓 One World Trade Center

Barclay Street

World Trade Center

City Hall

Nobu Downtown

Broadway

華爾街Wall Street
Wall - William Street

Pearl Street

Water Street

砲台公園 Battery Park

Bowling Green

布魯克林大橋 Brooklyn Bridge

自由女神 Statue of Liberty

South Ferry Terminal

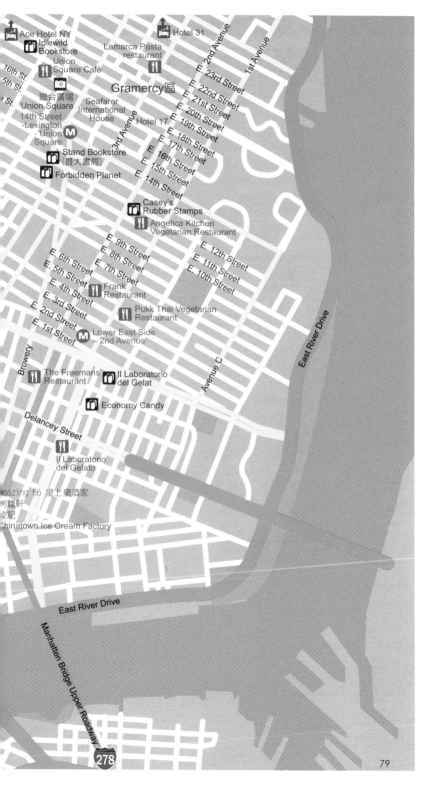

Ace Hotel NY
Idlewild Bookstore
Lamarca Pasta restaurant
Union Square Café
Hotel 31

16th St.
5th St.
St.

E. 2nd Avenue
1st Avenue
E. 23rd Street
E. 22nd Street
E. 21st Street
E. 20th Street
E. 19th Street
E. 18th Street
E. 17th Street
E. 16th Street
E. 15th Street
E. 14th Street

Gramercy區

聯合廣場
Union Square

Seafarer International House

Hotel 17

3rd Avenue

14th Street -Lexington - Union Square

Stand Bookstore
(最大書局)
Forbidden Planet

Casey's Rubber Stamps
Angelica Kitchen Vegetarian Restaurant

E. 9th Street
E. 8th Street
E. 7th Street
E. 6th Street
E. 5th Street
E. 4th Street
E. 3rd Street
E. 2nd Street
E. 1st Street

E. 12th Street
E. 11th Street
E. 10th Street

Frank Restaurant

Pukk Thai Vegetarian Restaurant

Lower East Side – 2nd Avenue

Browery

The Freemans' Restaurant

Il Laboratorio del Gelat

Economy Candy

Delancey Street

Il Laboratorio del Gelato

Avenue C

East River Drive

mazing 66 星上皇酒家
弓鱻軒
女記
Chinatown Ice Cream Factory

East River Drive

Manhatten Bridge Upper Roadway

278

紐約中城分區圖

W. 53rd Street
W. 54th Street
W. 51st Street
W. 48th Street
W. 47th Street
W. 49th Street
50th St
50th St - Bway
49th St
Amy's Bread
10th Avenue
9th Avenue
8th Avenue
7th Avenue
W. 44th Street
W. 43rd Street
W. 41st Street
W. 42nd Street
W. 40th Street
42nd St - Port Authonty
時代廣場
Times Square
紐約時報大樓
New York Times Building
Times Square - 42 St
9th Avenue
W. 38th Street
W. 37th Street
W. 36th Street
W. 35th Street
W. 39th Street
8th Avenue
7th Avenue
42nd St - Bryant Park
6th Avenue
布萊恩公園
Bryant Park
Broadway
W. 34th Street
34th St - Penn Station
W. 33rd Street
麥迪遜花園廣場
Madison Square Garden
34th St - Penn Sta.
梅西百貨公司總部
Macy Headquater
Americana Inn
New York Penn Station
Billy Bakery
W. 31st Street
New York
34th St - Herald Sq
5th Avenue
33rd St
E. 34th Street
W. 29th Street
W. 32nd Street
E. 33rd Street
Trader Joe's
帝國大廈
Empire State Building
W. 28th Street
W. 30th Street

80

W. 58th Street
W. 57th Street
M 57th St / 7th Ave
W. 56th Street
M 57th St
7th Ave-53St

Le Bernardin

Museum of Modern Art

洛克斐勒中心
Rockefeller Center
La Maison Du Chocolate
M 47-50th St - ROCKFELLER Ctr
Teuscher Chocolatier

W. 47th Street
W. 46th Street
5th Avenue
W. 45th Street
W. 44th Street
W. 43rd Street
M 5th Ave
Crumbs Bake Shop
紐約市立圖書館
New York Public Library
Grand Central Shuttle - 42 St
Library Hotel

中央公園
Central Park
E. 59th Street
M 5th Ave-59 St

Madison Avenue

E. 60th Street

E. 58th Street
E. 57th Street

59th St - Lexington M

H&M 百貨公司

Renaissance New York Hotel 57

Fifth Ave - 53rd St
Le Pain Quotidien

Park Avenue

E. 56th Street
E. 55th Street
E. 54th Street

聖派翠克天主堂
St. Patrick's Cathedral

E. 53rd Street

E. 49th Street
E. 50th Street
Madison Avenue
Park Avenue
Lexington Avenue

51st St - Lexington M
Affinia 50
E. 51st Street
3rd Avenue

Lexington - 53rd St M

Lexington - 52nd Street

The Pod 51 Hotel New York

Chin Chin Chinese Restaurant
E. 47th Street
E. 48th Street

2nd Avenue

中央火車站市場
Grand Central Market
中央火車站
Grand Central
Grand Central - Lexington - 42 St
M
克萊斯勒大廈
Crysler Building
Grand Central - 42 St
M

Vanderbilt YMCA

E. 46th Street
E. 45th Street

Amish Market

E. 44th Street
E. 43rd Street
3rd Avenue
E. 42nd Street

聯合國
Unitd Nations

E. 40th Street
Park Avenue
E. 39th Street
E. 38th Street
Seton Hotel
E. 41st Street

1st Avenue

E. 37th Street
2nd Avenue
E. 36th Street

紐約上城分區圖

Zabar's | Silver Moon Bakery
Beard Papa Sweets Café
Amsterdam Inn Hotel
美國歷史博物館
American Museum of Natural History

W. 80th Street
W. 81st Street
W. 79th Street
W. 78th Street
W. 77th Street
W. 76th Street
W. 75th Street
W. 74th Street
W. 73rd Street
W. 72nd Street
W. 71st Street
W. 70th Street
W. 66th Street
W. 62nd Street
W. 60th Street
W. 59th Street
W. 58th Street
W. 57th Street
W. 56th Street
W. 55th Street
W. 54th Street

West End Avenue
Broadway
Amsterdam Avenue
Columbus Avenue
Central Park West
Amsterdam Avenue
Columbus Avenue
8th Avenue
Broadway
7th Avenue
6th Avenue
5th Avenue

72nd St -Bway

72nd St

66th St -Broadway

中央公園
Central Park

林肯中心
Lincoln Center

59 St
Columbus
Circle
Time-Warner Center

57th St/
7th Ave

57th St

5th Ave
- 59 St
Plaza Hotel
Apple Store

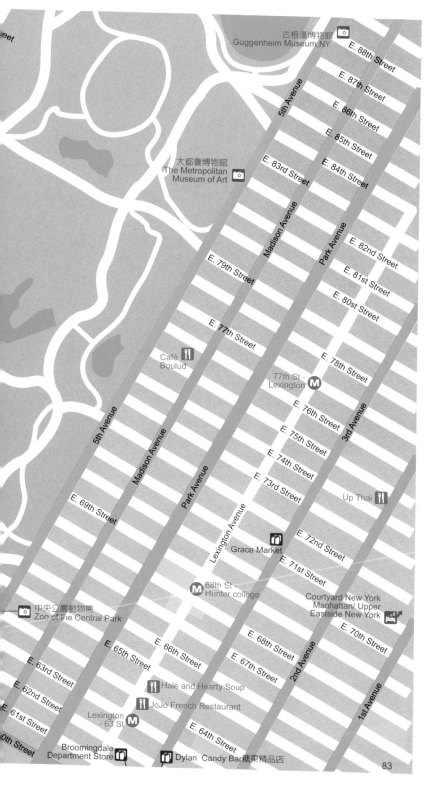

古根漢博物館
Guggenheim Museum,NY

E. 88th Street
E. 87th Street
E. 86th Street
E. 85th Street
E. 84th Street
E. 83rd Street

5th Avenue

大都會博物館
The Metropolitan
Museum of Art

Madison Avenue

Park Avenue

E. 82nd Street
E. 81st Street
E. 80st Street

E. 79th Street

E. 77th Street

Café
Boulud

77th St -
Lexington Ⓜ

E. 78th Street

E. 76th Street
E. 75th Street
E. 74th Street
E. 73rd Street

3rd Avenue

5th Avenue

Madison Avenue

Park Avenue

Lexington Avenue

E. 69th Street

Up Thai 🍽

Grace Market

E. 72nd Street
E. 71st Street

Ⓜ 68th St -
Hunter college

Courtyard New York
Manhattan/ Upper
Eastside New York 🏨

中央公園動物園
Zoo of the Central Park

E. 70th Street

E. 63rd Street
E. 62nd Street
E. 61st Street

E. 65th Street

E. 66th Street

Hale and Hearty Soup

JoJo French Restaurant

Lexington
- 63 St Ⓜ

E. 68th Street
E. 67th Street

2nd Avenue

1st Avenue

E. 64th Street

0th Street

Broomingdale
Department Store 🛍

Dylan Candy Bar糖果精品店

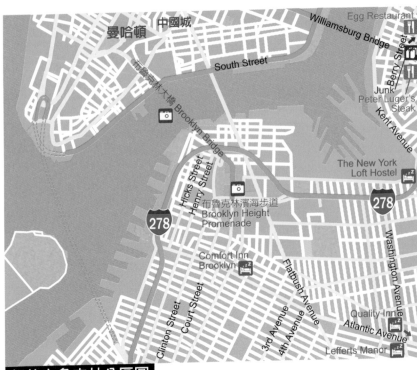

紐約布魯克林分區圖

紐約布朗克斯分區圖

Central Park ①
5th Avenue ②
Park Avenue ③
Lexington Avenue ④
3rd Avenue ⑤
2nd Avene ⑥
1st Avenue ⑦
116th Street ⑧
125th Street ⑨

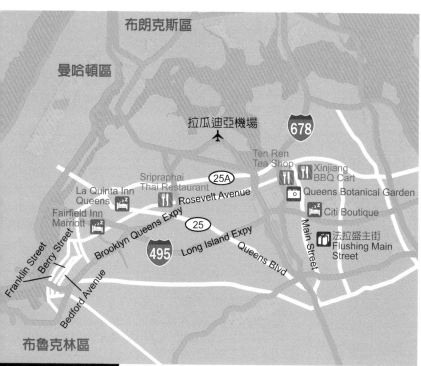

布朗克斯區

曼哈頓區

拉瓜迪亞機場

678

Ten Ren
Tea Shop

Sripraphai
Thai Restaurant

Xinjiang
BBQ Cart

25A

La Quinta Inn
Queens

Rosevelt Avenue

Queens Botanical Garden

Fairfield Inn
Marriott

Brooklyn Queens Expy

25

Citi Boutique

Franklin Street

Berry Street

495

Long Island Expy

Queens Blvd

Main Street

法拉盛主街
Flushing Main
Street

Bedford Avenue

布魯克林區

紐約皇后分區圖

紐約市附近機場位置圖

紐澤西州
New Jersey

布朗克斯區
Bronx

拉瓜迪亞機場
LaGuardia Airport

曼哈頓區
Manhattan

278號公路

州際95號公路

495號公路

紐約州
New York

278號公路

皇后區
Queens

紐瓦克機場
Newark Airport

哈德森河
Hudson River

布魯克林區
Brooklyn

甘迺迪機場
JFK airport

紐約市由曼哈頓(Manhattan)、布朗克斯(Bronx)、布魯克林(Brooklyn)、皇后區(Queens)、史坦登島(Staten Island)，五大行政區域組成，一般人所謂的紐約，通常是指摩天大樓林立的曼哈頓。

曼哈頓的觀光景點非常豐富，分下城、中城、上東、上西四區，首先你得知道曼哈頓的道路規畫，才不會迷路。所有垂直方向的叫大道(Avenue)，共12條路線；水平方向的叫街(Street)。第五大道(Fifth Avenue)為「東」半部、「西」半部的分界線；街號則從修士頓街(Houston St.)開始算起，依開發的先後遞增，愈大號碼愈往北走，比方說155街在北，27街在南。

一般而言，美國城市的下城(Downtown)是指辦公商業區或熱鬧的城中心，曼哈頓到處都是商業，沒辦法這樣區分。它有自己的區分法，所謂的下城(Downtown)是指第23街以南的金融區，又稱Lower Manhattan，上城(Uptown)指第59街以北，通稱Upper Manhattan，23街和59街之間就叫中城(Midtown)。

來到紐約，請記住最重要的五個景點：帝國大廈俯瞰紐約摩天樓景、洛克斐勒中心、聯合國、華爾街、大都會博物館，這些地方絕不容錯過。

下城區Down town

　　紐約市的發跡從下城區開始，位於72街的達卡達大廈(Dakota Building)現在雖是精華地點，1880年興建時，人們認為72街簡直就是遙遠得像位在北大荒的達卡達州一樣遠，因此命名達卡達大廈。所以最先移民到紐約市的人自然是集居在下城區，也因此形成小義大利區、中國城等，當年金融貿易也在這，延續至今為華爾街，這一區的差異很大，那些舊式建築、群區人們還在，一棟接一棟豪華高聳的金融大廈不斷加入，和老舊擁擠掛滿防火梯的公寓共存，被恐怖分子炸毀的世貿大廈已成廢墟，很快會有更新更強化的建築出現，隨處有西裝筆挺、名牌打扮的士紳淑女，參雜在擦身而過的觀光遊客中，這區是發源地，也是一座典型的大鎔爐。

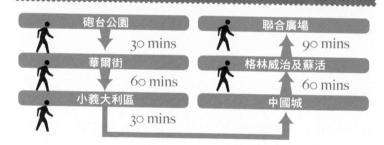

下城區一日遊行程表

砲台公園
30 mins
華爾街
60 mins
小義大利區
30 mins

聯合廣場
90 mins
格林威治及蘇活
60 mins
中國城

紐約夜空有扣人心弦的魅力 (David Iliff／攝)

熱門景點

空中鐵道公園
The High Line

- 🖂 10～11 Avenue之間，West 34 Street～Gansevoort Street之間
- ☎ (212)500-6035
- ◉ 春、夏季07:00～23:00，秋季07:00～22:00，冬季07:00～19:00
- 💲 免費
- http www.thehighline.org
- ➡ 地鐵L, A, C, E線，14th Street & 8th Avenue站
- MAP P.78

　　這是一條廢棄的高架火車鐵道改建的特殊造型公園，1934年時為了安全考量紐約市府特別規畫把34街往南到Gansevoort街1.45英哩這一段運貨線路高架起來，1980年因貨倉生意沒落而停駛，1990年由兩位熱情有創意的環保人士成立Friends of the High Line，鼓吹保留及改建成公園，經過設計競圖於2006年開始改建，2009年開放Gansevoort接到20街部分，2011年開放20街到30街部分。

　　這也是紐約最新的景點，最大特色是原為曼哈頓最礙眼的廢棄建物經過巧妙的思考及設計後，現在可是最前衛的修憩地方，走在High Line空中公園上俯瞰紐約市街景更加清晰、更加震懾，還可以看到哈德森河河景(Hudson River)，沿著鐵軌的大樓也都非常有特色，很值得一訪。

中國城
Chinatown

- ➡ 地鐵6號線Canal Street 站；4、5號線Brooklyn Bridge站，從皇后區搭地鐵Z到Canal Street站，從布魯克林區搭地鐵D、B、N、Q、R、J、M、6到Grand Street站，或是Canal Street站
- MAP P.78

　　紐約中國城算是全美國最有規模的中國城，早期以香港移民居多，現在多半是來自大陸的新移民，台灣人比較少，所以餐廳的

曼哈頓中國城

菜式少有台菜，商店以觀光客為主，大多販賣便宜的紀念品，或是中國風味的藝品。

New York

代表美國獨立精神的女神像
自由女神
Statue of Liberty

✉ Statue of Liberty National Monument, Liberty Island, NY, NY 10004
☎ (212)363-3200
🕐 24小時，12月25日不開放
💲 船票4歲以下免費，4～12歲9元，13歲以上18.5元
🌐 www.statuecruises.com
➡ 地鐵M線Bowling Green Station站下車，轉搭渡輪
MAP P.78

來到紐約不容錯過自由女神像。由於遊客眾多，在Battery Park搭船得排一、兩小時隊伍，不想等的人可多搭一趟車到紐澤西出發的港口去搭船。

不論從哪出發，船都會停泊兩站，自由女神島和艾利絲(Allis)島。艾利絲島上有個博物館，留存早期美國移民局資料，一樓陳列各種特色的統計表及史料室，大廳位於二樓，周圍圍繞著當時的檢疫室，現改為各國貨幣展覽室，能讓人了解到早期移民的艱辛。

自由女神是美國崇尚自由的精神表徵

當船開往自由女神島時，愈接近自由女神像就愈大，在陽光照耀下十分壯觀。下船後，可繞自由女神像走一圈，但如提早預約，可進入內部觀覽風景。仔細看自由女神像手上那本書，可看到上面刻著7/4，1776，也就是美國的獨立紀念日，給人神聖的感覺。

....

美國最高新大樓再現
世界貿易中心一號大樓
One World Trade Center

✉ 285 Fulton St, New York, NY 10007
☎ 844)696-1776
🕐 週一～日09:00～22:00
➡ 地鐵1線Rector St.站，R線Cortland St.站、A、C、J、M、Z、2、3、4、5線Fulton St.站，E線World Trade Center站
MAP P.78

在911恐襲擊垮紐約的第一高樓世貿大廈後，從整理廢墟、重新規畫，花了12年時間，更高更摩登的紐約最高樓於2013年再現，同時也是全美最高樓。

世貿一號大樓(Joe Mabel / 攝)

華爾街

Wall Street

✉ 在Broadway和South Street間的巷子
🕐 聯邦儲備局，週一～五早上09:30、10:30、11:30，下午13:30、14:30、15:30，導覽約1小時
💲 免費
➡ 地鐵A、C、2、3、4、5線Wall Street站
🗺 P.90

　　雖然華爾街只是一條狹窄的單行道，精神上卻是資本主義的康莊大道。對美國經濟有影響力的金融機構、證券市場幾乎都設在這裡，不僅期貨交易所、投資銀行進行各種金融活動，相關的股票分析師、持股人也在此奔走營利，所有與錢搭上邊的人事，都在華爾街上演一齣又一齣精采的商戰。

　　自從911恐怖事件以後，為了安全理由，股市交易廳已不再開放觀光，因此走在華爾街街頭，遊客只能欣賞建築外觀，想像自己置身在錢堆裡，做做發財夢！倒是內藏巨額黃金的聯邦儲備局(The Federal Reverve Bank)，仍然開放給16歲以上民眾免費參觀，不過，這個美國金庫保護措施嚴密，得經過層層安檢，並且要帶護照或美國駕照才能進入。

　　參觀完聯邦儲備局，別忘了到離華爾街不遠處的Broadway，有一頭鼎鼎大名的銅牛(Charging Bull)雕像值得一看。來自世界各地的觀光客特愛在此拍照留念，因為「牛」代表股市上漲，大家都想來沾光、開運！

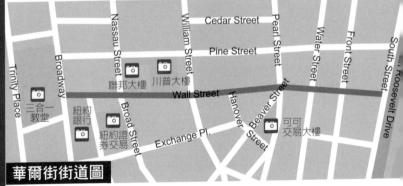
華爾街紐約證券交易所

華爾街街道圖

New York

每週六早上聯合廣場的露天市集很熱鬧

漫步高樓群裡的特色小店

聯合廣場
Union Square

⊠ 介於14～17街，Broadway～Park
Avenue(百老匯大道和公園大道之間)

▶ 地鐵L、N、Q、R、4、5、6線Union Square站

MAP P.79

　　19世紀初的有錢人住宅區。19
世紀中期因美國內戰，經常有反
奴、反聯邦的兩派人馬示威遊行
甚至暴動，漸漸地住宅區被工廠、
辦公室取代，1980後變成破落的
都市死角，90年末期，紐約房地產
熱，這地區開始重新發展，現在可
是全新的時髦環境，有許多高級
小店家，時尚的有機產品店，附近
還有著名的露天農夫市場(Green
Market)，每週一、三、五、六才開，
不要錯過這高樓林立的大都會裡
面最純樸、最輕鬆的散步機會。

聯合廣場上的華盛頓雕像

聯合廣場的露天市集非常有趣

聯合廣場是個時髦的購物天地

新舊蘇活文藝人士聚落
格林威治村+蘇活
Greenwich Villiage&Soho

✉ 中城西區靠近蘇活的北邊
➡ 地鐵R線8th Street-NYU站
🅼🅰🅿 P.78

Greenwich社區有夾道的綠樹

過去100年來，一群群非主流、反傳統、喜好文藝的人們聚集在這裡，他們才華洋溢、天賦異稟，寫作內容經常挑戰社會價值觀，自創一套生活哲學；作畫的藝術家隨意任性、信筆揮灑，可能就是另一個畢卡索；音樂創作人則具有強烈的民謠風，巴布‧狄倫(Bob Dylan)、瓊安‧貝絲(Joan Baez)、賽門&葛芬柯 (Simon Garfunkel)、芭拉‧史翠珊(Babara Streisand)等人的音樂都有這裡的味道。

很多受不了框框生活的人，尤其藝術家想找靈感，便將這裡當朝聖地，蘇活的藝術家幾乎飽和了，愈來愈多藝術人才、前衛之士往蘇活區的北邊搬遷，又叫作格林威治村。這裡浪漫隨性，氣氛有點嘻皮味，已自成一格為新蘇活(New Soho)。

盡享義式風生活
小義大利區
Little Italy

✉ Mulberry Street在Grand Street 和Canal Street之間這一段
➡ 地鐵6號線Canal Street站；4、5號線 Brooklyn Bridge站，從皇后區搭地鐵Z到 Canal Street站，從布魯克林區搭地鐵D、 B、N、Q、R、J、M、6到Grand Street站， 或是Canal Street站
🅼🅰🅿 P.78

小義大利區就在中國城旁邊

19世紀中期後，義大利移民大增，聚集在Mulberry St.附近，由於自成一區，保持著義大利傳統生活方式，所以稱為小義大利(Little Italy)。

20世紀中期，義大利後裔逐漸遷移到郊區，現在小義大利愈來愈小，剩下約幾千多戶人家，加上其旁的中國城人口不斷擴增，擴展到Canal街，小義大利幾乎只剩下Mulberry和Grand兩條街，街上有許多義大利餐廳。

每逢9月中的San Gennaro節慶，這一區便熱鬧哄哄，吸引上百萬觀光客來這裡望彌撒、遊行、參加燭光晚會、音樂會。另外，這裡還有舉行吃義大利名點鮮奶油捲(Cannoli)比賽，充滿觀光氣氛！

New York

中城區 Mid-town

　　中城區像是紐約市的心臟，其中的中央火車總站不僅是觀光景點，還負責把搭乘鐵路、公路、地下鐵的民眾及觀光客輸送到城中區，再由百老匯歌舞劇及時代廣場的磁力把人們吸引過來，產生源源不斷的活力，讓整個紐約市跳動起來。

　　中城區的觀光景點非常多，到處是觀光客，所以氣氛很熱鬧，最受歡迎的自屬源自紐約的百老匯歌舞劇，時代廣場也是遊客必訪，因為霓虹燈閃亮滿街，黑夜如白晝，令人興奮，年輕人最愛逛。麥迪遜花園廣場則是各種商業展覽及「秀」、球賽、名犬競賽等，還有聯合國的導覽之遊，解說來由去脈及建築特色，也是吸引觀光客的地方，洛克斐勒中心冬天溜冰，夏天逛街很舒服，當然還有許多美食餐廳的配合，吃的喝的玩的一樣不少。

一日行程表

聯合國
建議停留90mins
中央火車總站
建議停留30mins
紐約市立圖書館
建議停留30mins
洛克斐勒中心
建議停留60mins
逛百貨公司(第五大道)
建議停留60mins

百老匯大道
建議停留30mins
時代廣場
建議停留60mins
美西總部百貨
建議停留120mins
帝國大廈看紐約全景

時代廣場上看板特多

中央火車站
Grand Central

- ✉ 87 East 42nd Street, New York, NY 10017
- ☎ (212) 340-2347
- ◷ 清晨05:30～深夜02:00
- http www.grandcentralterminal.com
- ➡ 地鐵4、5、6號線Grand Central-42nd Street站
- MAP P.81

進入這個火車總站，你會不假反應地說：「這真的是火車站？」「簡直就是博物館嘛！」是的，這裡是全美國最有名氣的火車站，光看布滿銀河星系的高挑天花板，就夠讓你驚訝得哇哇大叫！車站外形龐大氣派、氣質高貴；構內商店林立、美食繁多，令人眼花撩亂。

你可以以各處走走，駐足欣賞許多具有歷史意義的景點，或者報名團體遊由導覽員帶領參觀(一週只有兩次，最好先電話預約)，如果喜歡逛街，這裡有各種名牌好貨，甚至連菜市場也有，很難想像車站竟然如此五花八門！

中央火車站大廳挑高，氣派非凡

紐約市立圖書館
New York Public Library

- ✉ Fifth Avenue and 42nd Street, New York, NY 10018
- ☎ (212)930-0830
- ◷ 週二～三11:00～19:30，週四～六10:00～18:00，週日～一休息
- 💲 免費
- ➡ 地鐵7、B、D、F、V線42nd Street/Bryant Park站
- MAP P.81

這棟建築物創建於1895年，百年老店的紐約市立圖書館館藏驚人，共蒐羅5,100萬項，數量可稱世界之最。建築設計走新古典主義風格，很像一座博物館，館內有數十個展覽廳，還提供各種免費課程供民眾學習。這座充實紐約人心靈的知識殿堂，燈光美、氣氛佳，又不需門票，千萬不要錯過喔！

紐約市立圖書館非常壯觀漂亮

紐約裡的獨立國度

聯合國
Unitd Nations

- ✉ 760 United Nations Plaza, New York, NY 10017, USA
- 📞 (212)963-4475
- 🕐 週一~五09:45~16:45
- 💲 全票16元、60歲以上和學生11元、5~12歲9元
- ➡ 地鐵4、5、6、7線Grand Central Station站，沿42街走到聯合國
- MAP P.81

聯合國廣場上象徵世界的雕刻

聯合國門口的雕刻象徵反暴力

　　聯合國總部位在紐約第一大道上42到48街之間，是一個獨立自主的國家，既不屬於紐約，也不屬於美國，它有自己的郵政系統、警衛、軍隊以及消防隊員等。聯合國有192個會員國，各國的國旗圍繞在聯合國大廈的四周，除了奧運開幕典禮，難得世界上所有國家的國旗聚一起，得好好欣賞一下。

　　建議參訪這裡，儘可能買票參加導覽團，可以深入了解這個既是組織、又是超越世界所有國家的國家。每45分鐘就有一團英語導覽，一次約10幾個人，到指定集合地點報到。導覽員會引領參觀聯合國最氣派、最有歷史意義的地方，譬如192位會員國代表開會所用的會議廳，空間超級高大；安理會會議廳之大也不遑多讓。

聯合國大會會議廳

布萊恩公園
Bryant Park

☎ (212)930-0830
💲 免費
➡ 地鐵7、B、D、F、V線42nd Street/Bryant Park站
🗺 P.81

在Bryan Park星光下看一場露天電影

位在紐約市立圖書館旁，在這兒喝杯飲料、欣賞樓景，是一種特殊享受。夏日期間每週末有露天電影播放，就像郊遊一樣，非常浪漫。多數人聽說過中央公園，卻很少人對布萊恩公園有印象，小巧雅致的綠地環繞著經典大樓，都會氣氛濃郁，去過的人沒有不愛的。

洛克斐勒中心
Rockefeller Center

✉ 1250 Avenue of the Americas, New York, NY 10112
☎ (212)632-3975
🕐 全時間開放
🌐 www.rockefellercenter.com
➡ 地鐵E、V線5th Avenue – 53rd Street站
🗺 P.81

洛克斐勒中心的著名雕刻

洛克斐勒中心占地22英畝，其上有19棟辦公大廈，介於第5～7大道、第47～52街之間，一片特別規畫出來的都市活動空間，有商場、溜冰場、花園、餐廳、銀行、書店、

洛克斐勒是紐約的重要地標

郵局、辦公室、電視臺、地下鐵，儼然是紐約的「城中城」。

洛克斐勒中心是新式都市計畫的結果，當初設計除了考量建築大樓的分布及高度的配置外，特別強調公共空間的運用，建築看起來完美高貴，並且內部有多處成為著名景點，例如地球儀、巨人等地球雕刻、海峽花園、早安美國電視節目錄影室等。

如果在聖誕期間造訪紐約，每年12月1日溜冰廣場上會舉辦聖誕樹點燈儀式，增添過節氣氛，此活動是紐約一大盛事，也是情侶們最愛去的地方，因為這裡的氣氛太太浪漫了！

遠望紐約全景最高樓

帝國大廈
Empire State Building

- ✉ 350 5th Avenue, New York, NY 10018
- ☎ (212)736-3100
- ⊙ 08:00～02:00，上觀景臺最晚到01:15
- 💲 全票(13～61歲)20元，62歲以上18元，6～
  12歲14元，6歲以下免費
- ➡ 地鐵1、2、3，A、C、E 線34th Street/Penn
  Station站；B、D、F、N、Q、R線34th
  Street/ Avenue of the Americas站
- 🗺 P.81

自從911恐怖攻擊摧毀了紐約第一高樓——世貿大廈，帝國大廈又變回紐約摩天樓森林的第一高峰，受到矚目。

樓高1050英呎(320公尺)的第86樓觀望臺，不論晴雨365天全年開放參觀，可以俯看紐約全景，近觀中央公園、梅西百貨公司，遠

克萊斯勒大廈的建築風格是「裝飾藝術」型

及大西洋、哈德森河。令人讚嘆的紐約美景、市景，盡在眼前，絕對值回票價。

大樓頂部曾經在1932年亮燈，昭告紐約市民，他們的老鄉羅斯福（Franklin Roosevelt）當選上美國總統，開啟了「亮燈傳信」的歷史，比方說4月22日慶祝地球日，大樓頂部亮綠燈，洋基隊打贏世界冠軍，亮藍、白燈，去年農曆春節還打紅燈呢！非常有意思的表現。

因為電影《西雅圖夜未眠》男女主角在劇中一直尋尋覓覓，陰錯陽差，最後終於在觀景臺相見，有個圓滿大結局，劇情浪漫感人，因而引發許多戀人希望在此地結婚，現在帝國大廈觀景臺已開放舉行婚禮，許多戀人搶著排隊呢！

兩大車廠蓋高樓爭風頭

帝國大廈曾經是世界最高的摩天大樓，當初，建樓計畫只想建造一棟低矮結實的34層大樓，之後一改再改，歷經16次更迭，最後才變成102層鉛筆型裝飾藝術風的模樣。

據說，克萊斯勒、通用兩家車廠一直明爭暗鬥，看誰能勝出，建造出世界最高大樓。克萊斯勒搶先一步，建造完成「克萊斯勒大廈」，拿下世界最高樓的榮銜，通用公司主席約翰·拉斯克布不甘示弱，將原來的計畫案改絃易轍，愈改愈高，最後終於超越「克萊斯勒大廈」，蓋出世界最高樓層。

百老匯劇院毗鄰時代廣場，吸引觀戲人潮

時代廣場
Times Square

✉ 300 West 44th Street, New York, NY
　10036
➡ 地鐵1、2、3線Time Square-42nd Street
MAP P.81

　　時代廣場新年倒數的傳統已沿續近百年，但也誤導了數以萬千的人。這裡是幾條大街的交會口，根本不是廣場，只有每年倒數當天，紐約市警察用拒馬管制交通，所以人潮才可以聚集在這裡，等待大蘋果燈滑落，然後互擁慶祝新年到來。在電視上看到擠滿人潮的廣場，其實只存在倒數計時的那天。

　　這裡是曼哈頓最密集的商業區，觀光區，平常車水馬龍、人擠人，熱鬧得不得了。尤其紐約最大、最多的招牌、霓虹燈，全聚集在此大街交會口，閃爍明亮的燈火讓人分不清晝夜！

時代廣場前的車水馬龍

上城區　Up town

　　上城區的觀光重點是人文藝術和綠地，這一區代表著紐約客嚮往的生活品質。大部分紐約客忙忙碌碌，拼命工作賺錢，就是希望那天發了財，能夠搬到上城區，享受紐約市的便利，浸淫在博物館文化氣質中，又能每天都接觸到紐約市的綠寶石——中央公園。

　　位於上城區的紐約大都會博物館是全美最大最好的博物館，附近的古根漢博物館是建築的奇葩，收藏著令人羨慕的現代畫，紐約自然科學及歷史博物館裡外都令人感到震撼，林肯中心的音樂、舞蹈藝術表演，場場世界水準，這幾個重要機構都環繞著中央公園，公園廣闊內有兩個人工湖、假山、遊樂場、動物園、步道、綠地、球場等，提供都會民眾休閒健身，這樣的環境不僅是紐約客想要擠進去住，也吸引了世界各處的觀光客來此一遊。

一日行程表

大都會博物館
建議停留180mins

中央公園
建議停留120mins

林肯中心
建議停留60mins

大都會博物館內的美麗希臘雕刻

時代廣場

大都會博物館正門口

大都會博物館
The Metropolitan Museum of Art

✉ 1000 Fifth Avenue at 82nd Street, New York, New York 10028-0198

📞 (212)535-7710

🕐 週二～四09:30～17:30，週五～六09:30～21:00、週日至17:30，每週一休息，每年感恩節、聖誕節、新年不開放

💲 全票25元、65歲以上15元、學生12元、12歲以下免費入場

➡ 博物館本樓與修道院分館之間的交通，可在第5th大道和82nd Street 交會口，搭M4公車。到博物館搭地鐵4、5、6，在86th Street站下車，走到第5大道，或是搭公車M1、M2、M3、M4 在82nd Street下車

MAP P.83

大都會的館藏吸引世界各地遊客前來觀賞

大都會博物館成立於1872年，因為當時的重要商人、藝術家、思想家等認為民眾在藝術和教育上的薰陶很重要，遂共同發起興建一座藝術中心。經過100多年擴展，展館面積已達約20公頃，收藏藝術品約300萬件，藏品分別存放在主館——大都會博物館(The Met)及分館——邦訥芙修道院(Bonnefort Cloister)。

大都會博物館收藏豐富，品項應有盡有，遍及世界各地不同時期的文物、

現代藝術作品，尤其上萬件的埃及古文物名聞遐邇，更是鎮館之寶；壁畫、石雕、陶器、棺槨、木乃伊、金飾，甚至2,500年前的整座埃及古墓、神殿也搬過來收藏，充分顯示其大手筆、講氣派的美國風格。它是美國最大的博物館，同時名列世界四大博物館之一，是全世界雅好藝術者必訪的藝術聖地。

全館分為19個展覽區，展出方式是依地區分別，一樓主要有埃及文化區、非洲大洋洲文化區、希臘羅馬區、十九世紀歐洲區等；二樓則是亞洲區、現代區、中古世紀區、美國區、樂器區等。如果要仔細觀看，一天恐怕只能看個一、兩區，建議最好多跑幾趟，否則就挑重點名畫像是莫內、畢卡索大師級作品參觀吧！

大都會博物館的另一分館——邦訥芙修道院，主要收藏有5千多件中世紀(12～15世紀)藝術品，建築設計有中庭、綠地空間，不像主館場地狹窄、擁擠，如果看完主館還走得動，就順道來參觀吧，門票可同時進入主館與分館喔！

大都會博物館的館藏之一

曼哈頓的綠色心臟

中央公園
Central Park

- ✉ 5th Ave to Central Park W and 59th St to 110th St, New York, NY 10024
- ☎ (212)360-3456
- ◷ 全年開放
- 💲 不需門票
- ➡ 地鐵 4、5、6 公車1、2、3、4到公園的東邊（第5大道），地鐵A、B、C、D公車M10到公園的西邊
- MAP P.83

位於曼哈頓中心，是鋼筋叢林的綠色心臟，1859年成立，1873年正式峻工，地處59th街、110th街之間，共843英畝地，每年約有2,500萬人次入園，是世界上最多人造訪的公園。

公園看似自然天成，其實出自精心設計，其中的湖泊、池塘風光，全是人為造景；沿湖垂柳、小徑景色，也是來自園景專家的創作。這裡可以散步、慢跑、騎腳踏車、游泳、攀岩、溜冰、賞花、划船，還有

一個小巧動物園，可親子同樂。園區豐足美好，又有許多電影在此取景，中央公園愈來愈有名，公園邊的高樓大廈水漲船高，成為紐約客的夢想住家，因為地點兼具都市之便，又有中央公園當自家後院，稀有罕見，也難怪房價超高、房租超貴了！

逛街購物之餘，若想沉澱一下興奮的心情，來中央公園歇歇腳也不錯。聽場露天音樂會，或欣賞一下街頭藝人要寶，丟幾個賞錢給他們，難得開心嘛。如果聽聞有人吹奏薩克斯風，何妨提起腳跟，隨意踢踏幾下，把你內心的天真抖一抖！畢竟旅行也需要輕鬆一下。處處隨意，時時隨性，無所不在的休閒氣氛，正是中央公園迷人的地方。

旅行小抄

登高遠望紐約市景

如果停留紐約時間很短，沒辦法逛太多地方，或者不喜歡排2小時隊伍，才能登上帝國大廈，那就試試大都會博物館的最頂樓吧！頂樓酒吧提供各種飲料，可以一邊喝茶，一邊登高望遠！這裡欣賞紐約市景，格外心曠神怡。

中央公園一景

曼哈頓房地產超級貴，一屋難求，許多人搬到曼哈頓附近區域。布朗克斯在曼哈頓北邊，有地鐵、公車、區域火車往返曼哈頓，交通很方便，美國黑人占很大部分，80年代治安不很好，許多人對這一區印象不佳。前市長朱利安諾徹底掃黑除惡，環境改善許多，帶進許多新的建設案，新洋基球場就選擇在此區興建。布魯克林則在曼哈頓東南邊，許多居住曼哈頓年輕人，成家有小孩後，需要較大的空間，又要方便上班，就會搬到這裡，每天通勤進曼哈頓上班，因為同樣價錢在這裡可以得到比較大居住空間，日常生活消費也比較低。布魯克林區有地鐵、公車、火車、渡輪到曼哈頓，因為整區在長島上，所以到長島的其他著名城市或海邊，有便捷公路、巴士、長島鐵路可達。

美麗宜人的棧道海景 布魯克林區

布魯克林濱海步道
Brooklyn Height Promenade

✉ Pierrepont Street, Brooklyn, NY11201
➡ 地鐵2、3線Clark Street站，地鐵A、C線 High Street站
MAP P.84

欣賞紐約的摩天大樓景觀，最好由外往內看，先前提到在砲台公園搭往史坦敦島的渡輪上，從海上看天際線最棒，另外還有兩個最佳觀景角度，就是布魯克林大橋及布魯克林濱海步道(promenade)。

布魯克林大橋的盡處橋墩下，就是布魯克林高地，沿河的住宅區房子高尚整齊，附近的濱海步道遊客川流不息，這裡有壯觀的曼哈頓天際線，以及美麗宜人的棧道海景！

棧道附近的住宅都是昂貴，氣質高雅的古舊高級公寓，走在其上尤其是夕陽西下時，一邊是海景和天際線，一邊是高級住宅區，真是帥呆了。

美麗宜人的棧道海景

賞夜景超浪漫　布魯克林區

布魯克林大橋
Brooklyn Bridge

➡ 地鐵6號線Brooklyn Bridge站
MAP P.84

　　布魯克林大橋完工以前，曼哈頓和布魯克林之間的交通，全靠渡輪往返。1883年這座創紀錄的鋼鐵懸索大橋完工後，紐約便開始向外擴張。

　　兩座84公尺高的巨大哥德式橋

布魯克林區街景

墩，象徵曼哈頓和布魯克林兩區。數以萬計的大、小鋼索串聯支撐橋面，非常壯觀。走在上層行人專用道，可欣賞這座經常出現在電影銀幕上的世界第一座鋼鐵吊橋，最棒的是，可清楚望見紐約摩天大樓景致。它的夜景更是一絕，尤其美國國慶日(7月4日)的煙火秀，橋上夜空璀璨，美得像銀河星系，難怪散步布魯克林大橋，被公認為紐約最浪漫的事。

布魯克林區街景

布魯克林大橋下面的步道多功能，散步、運動、欣賞海景及市景都很好 (Postdlf／攝)

新洋基球場
New Yankee Stadium

- ✉ One East 161st Street, Bronx, NY 10451
- 📞 (718)293-4300
- 🕐 12:00～13:40每20分鐘導覽1次，約1～11人一團
- 💲 全票20元，14歲以下、60歲以上15元
- http www.yankees.com
- 🚇 地鐵4、B、D線161st Street/Yankee Stadium站
- MAP P.84

美國職棒大聯盟紐約洋基隊從1923年起使用的棒球場，叫作舊洋基體育場，藉以區別新蓋的洋基球場，舊場地已於2010年完全拆除。

2006年新洋基體育場於舊場的隔街動土，2009年4月完工啟用，即於4月4日舉行一場表演賽──洋基隊戰小熊隊，此場由台灣旅美王牌投手王建民主投，也就是說，王建民可是第一位在新球場登板投球的投手！這座球場為全世界第二大，造價堪稱全美最高，約花費新台幣515億。球場新穎氣派，視野廣闊，看球是一大享受。棒球迷有幸來到紐約，一定要來體驗一下王牌投手所使用過的球場喔！

新洋基球場入口

New York

體驗屬於你自己的紐約！

紐約市是個充滿強烈對比的城市，許多人為之瘋狂，視它為夢想天堂，盼望在此發跡成名；但也有一群人不能忍受住在紐約，視它為大型監獄，因為紐約太多元了，充滿機會也隱藏黑暗面。

它像一塊五顏六色的拼布，除非有機會待上一段時間，仔細探索每一小塊碎布的花色和尺寸，才能看到這匹拼布的整體美，要不然你所見的紐約，只是幾個突出的特點而已。即使停留時間匆促，紐約也不會叫人失望，太多硬體建設及規畫引人注目；屬於軟體的文化藝術多彩繽紛，這個城市豐富活潑、洋溢無比的生命力。

來紐約，請帶著你的幻想力！想像自己漫步在布魯克林大橋，沉醉在炫麗的百老匯歌舞裡，或者閒逛中央公園，在路邊品嚐咖啡，甚或抬頭仰望擎天大樓，凝視自由女神的神采，電影中常出現的紐約印象……就用雙腳親自體驗吧！這一片片拼湊起來的紐約印象，必定是幸福的，而且專屬於你！

看一場精采的球賽是紐約人的休閒娛樂之一

紐約一探究竟
Check it out

　　亞洲人和美國人在文化上的看法很不一樣,東方歷史文化悠久,分久則合,合久則分,分來分去,什麼都要分個清楚明白,東北人覺得自己和上海人不一樣,杭州人認為自個兒最斯文,廣東人看不上廣西人,台灣人用藍綠辨識彼此,華人總是找各種方法,結黨營私分族類。

　　老美可不愛來這套!他們喜歡自由自在過日子,「你別管我,我也不介意你怪」,只要能溝通就好,至於各種族群血統、不同文化、不同過去,就要學著相互包容,儘量不要分來分去,如果能互相欣賞,那是最好不過。

　　種族大熔爐在紐約最明顯,你將看到黑人、白人、拉丁裔、亞裔聚集在這裡,一起生活呼吸,只要溝通無礙,就都好辦事,如果有不相往來的情況,那一定是有人不會說英文啦!

　　千萬不要刻板印象(STEROTYPE):不是說白人長得很高嗎?聽說紐約有很多黑人、波士頓比較像美國?白人會歧視有色人種?很多人如此這般「自以為是」。既然來到紐約,就打開心胸吧,不要以為美國會種族歧視(尤其強調自由、獨特的紐約人,更不會沒事去歧視別人)。別被有些個別案例壞了一鍋粥,這種事可是每個地方都有,就像台灣也有番薯、芋頭不對眼的時候,可大部分都相安無事呢!

紐約是熔爐文化的代表

　　美國文化是由美國人造成的，多數美國人特別愛好自由，尊重別人生活方式，他們很在乎自己的生活內容，至於別人的豐功偉業，只是點綴社會環境用，很少人會去分來分去。在民主政治保護下，每個人過著他愛過的模式，或選擇自己想要的生活方式，於是漸漸地形成一種尊重各種生活方式的習慣，而這——就是美國文化。

　　所謂「一樣米飼百樣人」，美國人也一樣，什麼怪人、怪事都可能出現，不論是何人種、食物、文化，其實世界各地的差異沒有想像的大，大家心裡所想的都差不多，不過是想好好過日子。唯一不同的是，所在地理位置及其各種資源的迥異，也因為如此，所以你才要來這裡觀光呀！

逛街購物

上城區

❖ 知名的精品百貨

Broomingdale Department Store

- ✉ 1000 3rd Avenue, New York, NY 10022
- ☎ (212)705-2000
- ◷ 週一～五10:00～20:30，週六至19:00，週日11:00～19:00
- http www.bloomingdales.com
- ➡ 地鐵N、R、4、5、6 線59th Street－Lexington Avenue站
- MAP P.83

Broomingdale 百貨公司

第五大道是有名的逛街購物處，精品百貨公司一個比一個華麗，如果要欣賞兼採買，建議到Broomingdale 百貨公司。這裡裝潢尊貴，氣氛雅致明亮，從頭到腳貨色齊全，價錢卻是高檔百貨公司中最合理的，逛累了可以到六、七樓餐廳歇腳或喝下午茶，來Broomingdale會是一次很棒的逛街經驗。

❖ 充滿創意的糖果店

Dylan's Candy Bar

- ✉ 1011 3rd Avenue, New York, NY 10021
- ☎ (646)735-0078
- ◷ 週一～四10:00～21:00，週五、六至23:00，週日11:00～20:00
- http www.dylanscandybar.com
- ➡ 地鐵N、R、4、5、6線Lexington-59th Street站
- MAP P.83

這是美國名服裝設計師Ralph Lauren's女兒Dylan Lauren開設的高級糖果店，裝潢充滿了想像力，創意十足，這家店很像糖果百貨公司，每層樓都很酷，所有來過此店採買過的名人，在其採買的糖果盒上簽名做裝飾，因此來此的顧客可以知道電影明星及名人喜愛吃的糖果，還有各式糖果禮盒包裝得像藝術品，一定要來看看。

Dylan Candy Bar的廣告做得很大

New York

來自各國的好物美食

Grace's Marketplace

✉ 1237 3rd Avenue, New York, NY 10021
☎ (212)737-0600
🕐 週一～六07:00～20:30、週日08:00～19:00
➡ 地鐵6號線68th Street站
🗺 P.83

　　這是一家高檔的超市，介於71東街和72東街之間，販售許多上好的即食、外帶食物，還有來自世界各地的乾貨和食品，這裡可吃到好料又不必花太多錢，像是新鮮壽司只消8～12元、沙拉5元一大盤，適合講究質感又想省錢的達人。

Grace's Marketplace的食品

第五大道上的蘋果電腦專賣店

Apple Store

✉ 767 Fifth Avenue、New York、NY 10153
☎ (212)336-1440
🕐 24小時
➡ 地鐵E、V線5th Avenue-53 rd Street站
🗺 P.83

　　第五大道上聚集許多精品百貨公司，沿街悠閒巡禮，會有許多驚奇發現，其中的蘋果電腦專賣店特別引人目光。這裡展示最新的產品，但整間店面的設計更具特色。專賣店設立在地面之下，地上建築只是一個進口處，現已被列名為全美著名建築之一，來到第五街，別忘了多拍幾張照片作為紀念。

蘋果電腦的科技表達方法超酷

高檔路段的傳統雜貨店

Zabar's

✉ 2245 Broadway, New York, NY 10024
☎ (212) 787-2000
🕐 週一～五08.00～19:30，週六至20:00，週日09:00～18:00
🌐 www.Zabars.com
➡ 地鐵1號線79th Street站
🗺 P.83

　　位在79街和Broadway大道交會口，這種非連鎖的傳統雜貨店已十分稀有，貨架層層疊疊的擁擠店舖裏，設有多個銷售部門。熟食部陳列有美酒、燻魚、起司、貝果、橄欖等，並且大方提供試吃；咖啡部門飄散濃濃咖啡香；樓上則是五金和廚具，這裡麻雀雖小卻五臟俱全，會是一個愉快的逛街處。

Zabar是罕見的傳統雜貨店

Silver Moon Bakery

✉ 2740 Broadway, New York, NY 10025-2802

📞 (212)866-4717

🕐 週一～五07:30～20:00，週六、日08:30～19:00

🌐 www.silvermoonbakery.com

➡ 地鐵1號線103rd Street站

🗺 P.83

Silver Moon的小蛋糕

Silver Moon的餅乾

逛街之餘，可以到這裡的露天座位休息，吃點心看穿梭行人，天涼時喝咖啡配上熱騰騰的可頌，最是愜意的享受。想吃個小甜點，推薦這兒的巧克力餅乾，雖然一個3元，價錢不便宜，但是滋味可是非常棒呢。

巨型購物中心

Time-Warner Center

✉ 10 Columbus Circle, New York, NY 10019-1158

📞 (212)823-6100

🕐 週一～五08:00～21:00，週六09:00～18:00，週日10:00～18:00

🌐 www.shopsatcolumbuscicle.com

➡ 地鐵A、B、C、D、1號線59th Street-Columbus Circle站下

🗺 P.83

像是大一號的台北101，大樓式購物中心豪華壯麗，前方有一噴水圓環，透過窗子向下俯瞰，非常漂亮；內有各式品牌店家，其中第四層樓有著名餐廳Per Se、最有名的壽司Masa，還有小巧法式糕餅店，內有道地的馬卡龍，配上一杯熱飲，逛街更完美。

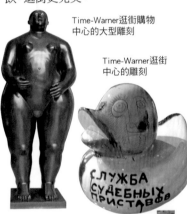

Time-Warner逛街購物中心的大型雕刻

Time-Warner逛街中心的雕刻

Time-Warner逛街購物有點像台北101

Time-Warner面對漂亮圓環

New York

110

中城區

🎁 梅西百貨總部
Macy Headquater

- ✉ 151 W. 34th Street, New York, NY 10001
- ☎ (212)695-4400
- ⏰ 週一～日10:00～21:30
- 🌐 www.macys.com
- 🚇 地鐵B、D、F、N、R、Q、V線Herald Square站
- 🗺 P.81

梅西百貨總部

全美到處可見梅西百貨公司，但是梅西總部只有一個，而且面積非常廣大，就在34和35街之間，整排整棟像廣場一樣大的超級大型古典建築。

梅西百貨賣場一隅

每年一到感恩節，梅西就會依循傳統，舉行紐約大氣球遊行，這是梅西回饋社會的方式。1924年創立至今，不論要來店採買與否，都值得前來開開眼界，因為真的很氣派和大手筆，是世界最大的百貨公司，其中最頂樓還保存著當年開幕時使用的古董電梯，竟然是木製的，堪稱一絕。

🎁 登上70層樓高眺望市景
Rockfeller Center

- ✉ 1250 Avenue of the Americas, New York, NY 10112
- ☎ (212)332-6868
- ⏰ 每天09:30～17:00
- 🌐 www.rockefellercenter.com
- 🚇 地鐵B、D、F、V線Rockfeller站
- 🗺 P.81

人氣超旺的洛克斐勒中心，可以登上70層樓高的洛克斐勒觀景臺，眺望紐約市景；可以參觀NBC攝影棚；也可以到無線電城看秀，或者漫步四周，欣賞雕刻、建築、商家，這是觀光客到紐約市必訪之處，因為太多可看、可讚嘆、可吃又可買的東西，還有每週三～五(7月28～9月3日)的鄉村市集，供應新鮮蔬果，為這高度文化區域帶來一些淳樸氣氛。

洛克斐勒中心的百貨店

❖ 圖書館般巧克力屋
La Maison du Chocolatr

- ✉ 30 Rockefeller Plaza, New York, NY
- ☎ (212)265-9404
- ⏰ 週一～六10:00～19:00,週日12:00～18:00
- http www.lamaisonduchocolat.com
- ➡ 地鐵B、D、F、V線Rockefeller站
- MAP P.81

La Maison du Chocolat的巧克力很棒

像一座圖書館的精品巧克力屋,這原是巴黎最著名的巧克力店,現在曼哈頓開幕了3家,這裡的巧克力冰淇淋一客3.5元,沒有人不愛,天涼時走進高雅的小店喝一杯熱可可,逛街才完美。

❖ 中央火車總站購物長廊
Grand Central Market

- ✉ 42nd街和Lexington大道, Grand Central Station, New York, NY 10017
- ☎ (212)338-0014
- ⏰ 週一～五07:00～21:00,週六10:00～19:00,週日11:00～18:00
- http www.grandcentralterminal.com
- ➡ 地鐵4、5、6線Grand Central站,7號線5th Avenue站或42nd Street站
- MAP P.81

中央火車總站的市場入口

走入火車總站氣派的大廳,就可看到一道長廊,裡頭有各種誘人口水的甜品、餅乾、起司、鮮豔花卉、水果、生猛海鮮,是一個非常有趣的地方。其旁有一Transit Gift Shop販賣各種紐約紀念品。

中央火車站市場

親民的潮款服飾
H&M

- 731 Lexington Avenue, New York, NY 10022
- (212)935-6781
- 週一～五10:00～21:00，週六09:00～21:00，週日10:00～20:00
- www.hm.com
- 地鐵N、R線Lexington-59th Street站
- P.81

H&M百貨公司以跟上潮流、價錢便宜出名

　　來自瑞典的流行品牌H&M，專門生產新潮款式服裝，售價走親民路線，從1998年引進美國，便大受紐約人歡迎，由於經濟實惠、造型新潮且充滿設計感，尤其對年輕人有莫大吸引力。

永遠的排隊熱店
Trader Joe's

- 142 E 14th Street, New York, NY 10003
- (212)529-4612
- 每天09:00～22:00
- www.traderjoes.com
- 地鐵4、5、6、L、N、Q、R線Union Square站
- P.81

　　這裡永遠是人潮，結帳隊伍很長，但是每個人還是情願到這買逛，因為食物便宜又好，種類多又新鮮，很多顧客一邊逛一邊嘗「樣品試吃」，增加購物的趣味。因為

店裡賣的都是Trade Joe公司自己生產的食物和用品，食物比較不是大量製造型，而且價錢比同類的超級市場便宜些。

Trade Joe買滿一袋剛好可拎到公園野餐

瑞士蘇黎世空運美味巧克力
Teuscher Chocolatier

- 620 5th Avenue、New York、NY 10020
- (212)246-4416
- 週一～三、五～六10:00～18:00，週四10:00～19:00，週日12:00～18:00
- teuscherfifthavenue.com
- 地鐵B、D、F、V線Rockefeller Center站，E、V線5th Avenue-53rd Street站
- P.81

　　店裡的巧克力都是由瑞士蘇黎世空運到店，精緻美味濃度高，香檳巧克力的名氣最大，也是非常好的扮手禮。

令人流口水的的巧克力

以紅絲絨蛋糕聞名
Billy Bakery

- ✉ 184 9th Avenue, New York, NY
- ☎ (212)647-9956
- 🕐 週一～四08:30～23:00，週五、六至24:00，週日09:00～22:00
- http www.billysbakerynyc.com
- ➡ 地鐵1、C、E線23rd Street站
- 🗺 P.81

Billy Bakerky小蛋糕

本店位在Chelsea區的21st和22nd街之間，另一家分店開在蘇活區，生意都很好，供應現榨果汁、新鮮咖啡，以及當日出爐的各式麵包、糕點，店裡最有名的紅絲絨蛋糕，由鮮紅蔓樾莓果汁加入蛋糕素材一起做的，出爐的蛋糕顏色濃的像紅絲絨，好看好吃！

下城區

號稱世界最大的書店
Strand Bookstore

- ✉ 828 Broadway, New York, NY 10003
- ☎ (212)473-1452
- 🕐 週一～六09:30～22:30，週日11:00～22:30
- ➡ 地鐵L、N、R、Q、4、5、6線14th Street-Lexington-Union Square站
- 🗺 P.79

紐約市最多藏書的書店，新舊精品古董書都有，經常有「一本一元」大減價，喜歡藝文的人可以好好挑一下。這個書局號稱，店內所有的書合起來超過100公里，雖然說詞誇張，書多得驚人倒是真的。

Strand Bookstore供書量大，禮品雜貨也多

販售各式電玩公仔
Forbidden Planet

✉ 840 Broadway, New York, NY 10003
☎ (212)473-1576
🕐 週一、二、日10:00～22:00，週三09:00～
22:00，週四～六10:00～24:00
➡ 地鐵L、N、R、Q、4、5、6線14th Street-
Lexington- Union Square站
🗺 P.79

就在Strand Bookstore隔壁，
各種電動玩具、漫畫、模型、公

仔、蝙蝠人、超人、蜘蛛人、日
本武士，應有盡有，玩具收藏迷
來這裡挖寶，一定開心的啦！

電玩、公仔、模型、日本武士應有盡有

充滿設計的橡膠印章專店
Casey's Rubber Stamps

✉ 322 E 11th Street, New York, NY 10003
☎ (917)669-4151
🕐 週一～六13:00～20:00，週日14:30～
19:00
🌐 www.caseyrubberstamps.com
➡ 地鐵L線1st Ave-14th St站，6號線Astor
Place站，R線8th St-Broadway站
🗺 P.79

位於East Villiage區，是一家充
滿設計感的橡膠印章專店。如果
想買自由女神像的印章，來這裡一

創意的橡膠印章

定有，因為老闆Casey手藝好，什
麼都會做，他可以為客人特別量身
訂作。

種類繁多的冰淇淋實驗室

Il Laboratorio del Gelato

- ✉ 188 Ludlow St, New York, NY 10002
- ☎ (212)343-9922
- ⏰ 週一～五07:30～22:00，週六10:00～24:00，週日10:00～22:00
- 🌐 www.laboratoriodelgelato.com
- ➡ 地鐵F、V到East Side/2nd Avenue站
- 🗺 P.79

店名叫冰淇淋實驗室，很小的店面，但冰淇淋種類多，許多高級餐廳的冰淇淋都來自這裡，採用最好、最新鮮的材料，傳統風味與創新口味兼具，2種口味3.25元，4種口味5.25元，品嘗起來是一大享受。

享受 Il Laboratorio del Gelato冰淇淋

滿屋糖果的甜食天堂

Economy Candy

- ✉ 108 Rivington Street, New York, NY
- ☎ (212)254-1531
- ⏰ 週二～五、週日09:00～18:00，週一、六10:00～18:00
- 🌐 www.economycandy.com
- ➡ 地鐵S、F、J、M、Z到Delancey Street/Essex Street
- 🗺 P.79

就像是一座糖果倉儲間，從地面到屋頂滿滿一屋子，全是各種各類的進口巧克力、果醬、小熊軟糖、核桃，全以批發價售出。來這裡挑選分送親友的伴手禮，準沒錯！

Economy Candy室內販售各式各樣的糖果

旅遊資訊專賣店

Idlewild Bookstore

- ✉ 170, 7th Ave S, New York, NY 10014
- ☎ (212)414-8888
- ⏰ 週一～四12:00～20:00，週五～日12:00～18:00
- 🌐 www.idlewildbooks.com
- ➡ 地鐵6號線23rd Street站
- 🗺 P.79

舉凡和旅遊有關的書籍、影片、CD、外國語言資料，這裡全都有。行萬里路和讀萬卷書一樣重要，逛逛這家另類的書店，用雙眼自由飛行，穿梭在紙上景點，也是一種很棒的精神享受。

這裡有許多紐約旅遊的書畫及紀念品

布魯克林區

❧ 新舊古董皆可探求
Mother of Junk

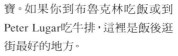

✉ 567 Driggs Ave, Brooklyn, NY 11211
☎ (718)640-6299
🕐 09:00～21:00
➡ 地鐵L號Bedford Avenue站
🗺 P.84

新貨、舊貨、古董，什麼都有的舊貨市場，Junk原店關門之後，搬到現址並改名為Mother of Junk，表示店變得更大的意思，也是藝術家流連的地方，不妨來此尋尋寶。如果你到布魯克林吃飯或到Peter Lugar吃牛排，這裡是飯後逛街最好的地方。

舊貨市場吸引有創意的人

到舊貨市場尋寶充滿樂趣

舊貨市場琳琅滿目

皇后區

❧ 東方商店林立
法拉盛主街
Flushing Main Street

✉ Main Street, Queens, NY
➡ 地鐵7號終點站Flushing-Main Street
🗺 P.85

法拉盛是紐約都會的另一個中國城，主要是指沿Main Street設立的東方商店。一走出地鐵站，Main Street就在眼前，馬上可感覺到亞洲城市的氣氛。主要商店聚集在Main Street和Roosevelt Avenue交會處，韓裔、印度裔、中東裔經營的商家林立，街況很熱鬧，好像到了亞洲國家似的。不妨逛逛麵包店、雜貨店，品嘗來自家鄉的口味，或者買些紀念品給老少親友。

皇后區法拉盛主街

特色餐飲

上城區

上流人士的最愛

Café Boulud

- ✉ 20 East 76th Street, New York, NY 10021
- ☎ (212)772-2600
- ◷ 週一～六12:00～23:00，週日11:30～23:00 Brunch
- 💲 午餐每位35元+稅+小費，晚餐75元起
- http www.danielnyc.com
- ➡ 地鐵6號線77th Street站
- MAP P.83

　　這是一生一次的浪漫型高級餐廳，非常奢華、精緻尊貴，喜歡新潮的年輕上流人士最愛光顧這裡。食物頂級享受，自然價錢不菲，是屬於富豪川普(Donald Trump)那一級，可是紐約有錢人還是很多，要早3個月預約才吃得到。午餐稍微便宜一點，Tasting menu可以嘗到多種美食，色香味至極，服務更是一級棒。

Café Boulud的法式鮭魚沙拉

只賣各式濃湯的連鎖店

Hale and Hearty Soup

- ✉ 849 Lexington Avenue, New York, NY 10021
- ☎ (212)517-7600
- ◷ 10:00～21:00
- 💲 7元起
- http www.haleandhearty.com
- ➡ 地鐵F線63rd Street-Lexington Avenue站
- MAP P.83

　　賣濃湯也能變成一門生意，可見紐約人對它有多愛，曼哈頓到處可見這家連鎖店的招牌。這裡每天供應的菜單都不一樣，從熬煮湯底，到挑、洗、切各種材料，全部依循傳統，因此做出來的濃湯非常新鮮美味，嘗過的人無不稱讚。濃湯有小、中、大碗3種選擇，價錢則依當天湯類而定。菜單也提供有機蔬菜沙拉盤，以新鮮健康為訴求。

賣濃湯出名的Hale & Hearty Soups

Hale& Hearty的湯好吃得沒話說

New York

每道菜都是藝術品

JoJo French Restaurant

✉ 160 E. 64th Street, New York, NY 10021
☎ (212)223-5656
🕐 週一～四12:00～14:30、17:30～22:30
週五12:00～14:30、17:30～23:00
週六11:30～15:00、17:30～23:00
週日11:30～15:00、17:30～22:00
💲 38元起
http www.jean-georges.com
➡ 地鐵F線Lexington- 63rd Street站
MAP P.83

JoJo的法式甜點拿破崙蛋糕

來這樣高檔的空間用餐，最昂貴的衣飾終於可以派上用場！JoJo是間高尚的法國餐廳，氣氛雅致，

每道菜都像是精心製作的藝術品，3 courses prix 38元的價錢，比在台北的法國餐廳用餐還划算，想吃氣氛、體驗法國Fu，來這裡不會令人失望的！

物美價廉，一位難求

Up Thai

✉ 1411 2nd Avenue, New York, NY 10021
☎ (212)256-1199
🕐 週一～四 11:30～22:30，週五11:30～23:30，週六12:00～23:30，週日12:00～22:30
💲 15元起
http upthainyc.com
➡ 地鐵4、6號線77th Street站
MAP P.83

餐廳氣氛非常好，裝潢浪漫，舒適宜人。內部掛滿了大大小小、高高低低的吊燈，不同形狀且有各種顏色，非常別致，令人印象深刻。其菜式種類多，美味可口，以曼哈頓的消費水平而言，這裡算是物美價廉。

這裡的菜肴就像店裡的燈飾，精心設計，色彩美味俱全，像是土焗牛肉(Clay pot with beef)、咖哩脆皮鴨(Panang curry with crispy duck)等，都很值得一嘗，飯後甜點則以芒果甜香米最受歡迎。因為

各類香噴噴的泰國菜集大全

座位有限，經常要排隊等候，也可以點一些外賣，帶到附近公園或景點野餐。

日式風格甜品店

Beard Papa Sweets Cafe

- ✉ 2167 Broadway, New York, NY 10024
- 📞 (212)799-3770
- 🕐 週一～日10:00～21:00，週六、日至22:00
- 💲 1.45元
- ➡ 地鐵1、2、3號線72nd Street站
- MAP P.83

現作泡芙口感精緻

　　這是一家日本風格甜品店，以泡芙(Cream Puffs)出名，現場製作內餡，有綠茶、南瓜、水密桃、巧克力、布丁等口味，泡芙口感精緻，幾近完美，一個售價1.45元，分店遍布曼哈頓。

中城區

平價韓式料理

Kum Gang San 韓國餐廳

- ✉ 49 West 32nd Street, New York, NY
- 📞 (212)967-0909
- 🕐 24小時
- 💲 10～20元
- http www.kumgangsan.net
- ➡ 地鐵B、D、F、M線Herald Square 站
- MAP P.81

　　道地韓國料理，穿著傳統韓國服裝的美女彈奏古箏增添氣氛，有桌上碳烤、火鍋，附送小菜及湯，裝潢氣派，色香味及親民價錢全俱，喜韓菜者不可錯過。

石頭鍋飯道地韓國味道

來自澳洲的異國風格料理

Little Collins

- ✉ 667 Lexington Av, New York , NY 10022
- 📞 (212)308-1969
- 🕐 週一～五07:00～17:00、週六、日08:00～16:00
- http littlecollinsnyc.com
- ➡ 地鐵6，E Lexington/53 Street站

　　店主來自澳洲墨爾本市，其漢堡及三明治搭配美國傳統簡單風格好吃又好看，因為附上了許多異國的風味，也多加了許多創意，包括多道美味的素食料理。這裡的咖啡很出色，當地居民及遊客都喜歡，常見排隊，耐心等候，價美物廉。

好吃的素食三明治

New York

充滿法國家庭味的用餐空間

Le Pain Quotidien

✉ 7 E 53rd Street, New York, NY 10022
☎ 646-845-0012
🕐 06:00～19:00
💲 15元
🌐 www.lepainquotidein.com
➡ 地鐵E、V線Fifth Avenue- 53rd Street站
🗺 P.81

Le Pain Quotidien是法國式麵包餐飲店

餐廳裝潢歐式

53街介於第五大道和Madison大道之間，連鎖系列的比利時風味糕餅、三明治簡餐店，裝潢空間明亮，很有法國家庭的味道，它的Scone 做得非常酥鬆，如果搭配今日濃湯，可吃得舒服又盡興。

多種類即時簡餐

Amish Market

✉ 240 E. 45th Street, New York, NY
☎ (212)370-1761
🕐 週一～五07:00～19:30，週六、日08:00～19:30
💲 5元
🌐 www.orderamishmarketnyc.com
➡ 地鐵4、5、6線Grand Central Station站
🗺 P.81

曼哈頓有4家Amish Market，這一家位於中央火車站附近，有許多線路可到達，下車走路不消5分鐘，就能享用水果沙拉、熱食、冷飲。這些餐點全是當日出爐現做，食材自然十分新鮮。因為靠近聯合國，也提供多種即時簡餐，外帶或內用都很適合。

Amish Market是自助式用餐

東西融合的新風格餐飲

Ma Peche

✉ 15 W. 56th Street, New York, NY 10019
☎ (212)757-5878
🕐 早餐07:00～11:00，午餐11:30～14:30，晚餐17:00～23:00，週六午餐休息
💲 20元
🌐 www.momofuku.com/ma-peche
➡ 地鐵F在57街站
🗺 P.81

Ma Pech 的沙拉

位於第5和第6大道之間，訴求東、西混搭的新風格餐飲路線，店內沙拉食材新鮮，調味略帶越南風甜醋味，吃來清爽可口；烤豬小排肉質鬆軟，入口就可去骨，要有相當的燒烤功力，才能做出這等恰到好處的頂級美味。令人驚喜的是，竟然也有綠茶冰淇淋的甜點，對上東方人的脾胃，自是令人超級滿意。

Ma Pech的綠茶冰淇淋

宛如藝術作品的精緻料理

Le Bernardin

- ✉ 155 W 51st St, New York, NY 10019
- ☎ (212)554-1515
- ⏰ 午餐：週一～五12:00～14:30，晚餐：週一～五17:15～22.30、週六17:15～23:00
- 💲 60元起
- http le-bernardin.com
- ➡ 地鐵B、D、E、7 Avenue站N、Q、R 49 Street站
- MAP P.81

　　擁有世界上最好的50間餐廳之一的美譽。由法國名廚Eric Ripert掌廚，將法國料理的精緻品質，注入世界經典名菜，創造出多層次的豐富味道，每道菜都是色香味俱全的極品。餐廳內部裝潢也很別致，有如走進一間藝術展覽館，在這裡的用餐經驗將令你終生難忘。

料理擺盤講究，彷彿一件件藝術品

全城最好吃的麵包店

Amy's Bread

- ✉ 672 9th Avenue, New York, NY 10036
- ☎ (212)977-2670
- ⏰ 週一～五07:30～23:00，週六08:00～23:00，週日09:00～18:00
- http www.amysbread.com
- ➡ 地鐵1號線50th Street站，N、R線49th Street站
- MAP P.81

　　號稱全城最好的麵包店，所出爐的東西自然不同凡響。像是本店招牌蔓越莓蛋糕，顏色濃郁得像絲絨，看起來豪華高貴，吃起來爽口豐富，色香味俱全，如果再配上一杯咖啡，那就更棒了。店內麵包頗有嚼勁，起司麵包尤其好吃。

Amy麵包店每天出爐好吃的麵包

泰式料理簡單好滋味

Pongsri Thai Restaurant

✉ 165 W 23rd Street, New York, NY 10011 (在Chelsea附近)
📞 (212)645-8808、(212)645-6588
🕐 每天11:30～23:30
💲 10元起
🌐 www.pongsri.com
➡ 地鐵R線23rd Street站
🗺 P.79

位在Madison Square Park 附近的Pongsri 泰國餐廳是外帶的好地方

　　裝潢簡單、樸素的泰國餐廳。這裡的椰汁雞湯(To Kai Gai)味道特好；泰式炒粉(Pai Tai)也味好料多，愛吃泰國料理的朋友來此，建議外帶午餐較划算，價錢不必付小費，遠比晚餐便宜。走路2分鐘，可就近在公園(Madison Square Park) 野餐，邊吃邊欣賞紐約最著名的公園大道。

醬麵任選的家庭義大利麵

Lamarca Pasta

✉ 161 E. 22nd Street, New York, NY 10010
📞 (212)674-6363
🕐 週一～五12:00～22:00，六、日休息
💲 10元以下
➡ 地鐵6號線23rd Street-Lexington站
🗺 P.79

　　店家位於22街，地處Lexington大道、第3大道之間，屬於居住環境優雅的Gramercy

Lamarca的義大利麵好吃又親民

區。提供客製化服務是餐廳一大特色，只要選擇想要的麵式、佐醬，師父就會現場做出家庭式義大利通心粉，滿足客人需求。不論是Pesto Bowtie充滿松子香氣，可吃出九重塔、橄欖油的滋味，或是番茄伏特加佐醬義大利麵醬汁濃稠，略帶甜味及微微酒香，吃了兩者都令人盡興，回味無窮。

位在街角的Lamarca 義大利快餐美味便宜

Union Square Café

✉ 21 East 16 Street, NY 10003
☎ (212)243-4020
🕐 午餐：週一～週五11:30～14:30，晚餐：週日～週四17:00～22:00，週五、六17:00～21:00，早午餐週六、日11:00～15:00
💲 15元
http www.unionsquarecafe.com
➡ 地鐵4、5、6、N、R、Q、L到Union Square站
MAP P.79

聯合廣場附近的Union Sqare Café的簡餐很健康

Union Square Café被列為紐約最受歡迎餐廳，可不是沒有原因的！沙拉食材新鮮、魷魚炸得恰到好處、雞肉燒得嫩嫩的，這些都是餐廳熱賣的料理。推薦Potato-Gruyere Gratin這道菜，最好的瑞士起司配上新鮮馬鈴薯烤，那美味真是太棒了。

Magnolia Bakery

✉ 401 Bleecker Street, New York, NY 10014
☎ (212)462-2572
🕐 週一12:00～23:30，週二～四09:00～23:30
💲 3.5元
http www.magnoliacupcakes.com
➡ 地鐵1號線Christopher-Sheridan站
MAP P.79

Magnolia Bakery的小蛋糕人人都想嘗

如果前往West Village區欣賞街景，可別忘了到Magnolia Bakery，品嘗當地最有名的甜點。Magnolia Bakery以杯子蛋糕聞名，《慾望城市》裡的時髦女人，吃完Cafeteria就愛漫步到 Magnolia Café，買幾個漂亮的小蛋糕。雖然一個小蛋糕3.5元，價錢不是太「親民」，但體驗一下紐約風情，也是挺不錯的。老闆說其實最棒的是香草布丁，一定要試。

Magnolia的蛋糕讚

Magnolia杯子蛋糕

New York

❧ 遠近馳名的上海小籠包

Joe's Shanghai Chinese Restaurant

✉ 9 Pell Street, New York, NY 10013
☎ (212)233-8888
◎ 每天11:00～23:00
💲 10元
🌐 www.joeshanghairestaurants.com
➡ 地鐵J、M、Z線Canal站
🗺 P.79

　　介於Bowery和Doyers間，中文名稱為「鹿鳴春」，上海小籠包遠近馳名，已有6家分店，吃飯時間不但大排長龍，還得和其他遊客共桌。在這兒別管氣氛了，小籠包粒粒飽滿多汁，每一口都鮮美，根本顧不得左右坐的是誰，號稱比鼎泰豐還好吃。

上海小籠包鮮美多汁

❧ 比好吃還要好吃的越南菜

Nha Trang Vietnamese Restaurant

✉ 87 Baxter Street, New York, NY 10013
☎ (212)233-5948
◎ 每天11:00～22:00
💲 10元以下
➡ 地鐵J、M、Z線Canal站
🗺 P.79

　　芽莊越南餐廳不吃氣氛，也不講究服務，24小時開放，純吃的人最愛。裹九重塔、青蔥的炸軟殼蟹、牛骨熬的大碗公越南河粉湯，是這裡的招牌菜。侍者說，每一碗都是「nummy」，因為「nummy」是比「yummy」還好吃的意思。

❧ 30年老店的中式口味冰淇淋

Chinatown Ice Cream Factory

✉ 65 Bayard Street
　　(介於Elizabeth和Mott街)
☎ (212)608-4170
◎ 每天11:30～22:00
💲 3.75元
➡ 地鐵J、M、Z線Canal站
🗺 P.79

　　到了中國城，就試試這家30年老店，有杏仁、水薑、荔枝口味的冰淇淋，好大一勺才3.75元，是吃完中國菜的最好點心。

中國城的著名冰淇淋店

越式春捲

越式乾河粉

好吃的芽莊越南麵

菜色多樣的粵菜餐廳

AMAZING 66
皇上皇酒家

✉ 66 Mott Street, New York,, NY 10013(介於Canal St.和Bayard St.間)

☎ (212)334-0099

🕐 週一～日11:00～23:00

💲 5～10元(只收現金不收信用卡)

➡ 地鐵 J、N、Q、Z線Canal Street站，B、D線Grand Street站

🗺 P.78

　　權威美國餐飲評鑑網Zagat推薦的餐廳，以海鮮為主，新派粵菜，特色小炒樣樣好吃，像是百搭鴛鴦

皇上皇北京烤鴨，皮脆肉嫩不油膩，吃得非常過癮

米、起司焗龍蝦、皇上皇炒飯、XO醬蝦仁炒河粉、烤鮮香螺、北京烤鴨、紅燒乳鴿、釀炸豆腐……廣受歡迎。午餐每道菜只要5.95美元任你選擇，還附送白飯及每日湯，每天中午11～15時供應，經濟實惠，真不敢相信在曼哈頓有這樣好康的事。

人氣超夯的中國風餐廳

粥麵軒

✉ 13 Mott Street, New York, NY 10013

☎ (212)233-0788

🕐 每天10:30～23:00

💲 5～10元(只收現金不收信用卡)

🌐 www.noodlevillagen

➡ 地鐵 J、N、Q、Z線Canal Street站，B、D線Grand Street站

🗺 P.78

　　中國風味的裝潢設計，乾淨大方。最出名的一道菜是「炸魚皮」，黑色條狀且有魚鱗的條紋，看起來不怎樣，吃起來可就不一樣，非常有名，魚皮炸得恰恰好，沾上店家特製的佐料，吃起來像是魚皮脆餅，但沒有腥味，許多老饕都說「讚」。該餐廳還有許多好吃的料理，像是海鮮粥、皮蛋瘦肉粥、餛飩湯麵、蝦丸麵等，只是太熱門經常大排長龍，最好在就餐時間之前或之後到。

除了粥麵還有許多可口小菜

料多實在，全城最便宜

波記

✉ 80 Bayard Street, New York

☎ (212)406-2292

🕐 週一～日11:00～22:00

💲 5～10元(不收信用卡)

🌐 www.pukknyc.com

➡ 地鐵 J、N、Q、Z線Canal Street站，B、D線Grand Street站

🗺 P.78

　　這是一家真的潮州麵館。如果你講究食物原味，不在乎裝潢或氣氛，這會是個好去處，價格親民，一碗麵約5元，大概全城最便宜喔！料多鮮又實在，招牌菜是潮州鹵鴨及蝦卷，清淡的料理有金邊河粉或粿條、酸菜鴨肉冬粉等，喜歡口味重的可試牛腩麵。

剛出爐的新鮮烤鴨，令人垂涎三尺

道地的義大利麵

Frank Restaurant

✉ 88 2nd Avenue, New York, NY 10003
☎ (212)420-0202
🕐 週一～四10:30～01:00，週五、六至02:00，週日至24:00
💲 20元以上
🌐 www.frankrestaurant.com
➡ 地鐵6號在Astor Place站
🗺 P.79

位於第二大道上，介於第五和第六街之間，店內氣氛熱鬧，用餐較為擁擠。義大利麵煮得很道地，由於是當天現做，吃起來特別棒。另外，甜點tiramisu 很濃稠，也受客人好評。

美味道地的義大利海鮮麵

大排長龍的法式簡餐

Tartine French Restaurant

✉ 253 W 11th St. New York, NY 10014(在Greenwich附近)
☎ (212)229-2611
🕐 週一～六09:00～22:30，週日至22:00
💲 17～24元
➡ 地鐵1、2、3號在14th Street站
🗺 P.79

這家賣法國簡餐的餐廳，位於曼哈頓西南區連棟公寓區的底樓，小小店面裝潢浪漫，食物道地，價錢便宜，經常大排長龍。店內最受歡迎的quiche，以紅椒、洋蔥、九重塔、羊乳酪作成；雞肉派(Bouchee a la reine)也做得很純正；酪梨辣雞(Spicy chicken with guacamole)則是吃過的都說讚！

Tartine French Restaurant的quiche很棒

127

🍴 早午餐網路人氣旺

The Freemans' Restaurant

- ✉ 191 Chrystie Street, New York, NY10002
- ☎ (212)420-0012
- 🕐 週一～四11:00～23:00，週五11:00～午夜02:00，週六10:00～午夜02:00，週日10:00～23:00
- 💲 15元
- ➡ 地鐵J、M、Z線Bowery站
- MAP P.79

The Freeman's Restaurant的現作煎蛋

地點在曼哈頓最東南區域，是間網路火紅的餐廳。許多網友推薦Freemans的早午餐，這裡的藍莓鬆餅加鮮奶油，好吃又不太甜膩，煎鹹肉滑蛋、起司菠菜、酸奶麵包、培根沙拉也都很美味！

🍴 傳統日料與祕魯激盪新火花

Nobu Downtown

- ✉ 195 Broadway, New York, NY 10007
- ☎ (212)219-0500
- 🕐 週日～三12:00～23:00，週四～六12:00～24:00
- 💲 50元起
- http noburestaurants.com
- ➡ 地鐵A、C、J、M、Z、2、3、4、5號線World Trade Center站
- MAP P.78

日本名廚松久信幸(Nobuyuki Matsuhisa)的高檔連鎖餐廳，他融合傳統日本料理和祕魯的許多調料，自創出一種新日風格，廣受讚譽，被食界著名的James Beard Award譽為最佳新餐廳，並且愈開愈多家，現已廣及世界各地，其中最著名的一道菜是味噌鱈魚，很值得一試。

新式日本料理在美國廣受歡迎

道地的泰式料理

Sripraphai Thai Restaurant

- 📮 64-13 39th Ave., Queens, NY 11377
- 📞 718)899-9599
- 🕐 11:00～21:30，週三休息
- 💲 8.5元以上
- ➡ 地鐵7號線69th Street站、R號在65th Street站
- 🗺 P.85

Sripraphai Thai道地泰國菜價前又親民，環境又好

泰式油雞飯

泰式滷鴨麵

　　這家道地的泰國餐館，不僅菜好價錢更好，好到像是在曼谷吃飯。餐廳後花園的戶外用餐區，有許多花卉點綴，點一道Thai Spicy沙拉，配上一碗充滿香菜、甜九重塔的叉燒鴨湯麵，就真的色香味齊全，好吃得沒話說，鄭重推薦這樣的美食組合。

吃過都推薦的新疆烤肉串

Xinjiang BBQ Cart

- 📮 41st Road & Kissena Boulevard, Flushing, NY 11355
- 🕐 每天12:00～20:00
- 💲 1元
- ➡ 地鐵7號線的最後一站Flushing-Main Street
- 🗺 P.85

　　這是一個路邊攤販，攤販架上寫著新疆烤肉串，有羊、雞、豬、牛，羊肉串一點都沒有腥羶味，又鮮嫩又有點焦脆，非常棒，別小看這個小攤，吃過的人都推薦。

非常棒的羊肉串

在紐約也能喝到珍奶

Ten Ren Tea Shop

- 📮 135-18 Roosevelt Avenue, Flushing, NY 11354
- 📞 (800)292-2049
- 🕐 每天10:00～20:00
- 💲 3元
- ➡ 地鐵7號線的最後一站 Flushing-Main Street
- 🗺 P.85

Flushing Main Street讓你喝到家鄉的味道

　　在台灣喝珍珠奶茶不稀罕，來紐約還可以嘗到，那可真是稀奇啊。台灣人經營的茶飲店，賣的珍珠奶茶很道地，來紐約都會區觀光，「他鄉遇故知」的感動，說什麼也要來嘗一嘗，這又好又便宜的家鄉口味。

評為全紐約最好吃的牛排

Peter Luger's Steak

✉ 178 Broadway, Brooklyn, NY 11211
☎ (718)387-7400
🕐 週一～四11：45～21：45，週五、六至
22：45，週日12：45～21：45
💲 50元起
🌐 www.peterluger.com
➡ 地鐵F號往南到Delancey Street站，轉J、
M、Z號往布魯克林區，在Marcy Avenue站
🗺 P.84

被專門鑑賞餐廳好壞的Zagat Survey評為全紐約最好吃的牛排，一人份的T-bone 42元，熱烘烘的麵包先上桌，約15分鐘後，端來一盤最頂級的牛排，瓷盤上的牛排滋滋作響，服務生切好牛肉，送到客人眼前，香味隨即撲鼻而來，一口咬下去，外皮表面酥脆，肉汁飽滿濃郁，真是人生一大享受。

Peter Luger的牛排聞名世界

Peter Lugus的牛排嫩得入口即化的感覺

自家農場生產的雞蛋

Egg Restaurant

✉ 109 N 3rd St, Brooklyn, NY 11249
☎ (718)302-5151
🕐 週一、三～五07:00～17:00，週二07:00～
15:00，週六、日08:00～17:00
💲 10元以上
🌐 www.pigandegg.com
➡ 地鐵L號 Bedford Avenue站
🗺 P.84

很健康的全麥早餐

位於Bedford Avenue 和 Berry Street之間。自家 農場生產的雞

蛋、蔬菜、醃肉做成的美式早餐，因為太好吃而經常擠滿人。建議時間從容的話，不妨起個大早，走過布魯克林大橋，欣賞曼哈頓天際線，過橋後再搭車來這裡，吃個爽爽的早餐，這將是難得的用餐經驗。用餐前請留意，Egg餐廳不收任何信用卡，只能現金埋單喔！

Egg餐廳的食物全部是有機

紐約—特色餐飲

找到離你最近的貝果店

紐約有不少出名的貝果店,除了Murray's Bagel,每一家都開了數家分店,街頭巷尾的麵包店及便利商店也都兼賣貝果,紐約市幾乎處處可見貝果。

一旦確定紐約的住處,可先標出其在地圖上的位置,再圈出最近住處的地鐵站,找出最想去的貝果店地址,查閱最靠近該店址的地鐵站,按著地鐵地圖前往,記住!只要知道站名,一定可以吃到超讚的紐約貝果!

貝果店網站一覽表

Murray's Bagel
http www.murraysbagels.com

Ess-a-Bagel
http www.ess-a-bagel.com

H&H Bagel
http www.hhbagels.com

Pick-a-Bagel
http orderpickabagel.com

上城東區

🏠 經濟型旅館

💎 精華地段的平價住宿

Amsterdam Inn Hotel

- ✉ 340 Amsterdam Ave, New York, NY 10024 (和W.76th Street交會處)
- 📞 (212)579-7500
- 💲 150元起
- http www.amsterdaminn.com
- ➡ 地鐵1號線79th Street站
- MAP P.84

在Amsterdam大道、W 76街交會處，屬黃金地段，旅館靠近中央公園、自然科學博物館，附近還有著名的H&H貝果、Zabar、Fatty Crab分店，同時費齡地下室百貨公司就在不遠處，距離地鐵站相當近。

💎 2分鐘到地鐵站

102 Brownstone Boutique Hotel

- ✉ 102 W 118th Street, New York, NY 10026-1809
- 📞 (212)662-4223
- 💲 100元起
- http www.102brownstone.com
- ➡ 地鐵2、3線116th Street- Lenox站
- MAP P.84

如同多數背包客棧型旅館，這裡也是以床位計價。如果是一票人同行，住在這類短租公寓或以房間為單位的旅館，大夥分擔租金最為划算。地點在中央公園北邊，空間安全舒適，房價親民，2分鐘可到地鐵站。

💎 獨棟新大樓的風采

Edge Hotel

- ✉ 514 W 168th Street, New York, NY 10032
- 📞 (212)543-0005
- 💲 179元起
- http edgehotelnyc.com
- ➡ 地鐵A、C號線168th Street站
- MAP P.84

靠近哥倫比亞大學醫學院的獨棟新式大樓，環境安全舒適，到大都會博物館的分院The Met Cloisters也很方便，附近還有公園，可散步走走，或是和當地人一起運動。

🏠 中等型旅館

💎 近大都會博物館的連鎖旅館

Courtyard New York Manhattan/ Upper Eastside New York

- ✉ 410 East 92nd Street, New York, NY
- 📞 (212)410-6777
- 💲 300元起
- http www.marriott.com/hotels/travel/nycmhcou-rtyard-new-york-manhattan-upper-east-side
- ➡ 地鐵4、6號線86th Street-Lexington站
- MAP P.84

連鎖型旅館，靠近大都會博物館，附近很多餐廳，可說商務、觀光兩相宜，最適合多人旅行。

New York

背包客型旅館

女性專屬青年旅館

Pink Hostel New York

- 137 West 111th Street、New York、NY 10026
- 646-371-9369
- $ 70元起(每床位)
- www.pinkhostels.com
- 地鐵2,3線 Central Park-110 St
- P.84

　　這間青年旅館只收女性，是單獨旅行的女孩子或成群女子出遊的福音。房間安全乾淨，地點理想，因為靠近市區、景點、交通便捷，以床位為單位，也有個人房間，價錢親民，提早預約。在中央公園的正北方，一棟排型大樓，正門漆著亮麗的深粉紅色，很好找。

喝咖啡暢談天南地北

Jazz on the Park Hostel

- 36 West 106th Street、New York、NY 10025
- (212)932-1600
- $ 30元起(每人)
- www.jazzhostels.com
- 地鐵B、C線103 rd Street站
- P.84

　　經濟型旅館床位，只提供公用衛浴，靠近中央公園，地點相當好，並且提供免費上網服務。最特別的是，旅館有一個屋頂咖啡屋，來自世界各地的背包客都喜歡聚在那裡，交友談天喝飲料，交換旅遊消息，互通旅遊小撇步。

民宿型旅館

百年老房子有家的感覺

Bed and Breakfast Mont Morris

- 56 West 120th Street, New York, NY 10027(介於Lenox 和Fifth Avenues 間)
- (212)369-8845
- $ 150元起
- www.montmorris.com
- 地鐵2、3線116th Street- Lenox站
- P.84

　　靠近中央公園的北邊，屬於哈林區，是一棟超過百年的維多利亞風格老房子，已開業13年，裝潢溫暖，有回家的感覺。住宿含早餐，房間安全、服務有效率，走路到地鐵站、公車站都很近。

中城區

背包客型旅館

價格略高，走路可到第五大道

Vanderbilt YMCA

- 224 East 47th Street, New York, NY 10017
- (212)912-2500
- $ 105元
- www.ymcanyc.org
- 地鐵6號線51st Street站
- P.81

　　走路可到聯合國、第五大道、中央火車站，占盡黃金地點的優勢，即使是屬於背包客型的青年旅館，1人1床也要價100多元。想節省交通時間的朋友，就只好「以金錢換取時間」，多付點租金囉！

133

奢華型旅館

書房主題旅型

Library Hotel

✉ 299 Madison Ave., New York, NY 10017
☎ (212)983-4500
💲 387元起
http www.libraryhotel.come
➡ 地鐵7號線5th Avenue站
MAP P.81

　　在41st street和Madison大道交會口，這是最有氣質的旅館，全棟建築精心設計，宛如典雅書房一般，房間裡有各種類別的書籍，集安靜、乾淨、高雅、精緻等優點於一身，頂級服務尤為稱道，是一家評價非常高的旅館，喜歡閱讀的朋友視為天堂。

提供優質服務的享受型住宿

Renaissance New York Hotel 57

✉ 130E.57th Street, New York, NY 10022
　　(介於Park和Lexington Ave間)
☎ (212)753-8841、800-497-6028
💲 419元起
http www.hotel57.com
➡ 地鐵N線 Lexington Ave-59th Street
MAP P.81

　　這是一家可以充分享受的旅館，不僅房間高貴、舒適、清潔，服務尤其好。雖然價錢並不親民，但是在這附近都是這種價位。四顆半星級的旅館，有點像台北喜來登大飯店那樣。

在聯合廣場附近的W旅館

New York

中等型旅館

鬧區中的精品住宿地

Affinia 50

- ✉ 155 East 50th Street, New York, NY 10022
- ☎ (212) 751-5710
- 💲 199元起
- 🌐 www.Affinia.com
- 🚇 地鐵6號線51 St 站
- 🗺 P.81

　　這是鬧區中的精品旅館，位於黃金地點，舒適清潔，服務很好。平時租金350元，上網預定比較便宜。這一帶的旅館都不便宜，仍是很快速的售罄，所以要愈早預約愈好。

　　這裡地點佳，靠近無線電城音樂廳及第五大道。

設備簡潔，轉乘方便

Americana Inn

- ✉ 69 West 38 th Street, New York, NY 10018
- ☎ (212)840-6700、888-hotel 58
- 💲 130元起
- 🌐 americana@newyorkhotel.com
- 🚇 地鐵7號線5th Avenue大道
- 🗺 P.81

　　靠近百老匯劇院、時代廣場、中央圖書館、第五大道等知名景點，參觀非常方便。雖然設備簡單，但因靠近中央火車總站，轉車到各處都很方便。這一區的旅館因地利方便，價錢都不便宜，這一家算是很合理的。

經濟型旅館

舒適、淨潔又平價

Seton Hotel

- ✉ 144 E 40th Street, New York, NY 10016
- ☎ (212)889-5301、(888)879-2132
- 💲 119元起
- 🌐 info@setonhotelny.com
- 🚇 地鐵7號線Grand Central Station站
- 🗺 P.81

　　介於Lexington 和 3rd Avenues間，這大概是中城地區最便宜的一家，房間乾淨、舒適。尤為人稱道。旅館設備簡單，地點特好，到中城區的中央火車站、聯合國、帝國大樓等觀光景點，都很近，可節省不少時間。老建築有些房間要共用衛浴。

黃金地點設計新潮

The Pod 51 Hotel New York

- ✉ 230 East 51st Street, New York, NY 10022
- ☎ (844)763-7666
- 💲 119元起
- 🌐 www.thepodhotel.com/pod-51
- 🚇 地鐵6號線51st Street站
- 🗺 P.81

　　由於黃金地點、環境安全、房間舒適、交通方便，所以訂房者眾。想住房得提早預約，建議上網預訂，會得到比較便宜的住房價。雖屬於經濟型旅舍，租金親民卻不失品質，裝潢甚至很新潮，它的屋頂餐廳尤其酷。

🏠奢華型旅館

❧時尚復古，年輕人最愛

Ace Hotel NY

- ✉ 20 West 29th Street, New York, NY 10001
- ☏ (212)679-2222
- 💲 300元起
- http www.acehotel.com
- ➡ 地鐵R線28th Street站
- MAP P.79

　　是一家開張不久的飯店，頗受年輕人歡迎。飯店裝潢走復古風，卻不失時尚感，一到晚上，樓下大廳就變成人聲鼎沸的酒吧，以黑白為基調的空間，有種簡單的頹廢感；飯店樓下的Stomp咖啡，也有不容錯過的好味道。如果你擁有

ACE旅館強調新潮和藝術風格

超異的藝術天份，這裡是會啟發靈感的好所在。

🏠經濟型旅館

❧走路可到聯合廣場

Hotel 17

- ✉ 225 East 17th Street, New York, NY 10003
- ☏ (212)475-2845
- 💲 125元起
- http www.hotel17ny.com
- ➡ 地鐵L線3rd Avenue站
- MAP P.79

　　房間不大但相當乾淨，地點超好，附近有許多餐廳，走路可到聯合廣場、Whole Food市場、週末農夫市集、電影院、紐約大學，租金親民。如果你的預算不寬裕，這旅館靠近Whole food及Trade Joe兩個有即食的大超市，住這可以省些餐費。

❧該區價格最親民

Hotel 31

- ✉ 120 East 31th Street, New York, NY 10016
- ☏ (212)685-3060
- 💲 153元起
- http www.hotel31.com
- ➡ 地鐵6號線33rd Street站
- MAP P.79

　　占地利之便，走路可到帝國大廈、第五大道、梅西百貨總部等景點。房間安全、乾淨，價錢是這一區最親民的。記住！價錢愈親民愈要早預訂，紐約的旅館很多，可是去紐約的遊客從沒間斷過，一有重要慶典或商會集會，旅館立刻訂滿，早作準備很要緊。

New York

🏠背包客型旅館

❖ 走路即可看各式商展、藝展

Riff Chelsea

- ✉ 300 West 30th Street, New York, NY 10001
- ☎ (212)244-7827
- 💲 159元起
- http www.riffchelsea.com
- ➡ 地鐵1號線28th Street站
- MAP P.79

　　在第30街和第8th大道交會處，坐擁黃金地點，鄰近麥迪遜體育場，走路就可到現場看球賽或各式商展、藝展。想看百老匯秀也不怕晚歸，可步行往返，不必搭車。在高價位的中城區，住房價格算是最親民的一家。

❖ 教會經營，青年旅館模式

Seafarer International House

- ✉ 123 East 15 th Street, New York, NY 10003
- ☎ (212)677-4800
- 💲 85元起
- http www.sihnyc.org
- ➡ 地鐵L、N、R、Q、4、5、6線14th Street-Lexington-Union Square站
- MAP P.79

　　青年旅館型式，從一間2床、4床、6床到大通舖都有，衛浴設備需共用，但使用很安全。由於位於黃金地點，幾乎每一線地鐵都在此停靠。因教會經營之故，不必另付15%的旅館稅金。

🏠民宿型旅館

❖ 高雅溫馨的B&B

Colonial House Inn

- ✉ 318 W. 22nd Street, New York, NY 10011(介於8th 和9th Avenue間)
- ☎ (212)243-9669
- 💲 180元起
- http www.colonialhouseinn.com
- ➡ 地鐵A、C、E線8th Avenue-23rd Street站
- MAP P.79

　　介於8th 和9th Avenues間，是一間充滿溫馨、高雅氣氛的B&B。由於房間乾淨安全，鄰近餐廳林立，住房可說相當熱門，得提早預約。主人很友善，供應免費美式早餐，屋頂陽臺很受歡迎。

❖ 19世紀古董建築

The Townhouse Inn of Chelsea

- ✉ 131 W 23rd Street, New York, NY 10011
- ☎ (212)414-2323
- 💲 199元起
- http thetownhouseinnchelsea.com
- ➡ 地鐵1號線23th Street站
- MAP P.79

　　位於23街和第7大道的交會處，這是一棟19世紀的建築，雖然已經全部翻新過，但是裝潢樣樣是古董，是很特別的風格，有種像是住在外婆家的溫暖感覺，安全又乾淨，而且有含早餐。

🏠 經濟型旅館

❧ 近曼哈頓的連鎖型旅館

Red Lion Inn and Suites Brooklyn

✉ 279 Butler Street, Brooklyn, NY 11217
☎ (718)855-9600
💲 119元
🌐 www.comfortinnbrooklyn.com
➡ 地鐵D、M、N、R線Pacific Street站
🗺 P.84

　　乾淨、舒適的連鎖型旅館，最適合商務、旅遊。搭地鐵只消3站，就進入曼哈頓，交通方便，比起動輒300元以上的城中旅館，這裡是個不錯的選擇。如果你要看美國大聯盟棒球賽，住著是最好的選擇，就在球場附近。

❧ 特色石磚排屋建築

Lefferts Manor

✉ Lefferts Gardens, Brooklyn, NY 11225
☎ (347)351-9065
💲 129元
🌐 leffertsmanorbedandbreakfast.com
➡ 地鐵2、5號線Sterling Street站
🗺 P.84

　　這是一家別致的民宿，建於1898年，全棟古色古香，但是全部翻新過。位於歷史古蹟區，房子造型是19世紀末～20世紀初流行的石磚排屋建築，也是紐約市特有的城市景觀。

❧ 交通方便的商務型旅店

Lexington Inn

✉ 2473 Atlantic Avenue, Brooklyn, NY 11207
☎ (718) 485-0006
💲 109元
➡ 地鐵J線Alabama Avenue站
🗺 P.84

　　這家2星級連鎖商務旅館，設備簡單卻舒適安全，價錢也相當親民，最重要的是，房間整理得很乾淨。由於交通方便，走路便可前往多條地鐵線的停靠站（Broadway-Eastern Parkway）。因為有多家同名連鎖店，詢問時一定要指明是布魯克林Atlantic大道上的那一家。

❧ 豪華摩登的造型酒店

1 Brooklyn Bridge Hotel

✉ 60 Furman Street, Brooklyn, NY 11201
☎ (833)625-6111, (347)696-2500
💲 230元
🌐 www.1hotels.com/brooklyn-bridge
➡ 地鐵F，York站；地鐵2、3，Clark Street站；地鐵R，Court Street站

　　這是一家摩登新穎極富造型的新式大樓酒店，位於布魯克林大橋附近，面對海景又可眺望曼哈頓的高樓景觀，氣派非凡。屋頂設有小巧游泳池，適合圍坐池邊聊天暢飲。多款植物的點綴與木質材質裝潢設計，展現環保歸真的舒適格調。交通方便，值得信賴。

皇后區

🏠 經濟型旅館

免費巴士往返地鐵與旅館

Fairfield Inn Marriott

✉ 52-34 Van Dam Street, Long Island City, New York, NY 11101
📞 (718)389-7700
💲 169元起
🔗 www.marriott.com
➡ 地鐵G線Greenpoint Avenue站
🗺 P.85

　　屬於連鎖商務旅館，多人同行很划算，只要一通電話，馬上提供清潔、服務，所需分擔租金，比有些青年旅館(只租1個床位)還便宜，有免費巴士往返地鐵站、旅館間，解決旅館不靠近地鐵站的問題。

多人同住很划算

La Quinta Inn Queens

✉ 37-18 Queens Boulevard, Long Island City, NY 11101
📞 (718)729-8775
💲 145元起
➡ 地鐵7號線 33rd Street-Rowson Street站
🗺 P.85

　　這間經濟型連鎖旅館裝潢普通，適合多人同行住宿，分擔費用，非常划算，可步行到地鐵站是它的最大優勢。全新的旅館，有網路設備，旅館強調2分鐘可達時代廣場，這裡有到中城區的快速方便，卻不需付中城區價位的好處。

🏠 民宿型旅館

台灣人開的親切住宿

法拉盛溫馨民宿

✉ 148th St和60th Avenue交會的鄰里、Flushing, NY 11355
📞 (718)701-4220
💲 60元
🔗 jackie2868@hotmail.com
➡ 公共汽車Kissena Boulevard-Holly Avenue站
🗺 P.85

　　台灣移民經營的溫馨民宿，價格超便宜，2人房才60元，但至少得住5天，設備、氣氛簡約，宜作單純睡覺、休息。住宿少於5天，租金會略高些，但仍是便宜，到地鐵站約10分鐘，約1小時可進出曼哈頓。出門宜趁非尖峰時間，或搭地鐵快車(Express)較節省時間。

教堂改為公寓的住宅

139

紐約
周邊重要去處
哈德森河谷

哈德森河谷分為上、中、下游三段，每一段都有幾個著名小城鎮，以靜謐幽雅的純樸環境，吸引無數的觀光遊客。河段最後在曼哈頓西邊匯入大西洋，沿河兩岸是紐約都會人口的週末踏青處。入秋，這裡可以採買農家秋收的果實；冬天則是溜冰滑雪的好地方。這裡有紐約近郊最大的購物中心，以自然寬廣為背景，可以享受逛街的樂趣。

哈德森河的玩法，主要是單點的探索，沒有曼哈頓那種一連串大格局印象了，倒是驅車一路停停走走，看看風景，或是就近走去停靠小鎮的公園，到樹林步徑中吸收一些芬多精，鎮上逛個三、兩家古董店，去一些不知名的小店用餐，看看小鎮人家怎麼過活，如此而已，但是輕鬆愉快。尤其秋高氣爽時候，山坡上的樹林開始變色，不是一般的楓紅而已，槭樹變黃，亮得發金，還有一些樹葉變成紫色，在夕陽西下那一刻一定要把握，因為入眼所見的是豔麗的彩繪世界。

還有距離紐約市約40英里的西點軍校，校園和哈德森河谷都是不可錯過的驚豔，可上網www.westpointtours.com查詢相關旅遊資訊。

交通資訊

搭國鐵、火車

搭Metro-North Railroad紐約火車，從曼哈頓的中央車站(Grand Central Station)上車，火車沿著哈德森河東畔，停靠Beacon、Chappaqua、Cold Spring、Garrison、Katonah、Poughkeepsie、Tarrytown 和 Yonkers等站。另販售有來回票+洛克斐勒莊園門票的一日遊行程(電話: 800-638-7646; 網址：www.mta.info/mnr/)。

搭巴士

Adirondack/Pine Hills Trailways (電話: 800-858-8555; 網址： www.trailwaysny.com)，往返於紐約市和哈德森河谷城鎮 New Paltz、Kingston 和 Albany之間。Greyhound Bus Lines (電話: 800-231-2222; 網址： www.greyhound.com)。Shortline Coach USA (電話: 800-631-8405; 網址： www.shortlinebus.com)往返於紐約市Orange、Rockland 和 Dutchess 郡之間。

摸虹客山莊
Mohonk Mountain House

兄弟葡萄酒園
Brotherhood Winery

84

84

物得便宜工廠直營購物中心
Woodbury Outlet

西點軍校
West Point

87

684

80

紐約
New York

495

287

78

紐約周邊地圖

這也是一座莊園
摸虹客山莊
Mohonk Mountain House

- ✉ 1000 Mountain Rest Road, New Paltz, NY 12561
- ☎ (845)256-2056
- 💲 35元起
- http www.mohonk.com
- ➡ 火車Metro-North Railroad，巴士 Adirondack/Pine Hills Trailways，Greyhound Bus Lines及Shortline Coach USA
- MAP P.141

　　像是一座莊園一般，可以盡享難得的旅行經驗。附近的山徑供你漫步，靜謐的高山湖泊供你靜心，花園供你欣賞，優美山莊裡提供精緻的美食，建築充滿著懷舊的美式風情，氣氛浪漫、高雅。

Mohonk的甜點非常誘人

美國最古老的葡萄酒莊園
兄弟葡萄酒園
Brotherhood Winery

- ✉ 100 brotherhood plaza dr, Washingtonville, NY 10992
- ☎ 845-496-3661
- 🕐 週一～四、週日11:00～17:00，週五11:00～18:00，週六11:00～19:00
- http www.brotherhoodwinery.net
- ➡ 火車Metro-North Railroad，巴士 Adirondack/Pine Hills Trailways，Greyhound Bus Lines及Shortline Coach USA
- MAP P.141

　　這個美國最古老的葡萄酒莊園，風景美、酒香濃，可以欣賞河谷風光，可以吃喝一頓，可以採買一堆好酒和紀念品。

Brotherhood Winery酒場處處有葡萄

New York

顧盼哈德森河的西點軍校

玩家交流

　　哈德森河谷是一個概約的說法，從紐約到此地，一路都是建設整齊的高架公路，高樓巨廈不再，空間寬廣開闊，但是真正河谷地因為地勢低下、四周少建物，除非進入山區踏青遠足，其實難窺哈德森河谷的真正面貌。

　　沿河的西點軍校是當年的戰略碉堡，居高臨下，該校的球場是欣賞哈德森河的最好地點，所有哈德森河谷的廣闊蜿蜒、沿河的壯麗山丘，盡收眼底。如此優美的景致、這樣的浪漫美麗，很難和雄壯威武的西點軍校聯想在一起。

　　不過再進一步想，年輕優秀的軍校生每天徜徉在好風好景，調劑生活，心胸及見解一定更加廣大，莫怪西點軍校可以培育出許多偉大的軍政專家。

400多個世界精品折扣店

物得便宜
工廠直營購物中心
Woodbury Outlet

✉ 498 Red Apple Court, Central Valley, NY 10917

☎ (845)928-4000

🌐 www.premiumoutlets.com/woodbury common

➡ 從曼哈頓Port Authority(位於第8大道和42街交會處)上車，有Gray line NewYork 和Short line/Coach USA 客運公司專門接駁觀光客往返

🗺 P.141

　　400多家一層樓的洋房，是陳列各種世界精品名牌的商店，Gucci，Polo Ralph Lauren、Burberry、Coach、D&G、Giorgio Armani、Salvatore Ferragamo、Prada，這兒是名牌outlet購物中心，所以每一家都有折扣。

　　這個戶外商場型的購物中心，規模之大，即使走馬看花，可能都要5、6個小時，簡直就像一座城市。因為來回車費30多元，來了就好好逛個夠吧！累了可到小吃街歇息，補充體力，再繼續拜金。

Woodbury Outlet 逛街購物中心

Philadephia
費城

費城美術館
Piladelphia museum of Art

博物館區
Parkway Museum District

蘭克林博物館
Franklin Institute of Science Museum

676

集會/議會區
Convention Center District

中國城
Chinatown

舊市區
Old City

「愛」公園
Love Park

市政廳
City Hall

歷史觀光區

財經商業區
Central Business District

瑞騰廣場區
Rittenhouse Square District

琴模中心
Kimmel Center

華盛頓廣場區
Washington Square District

藝術區
Avenue of The Arts District

費城概略圖

(翻拍自歷史區客服中心的畫)

費城

美利堅的誕生地

當年的國旗

　　美國在脫離英國爭取獨立的過程中，曾經歷過幾個關鍵時刻：第一屆國會(Continental Congress)於1774年在費城召開，隔年第二屆國會也在費城開幕；1776年7月4日傑佛森(Thomas Jefferson)在費城獨立廳，向全世界發表獨立宣言，宣告美國不再是英國的殖民地，已正式誕生一個全新的國家，並且採納費城市民貝絲‧羅斯(Bestey Rose)所設計縫製的第一面美國國旗；1787年開國元老及代表在費城起草簽署美國憲法，成為今日美國人的最高法律保障；這些關鍵時刻的重大歷史事件，全都發生在費城這個城市。

　　只有薄薄4頁的美國憲法，很難想像地，深深地影響4億美國人的生活點滴，它代表著美國崇尚自由的精神，成為美國人的自由憑據。因此之故，與宣告獨立、簽署憲法、召開國會會議相關的幾棟古建築，別具歷史意義。如今，這些遺址已被完整保存下來，還特別規畫成立國家獨立公園(Independence National Historical Park)，作為美國歷史的寶貴存證，現在是費城最重要的觀光景點。

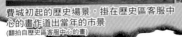
費城初起的歷史場景，掛在歷史區客服中心的畫作道出當年的市景
(翻拍自歷史區客服中心的畫)

第一、二屆國會召開時所在地

風情掠影

藝術蓬勃發展，文化氣息濃

費城的位置在賓夕法尼亞州(Pennsylvania)東南角，在德拉瓦河(Delaware River) 和史庫基爾河(Schuylkill River)的交會口。費城街道設計整齊簡單，從德拉瓦河畔開始，南北向道路以第一、第二、第三……依序遞增。多條街道中，以富蘭克林大道最美觀，從市政府起始，沿途畫廊、美術館林立，綠蔭蔥蘢，費城最大的博物館也設在此地，這條山坡路段堪稱

費城翻新計畫把塗鴉牆變成宜人畫作

氣質出眾。

1984年起費城展開反塗鴉行動，通過了一項牆畫藝術案(Mural Arts Program)，此案使得市區約2400多面牆變成畫布，藝術家們大展身手，畫出許多鼓勵人心以及與歷史有關的壁畫。漫步費城市區，放眼皆是巨幅美術作品，令人印象深刻。

城南South Street/Queen Village的街頭景致，則帶了那麼一點嬉皮風。藝術家、音樂家以此為基地，作另類的心靈表達，將這座歷史古城染上新潮的色彩。古往今來一直在蓬勃發展的費城，讓人深刻地感受到一股濃濃的藝術味。

單調的一面大牆，變成立體花園

147

↑ Fairmont Park 又綠又寬廣

↑ 公園景色之一

綠意盎然，公共空間自然多

費城人口150萬，加上周邊衛星城，約有600萬人居住於此。這個充滿綠意的大都會，有63座公園之多，包括世界最大的都市公園Fairmont Park。Fairmont Park位於費城河北邊，占地8千9百英畝，廣闊的公園遍植杜鵑、山茱萸；清新溪流蜿蜒；人行徑道、騎馬棧道鋪設，可提供市民休閒運動。

林立大樓所圍繞的「愛」園，占地廣大，地處市中心，內有噴水池、彎道、步道，賞心悅目，因放置名雕刻家Robert Indiana 的雕刻作品《愛》而名聲廣播。

Rittenhouse Square Park位於18～20th街間，附近有很多百年民宅，建築高尚優雅，門前臺階、樓

綠草如茵

梯整齊美觀、裝飾精緻，現在幾乎都是百萬豪宅，襯托在公園旁，使得這綠草如茵、綠葉滿樹的寬廣公園，特別清爽。

如果對歷史有興趣，城郊的Valley Forge 國家公園，綠野香波處處可聞，還曾發生許多重大歷史事件，值得一探究竟！

長木花園 (Longwood Garden)則是另一片綠洲。20世紀初，化學工業大亨杜邦家族買下這座占地約一千畝地的花園，投入大把鈔票整修、加蓋。因為公園太大、太美了，現在遊客不斷。

費城發展之初，費城開山始祖潘‧威廉(William Penn)有先見之明，要將它打造成綠色鄉鎮(Greene Country Town)，如今300年之後，費城不再是一個鄉鎮，它注重綠色景觀的這點，可是符合William Penn當年的心願呢！

RittenhouseSquare 的公園一景

76ers
PHILADELPH

↑費城76ers籃球隊標誌

↑費城菲力棒球隊球場

運動賽事繽紛，樣樣全不缺

都說來費城觀光，就像閱讀一部美國開國史。雖然古城歷史故事多，她的新興活動可不比歷史事件少，每年舉辦的費城馬拉松、半程馬拉松比賽，總是有逾萬選手參加，聯盟球隊的活動更是有得瞧！

為紀念1776年美國獨立，費城的NBA籃球隊取名「76人隊」，非常富有愛國精神。費城菲利棒球隊(Philly)的內野陣容，費城詢問報專欄作家Bill Conling稱，是1947年以來棒球大聯盟之最。英式橄欖球KIXX隊也很厲害，曾經2次贏得史丹利盃。另外，大聯盟費城飛人冰球隊、費城長柄曲棍球隊，也相當受歡迎。

至於美式足球的運動表現，美式足球大聯盟的費城「鷹隊」也不遑多讓，曾創

費城的腳踏車運動很盛行

下2次超級盃冠軍紀錄。「鷹隊」的駐地球場Lincoln Financial Field體育場，位於第11街、Pattison大道，現在已開放民眾參觀；附近的Chickies & Petes Café是球賽結束後的「球評」分析講場，來這裡一邊聽現場分析，一邊大啖著名的起司牛排堡，可是本地美式足球迷們的一大享受。

除了傳統的運動活動，新潮的休閒活動也很興盛。「愛」公園廣場的高高低低彎道，就培育出一群最好的滑板高手，屢次出現在X-Games競賽。因為哈雷重型機車製造廠在費城附近，費城騎機車旅遊蔚然成風，每年3～11月間，每個月的第一個星期日在Ephrata公園有機車展示和騎乘的盛會。

費城

飛機

費城機場(Philadelphia International Airport)簡稱 PHL，位在費城西南郊區，距離城中心約8英哩，SEPTA火車有機場專線往返市區和機場，非常方便。若搭計程車進城，費用約29元，可上網查詢各航機起飛和到達時間資料(網址: www.phl.org)。

開車

1. 從北邊往南進城

若從紐約往南開，州際高速公路95號可從北邊進入費城，州際高速公路95號上，可以接駁676號公路(又稱Vine Street Expressway)往西，然後再接州際高速公路76號往西，這樣一來，就可抵達位於King of Prussia的著名購物中心，或是賓州首府Harrisburg等地。如果95號上轉接676號公路往東，可到費城東邊的歷史古區。

前往費城西邊的近郊觀光景點，可以接Route 30，通往蘭卡斯特(Lancaster)欣賞阿米序人聚集的小鎮風光。

2. 從南邊往北進城

若從華盛頓DC往北開，或由巴爾的摩往北開，州際高速公路495號和州際95會合一為95號，從95進入城要在22號出口(Exit 22)轉接676號往西，直到Broad Street下交流道，就會到達市中心。

搭火車

國鐵(Amtrak)在費城的停靠站位於30th Street Station(30th街和Market街交會)，可到東岸其他城市，各地的票價和時刻表請上網www.amtrak.com查詢。

費城市區和郊區之間的通勤火車有數種，夜車、各線路停靠站、時刻表及接駁公共汽車等資料，請上網 www.septa.org/service/rail/查詢。

搭巴士

灰狗巴士是貫穿全美各城市的客運，停靠處位在第10街和filbert街交會處。

比起中國城的巴士公司，美國人經營的巴士公司Boltbus票價稍多1、2塊錢，但是比較值得信賴，站牌在30街和Market Street交會處。可上網查詢搭車消息(www.boltbus.com)。

中國城有固定巴士往返東岸大城市，Apex是比較有規模的一家，站牌就在12街和瑞町車站交會處。由於小型巴士公司常會繞路接客，有時為了節省汽油而不開冷暖氣，千萬得小心。

市區巴士的電車 (Trolly) 有10、11、13、15、34、36號線路，每週一～五05:00～22:00行駛，市內公共汽車的線路很多，每趟2元，詳細線路圖、時刻表

交通概說

請自行上網www.septa.org/service/bus/ 查詢。

還有一種巴士叫作LUCY(Loop through University City)週日期間從30th街發車，每12～35分鐘一班，送乘客到賓州大學裡面的各個車站。

搭計程車或Uber

1. Victory Dispatch Philadelphia Taxis and Limousines 這家的計程車是小紅，電話：(215)225-5000，網站：www.victorycabco.com

2. Liberty Cab Co這家計程車是小黃，電話：(215)389-8000，網站：www.liberty.taxi.philadelphiapa.tel

3. PHL Taxi這家的計程車顏色是白色底、咖啡色橫條，電話：(215)222-5555，網站：www.phltaxi.net

搭地鐵

費城地鐵是SEPTA(Southeastern Pennsylvania Transportation Authority)公共交通系統的一部分，SEPTA 把費城及周邊小城鎮的來回火車線路，連接上費城市區的地鐵線路，使整個費城大都會之間得以方便到達。

地鐵只有Broadway Street 線和Market-Frankfort 線，可到達費城市區各觀光景點，如果再藉火車、地鐵、巴士之間的銜接和轉換，可以讓旅遊朋友有更多旅遊及住宿的選擇。www.septa.org/maps/transit/bsl.html 網上有停靠站站名及時刻表。

設計誇張的遊覽車帶你遊城

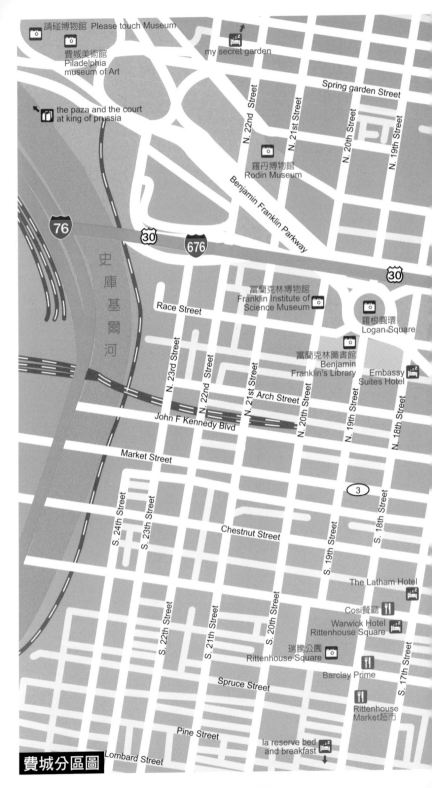

請碰博物館 Please touch Museum

費城美術館
Piladelphia
museum of Art

my secret garden

Spring garden Street

the paza and the court
at king of prussia

N. 22nd Street
N. 21st Street
N. 20th Street
N. 19th Street

羅丹博物館
Rodin Museum

Benjamin Franklin Parkway

76
30
676

史庫基爾河

30

Race Street

富蘭克林博物館
Franklin Institute of
Science Museum

羅根園環
Logan Square

N. 23rd Street
N. 22nd Street
N. 21st Street
Arch Street
N. 20th Street

富蘭克林圖書館
Benjamin
Franklin's Library

Embassy
Suites Hotel

N. 19th Street
N. 18th Street

John F Kennedy Blvd

Market Street

S. 24th Street
S. 23rd Street

3

Chestnut Street

S. 19th Street
S. 18th Street

The Latham Hotel

Cosi餐廳

Warwick Hotel
Rittenhouse Square

S. 22th Street
S. 21th Street
S. 20th Street

瑞騰公園
Rittenhouse Square

S. 17th Street

Barclay Prime

Spruce Street

Rittenhouse
Market超市

Pine Street

la reserve bed
and breakfast

Lombard Street

費城分區圖

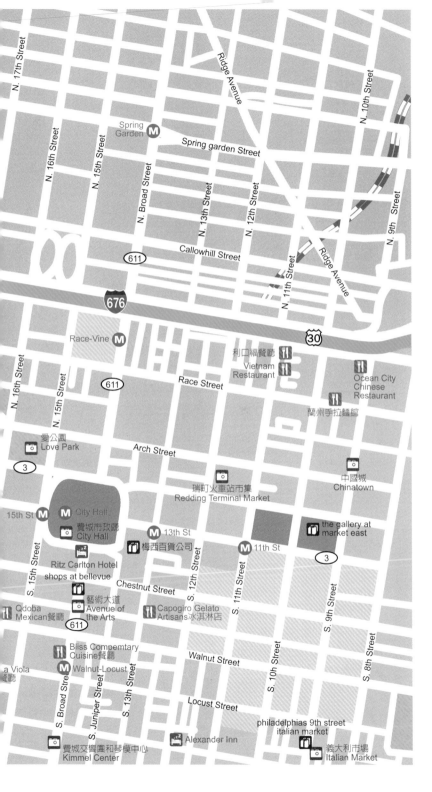

城市
印·象

　　話說費城這個大都會，在美國大城市裡顯得相當特別，別個城市所擁有的硬、軟體建設，它幾乎全都具備，但它擁有的一些東西，像是與獨立戰爭有關的重要歷史古蹟，可就「僅此一家，別無分號」了。所以來到費城，千萬別錯過舊市區的戰爭遺址，這些既是美國的精神糧食，代代藉以生存的文化價值，也是費城重要的寶藏，如今已成為費城最重要的觀光景點。

(翻拍自歷史區客服中心的畫)

舊市區半日遊行程表

自由鐘	艾爾佛雷斯古巷道
5 mins → 建議停留15mins	10 mins → 建議停留20mins
獨立廳	美國鑄幣廠
5 mins → 排隊和停留85mins	10 mins ↑ 建議停留10mins
第二銀行肖像館	白主教舊宅
10mins → 建議停留10mins	10 mins ↑ 建議停留10mins
舊市府大會堂	富蘭克林庭園
10 mins 建議停留10mins	

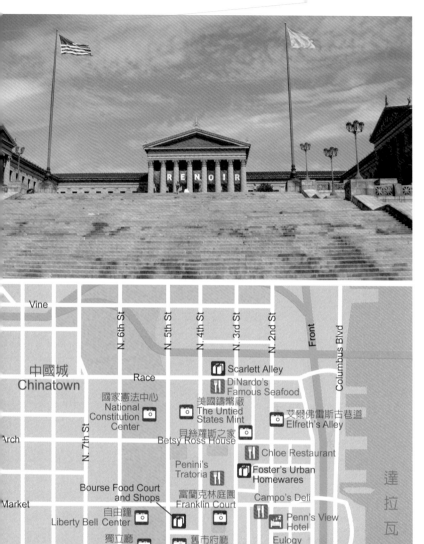

Vine

中國城
Chinatown

Race

N. 6th St
N. 5th St
N. 4th St
N. 3rd St
N. 2nd St
Front
Columbus Blvd

Scarlett Alley

DiNardo's
Famous Seafood

國家憲法中心
National
Constitution
Center

美國鑄幣廠
The Untied
States Mint

艾爾佛雷斯古巷道
Elfreth's Alley

Arch

N. 7th St

貝絲羅斯之家
Betsy Ross House

Chloe Restaurant

Penini's
Tratoria

Foster's Urban
Homewares

Bourse Food Court
and Shops

富蘭克林庭園
Franklin Court

Campo's Deli

Market

自由鐘
Liberty Bell Center

Penn's View
Hotel

獨立廳
Independence Hall

舊市府廳
Old City Hall

Eulogy
Belgian Tavern

Chestnut

第二銀行肖像館
The Portrait Gallery in the
Second Bank of The U.S.

Comfort
Inn

Thomas Bond
House Bed &
Breakfast

Walnut

Morris
House
Hotel

白主教舊宅
Bishop White
House

Zahav

Locust

華盛頓廣場
Washington
Square

S. 9th St

Spruce

S. 2nd St

Pine

S. 8th St
S. 7th St
S. 6th St
S. 5th St
S. 4th St
S. 3rd St

Lombard

達拉瓦爾河

舊市區歷史觀光景點圖

費城的精神象徵

自由鐘
Liberty Bell Center

✉ 501 Market St (第5、第6街之間)
Philadelphia, PA 19106
☎ (215)965-2305
🕐 09:00～19:00，聖誕節休息
💲 免費入場
➡ 公車9、21、38、42 Market Street & 5th Street站，地鐵MFL線(藍線)5th Street站
🗺 P.155

自由鐘就是在這鐘塔敲響費城民眾

鑄於英國倫敦、重約900公斤、高約1公尺的自由鐘，於1752年運到費城，供賓州州議會使用。1776年7月4日宏亮的鐘聲響起，傑佛森向世人宣告《獨立宣言》，1783年4月16日自由鐘又被敲響，宣告美國獨立戰爭勝利。從此每年7月4日慶祝國慶、4月16日紀念美國獨立，費城的精神象徵──自由鐘就會咚咚作響。

美金百元大鈔上印的建築物

獨立廳
Independent Hall

✉ 3 Chestnut Lane, Philadelphia, PA 19115
☎ (215)597-8974
🕐 09:00～19:00，9月4日以後09:00～17:00，聖誕節休息
💲 到服務中心領取免費入場票
➡ 公車9、21、38、42Market Street & 5th Street站，地鐵MFL線(藍線)5th Street Station站
🗺 P.155

1776年費城獨立廳的街景畫現存放在白宮

1753年建造完成的獨立廳，是當年賓夕法尼亞州政府大樓及州議會所在地，當年敲響的自由鐘，最初設立在此樓頂塔。除了作為獨立宣言所在地點、憲法起草及簽署地點，獨立廳還曾經是美國的國府兼國會大樓。因為美國成立之初，幾度更換首都地點，就在1790～1800年期間，首都也遷到了費城，當時處理國家大事的地方就在獨立廳。獨立廳具有非凡的歷史價值，是被印在美金百元大鈔上的建築物，其重要性可見一斑。每年有數百萬遊客前來參觀，不僅是美國的重要遺產，也是聯合國科文組織世界文化遺產之一。

世界唯一展示憲法資料的博物館
國家憲法中心
National Constitution Center

✉ 525 Arch Street, Philadelphia, PA 19106
☎ (215)409-6600
🕐 09:30～17:00，週六至18:00，週日12:00
　　～17:00，聖誕節和感恩節休息。
💲 免費入內，看3D電影介紹需要另買入場券
➡ 公車9、21、38、42 Market Street & 5th
　　Street站，地鐵MFL線(藍線)5th Street
　　Station站
MAP P.155

憲法博物館大廳

博物館的外觀

　　全世界有哪個國家，會特地為憲法建造一間博物館呢？只有美國做得到！設在費城的國家憲法中心，就是全世界唯一展示憲法及相關資料的博物館。藉由館內專門解說的影片和歷史文物，可以幫助參觀的學生、遊客認識美國憲法。

曾是美國最高法院所在
舊市政廳
Old City Hall

✉ 143 South 3rd Street, Philadelphia, PA 19106
☎ (215)597-8974
🕐 09:00～17:00，聖誕節休息
➡ 公車 9、21、38、42 Market Street & 5th
　　Street站，地鐵MFL線(藍線)5th Street
　　Station站
MAP P.155

獨立戰爭期間的國會會議廳

現在是民眾參觀的地方

　　當初舊市政廳是為費城市政而建，沒想到蓋好時，剛巧國會決定遷都費城，所以美國首都在費城的10年(1791～1800)間，舊市政廳改作他用，成為當時美國最高法院所在地。

　　美國遷都到華盛頓D.C.後，舊市政廳終於回歸建制，名副其實地成了費城處理市政的辦公室(1800～1874)，直到1875年不敷使用，才在富蘭克林大道上另建新市政廳(City Hall)，並把位址搬到市中心區。

第二銀行肖像館
The Portait Gallery in the Second Bank of the United States

- ✉ 420 Chestnut Street, Philadelphia, PA 19115
- ☎ (215)597-8974
- ◔ 每天11:00～17:00
- 💲 免費
- ➡ 公車9、21、38、42Market Street & 5th Street站，地鐵MFL線(藍線)5th Street Station站
- MAP P.155

有人或許想問：「為什麼叫作第二銀行，有沒有第一銀行呀？」第一、第二銀行外觀類似，都是屬於典雅的希臘復古式建築，美國建國初期，他們曾以財政、金融中心扮演重要的角色。設在獨立公園裡面的第一銀行曾被私人買下，作為商業用途，後來又改為民間銀行，因為沒有移作博物館，所以不能入能參觀，只能從外面欣賞建築外觀。

1845～1935年期間第二銀行曾是費城稅務局，現在則是博物館，收藏有185幅獨立戰爭期間的人物畫像，像是民兵領袖、軍官、探險家、科學家等，所以這裡才會叫作肖像館。

第二肖像館

富蘭克林舊居所
富蘭克林庭園
Franklin Court

- ✉ 314～322 Market Street，Philadelphia, PA 19106
- ☎ (215)965-2305
- ◔ 週一～日08:30～17:00
- 💲 免費
- ➡ 公車9、21、38、42Market Street & 5th Street站，地鐵MFL線(藍線)5th Street Station站
- MAP P.155

這座庭園是當年富蘭克林的住處，原住宅為3層樓，占地33平方呎，1812年曾被大火摧毀，美國建國200週年(1976)慶時，聘請名建築家Robert Venturi在原址架設一座類似房子的著名雕刻作品《空殼》(Ghost Structure)；一則紀念開國英雄，二則沒有人知道當時房子的模樣，只好作個空架子囉！

富蘭克林多才多智，不僅是革命先烈，也是偉大的發明家。話說當年放風箏時，因為閃電觸及風箏冒出火花，而觸動他發明了「電」；現今郵局、圖書館的觀念，據說也來自他的原創。在這座庭園式的博物館，可以看到騎馬傳信的最早郵政紀錄及資訊，這可是美國的第一個郵局！當時(18世紀)相關的印刷品、藝術品也可在此看到。

富蘭克林庭園(Archaeological Institute of America／攝)

縫製第一面國旗的傳奇女人
貝絲‧羅斯之家
Betsy Ross House

- ✉ 239 Arch Street, Philadelphia, PA 19106-1999
- ☎ (215)686-1252
- ◐ 每天10:00～17:00
- 💲 成人5元,學生、老人和兒童4元
- ➡ 公車9、21、38、42Market Street & 5th Street站,地鐵MFL線(藍線)5th Street Station站
- 🗺 P.155

Betsy Ross 家

很少女人像貝絲這樣,命運坎坷。第一任先生在獨立戰爭期間,防守彈藥庫時不幸被炸死。第二任先生上戰場,被英軍擄獲而死於監獄。好不容易梅開三度,第三任丈夫又長期臥病。人生頗多艱辛的貝絲,依然堅強以對,努力營生持家。

終於歷史性的機會來了。據說,當年她在教堂做禮拜,就坐在領導人喬治‧華盛頓將軍的隔壁,因此交誼,她得到了商機,縫製出美國第一面國旗。

美國第一面國旗有13顆星星,代表當時的13州,成一圓環狀,華盛頓說,這表示每一州都是平等地位,沒有任何一州會比其他州高一等。

當年貝絲的住宅,現在是博物館,展覽國旗歷史及國旗的發展過程。從國旗的演化,可再次看到獨立戰爭的歷史進程,從最古老的13顆星國旗,到有50顆星的最新美國國旗,提醒人們其中經歷了多少的奮戰犧牲。

緣於貝絲「起頭」的貢獻,這幢古意盎然的舊宅院,讓世人有機會體驗一面國旗對一個新興國家的重要性。

Betsy Ross的家,現在每天有講員穿著當年裝扮,解釋國旗產生的故事

艾爾佛雷斯古巷道的房舍低矮，門窗接著屋頂，目前仍有人居住

艾爾佛雷斯古巷道
Elfreth Alley

📧 126 Elfreths Alley, Philadelphia,
　　PA 19106-2006
📞 (215)574-0560
➡️ 公共汽車9、21、38、42 Market Street &
　　5th Street站，地鐵MFL線(藍線)5th Street
　　Station站
🗺️ P.155

Elfreth古巷道的房舍已經存在200多年

艾爾佛雷斯古巷道已有300年歷史，是美國最古老的住宅區。依據費城都市更新計畫，政府機關與古蹟保存單位共同合作，一起修復這個18世紀工匠、鐵匠們落腳的藍領住宅區，至今仍然有居民住在其中。

每年6月第二個週六，是整條街慶祝「Fete Day」的時刻。平時不對外開放的國寶級古蹟房舍，這一天門戶大開，歡迎大眾前來參觀。當天有樂、舞團表演和遊行助興，氣氛熱鬧滾滾。據說，當天所收取的門票收入，將用在維修保存古街上，這樣珍惜歷史古蹟的作法，不僅值得肯定，也令人好生感動！

Elfreth的古老氣氛

白主教姓白,但房子卻是紅磚色

當年費城精神領袖居所
白主教舊宅
Bishop White House

- ✉ 309 Walnut Street, Philadelphia, PA 19106
- ☎ (215)597-8974
- ◉ 每天09:00~17:00 聖誕節,新年休息
- 💲 免費門票可在獨立旅遊中心領取
- ➡ 公車9、21、38、42 Market Street & 5th Street站,地鐵MFL線(藍線)5th Street Station站
- 🗺 P.155

當年費城精神領袖白威廉(William White)落腳之處,就在這裡。白主教負責主持基督教會、聖彼得教會,又身兼第一任賓州聖公會領導人,地位崇高,頗受費城人景仰。他住在這間屋子長達49年(1787~1836)之久。

白主教舊宅僅開放團體參觀,免費門票可在獨立旅遊中心領取,導覽以10人1梯次,導覽時間約1小時,內容還包括其旁的Todd住宅。

全美第一家鑄幣廠
美國鑄幣廠
The United States Mint

- ✉ 151 North Independence Mall East, Pliladelphia, PA 19106
- ☎ (215)408-0209
- ◉ 週一~六09:00~16:30,週日休息
- 💲 免費
- 🌐 www.usmint.gov/about/mint-tours-facilities/philadelphia
- ➡ 公車9、21、38、42 Market Street & 5th Street站,地鐵MFL線(藍線)5th Street Station站
- 🗺 P.155

費城是美國成立初期的金融、財政中心,這裡有美國第一家銀行、第一家證券交易所等機構。1792年美國國會通過銅幣法案,決定在費城鑄造銅幣,隨著經濟發展、人口增加,零錢需求量大增,美國陸續建造有5個鑄幣廠,而費城鑄幣廠是其中歷史最悠久的,目前仍在製造銅幣。

參觀這裡,可以看到錢幣的製造過程,以及錢幣有關的資訊。雖然有些人不喜歡銅臭味,討厭追逐金錢,不過能有此罕見機會,就不妨捏著鼻子,去見識一下囉!

美國鑄幣廠要安檢才能進入參觀

旅行小抄

實惠省錢的City Pass

費城景點很多,如果有足夠時間參觀,為了節省門票費,可在費城獨立旅遊中心購買經濟實惠的套票City Pass。套票1張49元,兒童票37元(3~11歲),共有國家憲法中心、獨立港口博物館、自然科學館、 富蘭克林科學博物館、費城動物園、 觀光電車之旅等6個著名景點可參觀。

氣派經典中國城

中國城
Chinatown

- ✉ 介於Arch和Race街間
- ➡ 地鐵BSL線(橘線)Chinatown站,公車31 Chinatown
- MAP P.152

費城中國城牌樓氣派

　　號稱有100多家餐廳和商店的費城中國城,氣派經典的中國牌樓,是建於1983年,此為中國天津市贈送給費城姊妹市的大禮物。每逢週末總有許多遊客、老饕湧入,非常興旺,吸引許多遊客到此參觀。

宛如歐洲的露天市集

義大利市場
Italian Market

- ✉ 9th St. Between Wharton & Christian streets
- 📞 (215)965-7676
- 🕐 週二～六09:00～17:00,週日至14:00
- http www.italianmarketphilly.org
- ➡ 地鐵BSL線(橘線)Ellsworth-Federal Station站,公車47、47M South 9th Street站
- MAP P.152

義大利市場什麼都有,這是希臘料理

　　19世紀末義大利移民遞增,費城有一叫作Antonio Palumbo的義大利裔移民,在第9街住處開張了一家旅館,專門做新來義大利移民的生意,因此許多義大利人便聚集在這條街上。

　　大多數義裔的新移民,過慣了傳統生活方式,喜歡逛露天市集,因此菜攤、水果攤、乾貨店、肉攤、起司店、生猛海鮮店等群起,生意一好,便吸引更多店家加入,於是代代相傳,市場愈來愈大。

　　露天市場在歐洲十分常見,但美國幅員廣大,較少這樣的露天市場。因此,費城有古老建築和走路可及的露天市場,很容易讓人聯想到歐洲城市,覺得它有點歐洲味。其實這印象未必真實,費城還是非常美國的。

　　這個源於義大利移民的最大戶外市場,現在已有些轉變,出現了越南人經營的菜攤、泰國餐廳、中式快炒店,成為包羅萬象的「美食大熔爐」,受到當地人和遊客歡迎。

食攤、人潮與藝品聚集地

瑞町火車站市集
Redding Terminal Market

51 North 12th Street, Philadelphia, PA 19107-2954
(215)922-2317
週一～日08:00～18:00
地鐵MFL線(藍線)11th Street站，公車17、23、33、44、48、62、78 11th Street或12th Street站
MAP P.152

這裡有點像台灣的夜市，聚集許多熟食攤販，人潮洶湧，熱鬧滾滾。另外，還有阿米序食物、手工藝品吸引許多遊客；因為販賣生鮮魚肉蔬果，這裡也是當地居民買菜的地方之一。

瑞町火車站市集販售諸多食材

全美最高市政廳，登高一覽費城全景

費城市政廳
City Hall

Penn Square, Broad & Market Streets, Philadelphia, PA 19107
(215)686-1776、(215)686-2840
08:00～17:00
地鐵MFL線(藍線)City Hall站，BSL線(橘線)City Hall 站，公車27、32、C City Hall站
MAP P.152

當舊市政廳不敷使用，費城人決定蓋一棟世界最高的建築當市政廳，只是工程做得太久了，還沒來得及蓋完，就被後起的華盛頓碑、艾菲爾鐵塔趕了過去。

氣派非凡又壯麗美觀的費城市政府

這棟建築物非常漂亮，雕梁畫棟、豪華極致，建築風格和巴黎歌劇院很像。目前是全美最高的費城市政廳，樓高167公尺，大廈頂端塑立有威廉．潘的鍍青銅雕像，以紀念他開創賓州的遠見。市政廳平日提供免費導覽，並且開放瞭望塔，讓遊客暢覽壯觀的費城全景。

市政廳的建築有許多精美雕刻

以愛為名的滑板天堂
「愛」公園
Love Park

✉ 1500 Arch Street, Philadelphia,
　PA 19102
☎ (215)636-1666
🕐 週一～日09:00～18:00
http www.bpl.org
➡ 地鐵MFL線(藍線)City Hall站，公車2、27
　JFK Plaza站
MAP P.152

愛公園的噴水池很壯觀

1965年都市計畫建築專家
Vincent Kling設計建造了噴水池
以及圍繞水池的階梯，藉此美化
廣場的地下停車場。到了紀念美

愛公園的著名「愛」字雕刻

國建國200年時，雕刻家Robert
Indiana的名作《愛》(LOVE)被架
設在這廣場上，從此以後，正式名
稱叫作J.F.Kennedy Park的廣場，
被當地民眾膩稱為「Love Park」。

由於世界級溜滑板高手Bam
Margera、Stevie Williams、Kerry
Getz等人，出名前幾乎天天溺在
「愛」公園的彎道、樓階上溜滑
板，所以「愛」公園成了溜滑板的
「麥加」。

時光倒流的歷史住宅區
瑞騰公園
Rittenhouse Square

✉ 18th和20th Street、Walnut Streets和
　Spruce之間形成的一塊方形公園
➡ 地鐵BSL線(橘線)Walnut-Locust站，公車
　9、12、21、42、Locust-19th St或Walnut-
　19th St或Ritterhouse Square-19th St站
MAP P.152

瑞騰公園靜謐又充滿生氣

一排排透天厝百年洋房，環繞
著一塊方形綠地，這裡就是充滿
歷史光影的Rittenhouse公園。這
些老房子外型古樸整齊，配上公
園的大樹和綠地，在都會中自成一
格。有人嬉笑玩耍、佇足小憩；有

人閒步遛狗，看起來靜謐又充滿
生氣。這特別保存下來的歷史住
宅區，目前是費城最受歡迎的廣
場，遊走其間，像是時光倒流，置
身在電影場景裡。

美國最出名五大交響樂團之一
費城交響團和琴模中心
Kimmel Center

- 260 South Broad Street, Philadelphia, PA 19102
- (215)893-1999
- 每天13:00免費參觀建築、廳堂及花園
- 地鐵BSL線(橘線) Walnut-Locust Station站，公車C、9、21、32、42 Kimmel Center站
- MAP P.152

琴模中心充滿大格局的氣勢

費城交響樂團成立於1900年，為團長兼指揮Fritz Scheel所創辦，現已名列美國最好最出名的五大交響樂團之一。

費城交響樂團歷史悠久，早在1925年樂團就錄音出唱片，打出知名度；1929年第一次嘗試為收音機聽眾表演；1948年更向外拓展，開始上電視表演；並且多次跨海演出，得到豐盛的收穫——1973年(早在中國改革開放前)在北京的人民大會堂演出，做了一次美好的國民外交；1999年訪問越南表演，以優美的樂聲打破美越戰爭以來的間隙。

作為費城交響樂團的駐地表演廳，琴模中心(Kimmel Center) 壯觀氣派、建築突出，與樂團可謂相得益彰。其Verizon Hall表演廳擁有2500席位，裡面有個全美最大的管風琴；Perelman Theater配置有旋轉舞臺，可容納650人欣賞；最特別的是，頂樓竟然是個空中花園，夠酷吧！

琴模中心所有廳堂，以挑空、高懸的玻璃天棚覆蓋，很有藝術質感，是其建築特色之一，所以來到費城，別忘了先鎖定喜歡的音樂節目，聆聽一場高品質的音樂會，再來親覽琴模中心的建築之美。如果說，旅遊可以提升身心靈層次，大概就是指這樣的盛會吧！

琴模中心的表演廳內部

電影《洛基》的知名場景

費城美術館
Piladelphia museum of Art

✉ 26th Street和Benjamin Franklin Parkway
間，Philadelphia, PA 19130

☎ (215)763-8100

🕐 週二～日10:00～17:00(週三、五至
20:45)，週一、國慶日、感恩節、聖誕節休
息

💲 成人20元，學生14元，老人(65以上)18元，
12歲以下免費

http www.philamuseum.org

➡ 地鐵MFL線(藍線)30th Street Station；
公車7、32、38、43、48 Ben Franklin
Parkway & Spring Garden

MAP P.152

費城美術館擁有壯觀的古典巨柱

　　誰能料想得到，一部80年代勵志電影《洛基》，竟讓費城博物館意外暴紅！話說男主角洛基為作跑步訓練，總是出現在美術館的72臺階前，甚至之後拍了好幾部續集，也必定出現這樣的經典畫面。隨著這部電影大賣，費城博物館水漲船高，聲名大噪，從此費城博物館進門臺階，便被暱稱「洛基階」，成為《洛基》迷的私房景點。現在，博物館臺階底處設有一座洛基雕像，供遊客照相留念。

　　費城博物館本身的設計，有壯觀懾人的古典巨柱，亦可登高望遠。登上臺階最高處，轉頭望向前方，美麗的富蘭克林大道盡收眼底，華麗的市政府大樓也在視野之內，這可是費城的特景之一哦。館內收藏藝術品豐富，提供市民、遊客欣賞文化藝術之美。

因為洛基在博物館的臺階上跑步，才得以立像於此

Philadephia

以科學教育為主軸
富蘭克林博物館
Franklin Institute of Science Museum

- ✉ 20th Street & Ben Franklin Pkwy
- ☎ (215)448-1200
- ⊙ 每天09:30～19:00(週二晚上17:00關門)
- 💲 成人23元，3～12歲19元
- ➡ 地鐵MFL線(藍線)30th Street站，公車 32、33、38 20th Street & Race
- MAP P.152

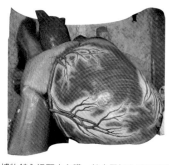

博物館內這顆大心臟，教人了解心跳的運作

這個博物館有一顆兩層樓高的大心臟，想當然耳，這也是全美最大的一顆心。走進這顆心臟，就可親身體驗血液在心臟的脈動，並進一步了解心跳是怎麼來的。

博物館以科學教育為主軸，設有超大型的火車廠，堪稱為全美最大。館內有天文館、IMAX戲院，播放3D電影。在這裡有好看的，又可以學到新知識，是個可以充實知識的地方。

博物館藏有許多科學家的發明作品，包括世界第一架鋼筋製的飛機B-1 Pioneer，只是擺設在博物館的外面。最酷的是此館提供露營，讓人能夠在夜深人靜時探索博物館，像極了電影情節。

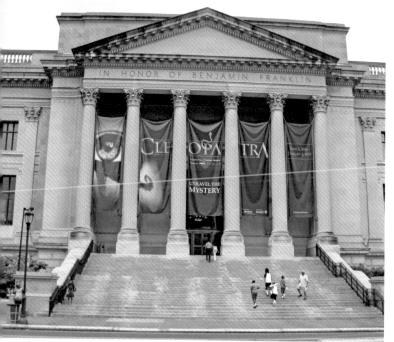

富蘭克林博物館收藏許多科學家的發明作品

羅丹雕刻博物館的進口處有一座沉思者雕像

羅丹博物館
Rodin Museum

✉ Benjamin Franklin Parkway at 22nd Street, Philadelphia, PA 19101-7646

📞 (215)568-6026

🕐 週一、三～日10:00～17:00，週二及國定假日休息

💲 每人5元

➡ 地鐵MFL線(藍線)30th Street站，公車32、38 Ben Franklin Parkway & 22nd Street

MAP P.152

羅丹是法國國寶級的雕刻家，真正的羅丹博物館在巴黎。在費城聽到羅丹博物館，覺得地理位置好像怪怪。然而，如果你喜歡雕刻藝術，又沒有去巴黎的計畫，這裡是個寶藏窟，藏有大量的羅丹雕刻、模型、畫作等等，還有漂亮的噴水池、花園。設立在戶外的雕刻作品，是成熟藝術和清新大自然相輔相成的另類佳作。

博物館源自Jules Mastbaum 私人收藏，1937年捐贈費城市政府，從大門口的《思想者》(The Thinker)起，每走一步，都感覺到一份舒暢，是一座賞心悅目的博物館，不去太可惜。

羅丹的作品

獨特的城市設計，費城遠離紐約陰影

每次到費城的感覺都不一樣，因為這城市不斷更新和變化。

費城有紐約的寬、廣、高大格局，但是人少些、車少些，整體感覺更乾淨、精緻，絲毫不比紐約遜色。

欣賞費城的獨特魅力，不要先入為主，當它是小號的紐約。只要深入了解他的歷史背景，留意街巷空牆上壁畫，以及隨處可見的美麗雕刻，就能捕捉到她的精采。對我來說，外帶一套起司漢堡包，佇足在路邊街角，邊吃邊欣賞各種公共藝術品，或到公園綠地休息一下，最為愜意！

這是一個充滿美麗雕刻及豐富歷史文化的地方，費城的城市風情就靠你細心來品味！

歡迎試摸，用童心吸引同好

請碰博物館
Please touch Museum

✉ 4231 Avenue of the Republic, Philadelphia, PA 19131

☎ (215)581-3181

🕐 週一～六09:00～17:00，週日11:00～17:00，感恩節、聖誕節、新年休息

💲 19元

➡ 公共汽車38 Concourse Drive & E Road站

🗺 P.152

天下哪有這樣的博物館，允許訪客「動手」參觀？有的，就在菲爾蒙公園裡面。一般博物館怕展示品被破壞，處處可見「請勿動手」(Do not touch)的牌子。但這裡剛好相反，正如其名「請碰」，每一個東西都歡迎參觀者碰一碰。

這個博物館主要是為兒童而立，不過，童心未泯的人也很適合。來到這超級大的公園，何妨開闊心胸，動動手也開開眼界。如果開車前來，請走76號公路往西，在 341號出口(Exit 341)。

請碰博物館(Dudesleeper／攝)

費城一探究竟
Check it out

Philadephia

美國開國期間的重大歷史事件，幾乎都與費城脫不了關係，人們印象中，費城總和「古時候」畫上等號。其實，外表古舊卻內心新潮的費城，是一座從古舊中再生的年輕城市。20世紀中期費城開始轉變，各種造型時尚、突破性設計、反刻板印象、表現創新等新觀念崛起，其中以親民性藝術作品最為凸顯。

現在費城有許多大型壁畫，裝飾各種建築物空牆，到處可見巨大雕刻，公共藝術使得這座城市，看起來很新潮！

是的，藝術帶給老城新氣象，也造就許多藝術家。其中一位叫作Alexander Calder的藝術家，雖然來自藝術世家，但做了幾年水利工程師，才轉行學藝術、從事創作。他先設計玩具再跨足工業界，幫德國BMW汽車廠、波音公司畫汽車、飛機，後來發明了三度空間的Mobile 雕刻，自此名揚世界，作品應用在各種建築及裝飾藝術中。

因為Alexander Calder是費城人，他不僅對現代雕刻藝術有突破性的貢獻，也使得費城注重雕刻藝術，並用雕刻美化市容，成就費城處處皆雕刻的美麗景致。

雕刻藝術，翻新費城

171

🔷 古建築裡的美食購物中心

Bourse Food Court and Shops

✉ 111 S. Independence Mall East, Suite 900, Philadelphia, PA 19106

☎ (215)625-0300

🕐 週一～六10:00～18:00，週日11:00～17:00

http www.bourse.pa.com

➡ 地鐵MFL線(藍線)5th Street站

MAP P.155

Bourse 建於1890年，建築物本身就是歷史古蹟，原為上上世紀的穀糧外銷及商業交易所，1979年Kaiserman公司買下這棟古建築，開始大肆翻修、裝潢，變成今日的美食街和逛街購物中心。靠近自由鐘和獨立廳，參觀歷史古區後的最佳休憩及吃飯地點。

Bourse Food Court的糕點種類多

🔷 找伴手禮的第一首選

Scarlett Alley

✉ 241 Race St, Philadelphia, PA 19106

☎ (215)592-7898

💲 5元起

http scarlettalley.com

➡ 地鐵MFL線(藍線)3rd Street站

MAP P.155

舉凡食衣住行育樂所需，這裡都可以找得到，販售各類禮品、新穎的玩意，以及婚禮飾品，樣樣精心設計，是尋找伴手禮的最佳去處。整間店的擺設也極具造型及

可愛的禮品

創意，即使不買東西，純逛街也會覺得很有收穫。

市區最大逛街購物中心

Fashion District Philadelphia

✉ 1101 Market Street, Philadelphia,
PA 19107
☎ (215)925-7162
🕐 週一～五09:00～19:00，週六、日休息
➡ 地鐵MFL線(藍線)11th Street站
MAP P.152

位於Convention Center、Marrio
酒店、獨立廳(Independence Hall)
之間，構內大百貨公司雲集，還有
100多家商店和美食中心。是費城

購物中心應有盡有，多采多姿

市區最大的逛街購物中心，也是全
市第二大車站處。

傳統又新穎的市場

Reading Terminal Market

✉ 12th Street Arch Streets, Philadelphia,
PA
☎ (215)922-2317
🕐 週一～六08:00～18:00，週三、四08:00～
15:00和週五08:00～18:00有阿米序人擺
攤
➡ 地鐵BSS線(橘線上的分線)Chinatown
Station站
MAP P.152

外觀似一般傳統市場，有賣魚、
賣菜、賣肉的攤販，但是完全沒有

瑞町火車站市集的水果誘人

又亂又濕又髒的印象。市場內有許
多家熟食店，總是擠滿人潮，還有
咖啡店、巧克力店、餅乾麵包店，
都布置得很溫馨。

雖然是傳統式
市場，設備卻是全
新，有中央空調、
Information Center
提供免費旅遊資
訊，最酷的是還有
免費無線網路，可
以隨時查詢資料。

瑞町火車站市集有吃的
還有土產

街景燈光美、氣氛佳

Shops at the Bellevue

✉ Broad Street Walnut Street, Philadelphia, PA

☎ (215)893-1234

http www.bellevuephiladelphia.com

➡ 地鐵BSL線(橘線)Walnut-Locust Station 站

MAP P.152

Bellevue 有許多名師設計產品

從20世紀以來，這裡就是費城最高級的逛街購物處，標緻美麗的精品、高尚流行的服飾，還有美食中心Spa享受，尤其入夜各色燈光投射在一棟棟古典建築上，整條街變得非常浪漫，建議天黑後造訪此購物中心，更能感受燈光效果之美。

全美最老最大的露天市集

Philadelphia's 9th Street Italian Market

✉ 9th Street在Wharton Street和Fitzwater 街之間，Philadelphia, PA

☎ 週二～六08:00～17:00，週日08:00～15:00

http phillyitalianmarket.com

➡ 地鐵BSL線(橘線)Ellsworth-Federal Station站

MAP P.152

義大利市場有許多新鮮起司

義大利市場有傳統式火腿，讚

這是全美最老最大的露天市集，鮮花、水果、起司、醃肉什麼都有，可逛可吃，逛街體驗非常棒。早期義大利移民聚集在這裡，開始買賣傳統飲食及食材，後經不斷擴張，才形成這樣形態的戶外市場，沿街有許多義大利餐廳。想品味義大利料理，來這裡就對了。

義大利市場裡的義大利餐館多

The Plaza & the Court at King of Prussia的其中一家百貨公司

➢ 高檔與親民兼具的大型購物商城

The Plaza & the Court at King of Prussia

✉ 160 North Gulph Road, King of Prussia, PA 19406

☎ (610)265-5727

🕒 週一～六10:00～21:00，週日11:00～18:00

🌐 www.kingofprussianmall.com

➡ 276號公路的326出口(Exit 326，Valley Forge)；76號往西327出口到Mall Boulevard

🗺 P.146

King of Prussia Shopping Center貨色齊全，逛起來得花大半天時間

　　因為遠離費城市區，地產比較便宜，這座Mall占地非常大，好像地皮不要錢似的，一座接一座的百貨公司開張，從最高檔的 Neiman Marcus、Saks Fifth Avenue、Norstrom；中級的Broomingdale, Macy，到親民的J C Penny, Sears全都沒有遺漏。所有百貨公司集合在這裡，再把所有的連鎖商店聚在一起，順便把平日所見的美食街放大數倍，就是King of Prussia Mall現在的規模，至少得花半天時間，才能逛個盡興。

特色餐飲

舊市區

道地經營美式簡餐店

Luna Cafe

- ✉ 317 Market Street, Philaselphia, PA 19106
- ☎ (215)928-8998
- ◷ 週一～六10:00～22:00，週日09:00～21:00
- 💲 10元
- ➡ 地鐵MFL線(藍線)5th Street和Market Street站
- MAP P.155

美式料理

在舊市區中經營的道地美式簡餐店，這裡有賣漢堡、沙拉，外加一些最新流行的健康料理，像一般很少見的羽衣甘藍沙拉、藜麥沙拉，在這裡都很受歡迎。

啤酒客的天堂

Eulogy Belgian Tavern

- ✉ 136 Chestnut Street, Philadelphia, PA 19106
- ☎ (215)413-1918
- ◷ 週一～三17:00～02:00，週四～日11:00～02:00
- 💲 14.99元
- http www.eulogybar.com
- ➡ 地鐵MFL線(藍線) 2nd Street站
- MAP P.155

Eulogy Tavern比利時餐廳和酒吧

這裡是啤酒客的天堂，販賣有來自世界各地的大小牌子啤酒，其中，以比利時的La Binchoise Brewery啤酒為大宗。餐廳研發有以啤酒入味的料理，其中以「淡菜」(又稱青口)最與眾不同，一桶桶混和著啤酒香氣燒出來的味道，嘗過的都說棒。

必嘗羊肉丸子豆湯

Zahav

- ✉ 237 St James Pl, Philadelphia, PA 19106
- ☎ (215)625-8800
- 💲 30元起
- http zahavrestaurant.com
- ➡ 地鐵MFL線(藍線)3rd Street站
- MAP P.155

提供道地的以色列料理，尤以烤肉串和鷹嘴豆泥沾醬最為有名，非常好吃。有位食評家曾讚譽道：「吃羊肉丸子豆湯，就像看到一碗耶路撒冷般。」一定要試試！大廚老闆還出版了一本書《以色列料理》，有興趣者可以順便買一本回家進一步研究。

以色列料理：烤牛絞肉茄子

起司牛排堡最有名，肉多汁香超好吃

玩家交流

在紐約，嘗一客路邊小攤的熱狗，才有紐約味。無論如何，來到了費城，聞名全美的起司牛排堡一定得嘗嘗！比起熱狗，嚼起司牛排堡過癮多了，但要吃還得有點技巧。費城的起司牛排堡約12吋長，為了避免濃郁的牛肉汁滴出來，在地的費城人建議，吃時得頭傾斜一邊，從起司牛排堡的一端吃起，哇！這樣好像不太容易吃哦！可是它味道那麼好，又很有飽足感，就是這一味，令人在費城超有Fu。

費城食物種類多，各有特色，其中Pretzels嚼勁十足，是費城人看球賽的最佳零嘴，小攤販、麵包店、超市都有得買，趁熱吃，可以聞到隱隱的芥末香！

每年一到夏天，費城人就趕著吃冰，本地人最愛水冰(Water Ice)，又叫義大利冰，是一種雪碧類冰凍果汁，口感介於刨冰和冰淇淋之間，當地人叫木冰(Wooder Ice)。

起司牛排漢堡包

貝果抹上費城的起司醬，味道一級棒

❄ 起司滿滿的漢堡包

Campo's Deli

📧 214 Market Street, Philadelphia, PA 19106-2852

📞 (215)923-1000

🕐 週一～六10:00～22:00，週日10:00～21:00

💲 8元

🌐 www.camposdeli.com

➡ 地鐵MFL線(藍線)2nd Street站

🗺 P.155

起司漢堡包又長又厚、內餡夾滿牛肉洋蔥香菇起司，吃時起司還會拉絲，真是太棒了！由於分量足，保證吃來有飽足感。店面就在獨立歷史公園旁，想填飽肚子的人不要錯過哦。

Campo's Deli 小而全

Campo's Deli的起司牛排漢堡很有名

中國城 ᗊ Q又有勁的蘭州手拉麵館

Nanzhou Hand Drawn Noodle House

- ✉ 927 Race Street, Philadelphia, PA 19107
- ☎ (215)923-1550
- 🕐 週一～四、日11:00～21:00，週五、六至22:00
- 💲 5～10元
- ➡ 地鐵BSS線(橘線上的分線)Chinatown Station站
- MAP P.152

蘭州手拉麵館就開在中國城 Reading Terminal Market的即食，省時方便裡，傳統手工拉麵Q又有勁，口感一級棒！來客麻辣牛筋小菜，配一碗肉丸湯，好吃又便宜，吃不慣美國食物的「東方胃」，來此可解決思鄉之情。

中國城 ᗊ 各式小食飲茶趣

Ocean City Restaurant

- ✉ 234 N 9th Street, Philadelphia, PA 19107
- ☎ (215)829-0688
- 🕐 每天 11:00～23:00
- 💲 10元起
- http www.oceancityrestaurant.com
- ➡ 地鐵BSS線(橘線上的分線)Chinatown Station站
- MAP P.152

以飲茶為主，有蝦餃、燒賣、蘿蔔糕等，廣東小吃、叉燒、兩面黃也很好。如果喜歡道地一點，你可以點個鳳爪，就是炸過的雞腳加上豆豉薑絲滷汁蒸，味道好又Q。

飲茶小點

中國城 ᗊ 小麵店起家的越式美味

Vietnam Restaurant

- ✉ 221 N. 11th Street, Philadelphia, PA 19107
- ☎ (215)592-1163
- 🕐 週一～四、日11:00～21:30，週五、六11:00～23:00
- 💲 10元起
- http www.eatatvietnam.com
- ➡ 地鐵BSS線(橘線上的分線)Chinatown Station站
- MAP P.152

第二代老闆 Benny Lai 接下父母經營的小麵店，開始擴建並且裝潢，打造了這間新潮的越南菜餐廳。店內名菜「火山盤」，像火鍋又像燒烤，味道非常棒。另外，越式春捲、滷水魷魚、傳統河粉湯、烤豬排、乾河粉等菜也很受歡迎。

牛肉湯河粉肉多湯甜美

利口福，知名中國餐廳
中國城
Lee How Fook

- ✉ 219 N. 11th Street, Philadelphia, PA 19107
- 📞 (215)925-7266
- 🕐 每天11:30~22:00
- 💲 8~13元
- http www.leehowfook.com
- ➡ 地鐵BSS線(橘線上的分線)Chinatown Station站
- MAP P.152

這家餐廳的中文名字叫作利口福，曾經當選過最佳中國餐廳。它的乾炒牛河、燙青菜、廣式燒臘都燒得很好，來這裡不妨嘗嘗。

利口福的炒麵好吃夠味

上班族午餐好去處
市中心區
Reading Terminal Market

- ✉ 51 North 12th Street, Philadelphia, PA 19107-2954
- 📞 (215)922-2317
- 🕐 每天08:00~18:00
- 💲 5元起
- http www.leehowfook.com
- ➡ 地鐵MFL線(藍線)11th Street站，公車17、23、33、44、48、62、78 11th Street或12th Street站
- MAP P.152

市場內有吃有玩的觀光景點

位於中國城附近，菜色結合傳統市場小吃、各國美食，種類繁多，用餐空間廣大。店內提供各種生熟食、生鮮蔬果；無論是希臘菜、中國菜、日本料理、或是道地的美式漢堡，應有盡有，是許多上班族中午吃飯的好去處。

Reading Terminal Market
生鮮熟食樣樣皆有

Reading Terminal Market的義大利麵

當季新鮮有機超市
Rittenhouse Market

市中心區

- ✉ 1733 Spruce Street, Philadelphia, PA 19103
- ☎ (215)985-5930
- 🕐 每天06:30～22:00
- 💲 5元起
- 🌐 www.rittenhousemarkets.com
- ➡ 地鐵MFL線(藍線)19th Market 站，公共汽車9、12、21、42 Rittenhouse Square站
- 🗺 P.152

店面就在瑞騰公園附近。從公園悠閒地晃出來，不妨走到這裡，隨意採買當季新鮮的水果，

Rittenhouse Market 外帶簡餐省時又經濟，還可以逛逛超市補貨

或是微波即食的餐點。如果吃膩了餐廳的食物，來此採購即食，帶回飯店盡情享受，也別有一番樂趣！

享受上等美味牛排
Barclay Prime

市中心區

- ✉ 237 S. 18th Street, Philadelphia, PA 19103
- ☎ (215)732-7560
- 💲 50元起
- 🌐 barclayprime.com
- ➡ 地鐵MFL線(藍線)Walnut Locust站，公車9、12、21、42線Locust street & 15/16th站
- 🗺 P.152

每個費城人都知道這間牛排館，無論裝潢、服務或食材品質都是最上等的，不但有名廚掌廚品質保證，名酒種類也很多，雖然價格不菲，但因為五星級的服務和品質，令許多去過的人評為物超所值。貴得讓人心服口服。

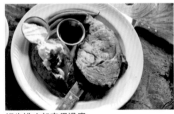

好牛排吃起來很過癮

家庭味小義大利餐廳
La Viola

市中心區

- ✉ 253 South 16th Street, Philadelphia, PA 19102-3350
- ☎ (215)735-8630
- 🕐 週一～五午餐11:00～15:00，晚餐17:00～22:00，週六、日17:00～22:00
- 💲 12元起
- ➡ 地鐵BSL線(橘線)Walnut-Locust Station 站
- 🗺 P.152

這家空間迷你的義大利餐廳，雖然開在高級住宅區附近，價位卻很平民化。店內的家庭風味義大利麵甚受客人好評，還有淡菜海鮮鍋也很好吃！

La Viola的淡菜

Cosi的蔬菜沙拉之一，這是有地中海味的希臘沙拉

⟡ 看義大利風美食

市中心區

Cosi

- ✉ 1720 Walnut Street, Philadelphia, PA 19103
- ☎ (215)735-2004
- ⌚ 每天11:00～23:00
- 💲 9元起
- 🌐 www.getcosi.com
- ➡ 地鐵19th Market 站，公共汽車9、12、21、42 Rittenhouse Square
- 🗺 P.152

　　這家連鎖義大利簡餐店，光是費城就開了好幾家。來店用餐，建議先看好菜單，再到櫃檯點餐，才不至於錯亂。菜單有薄皮比薩餅、義大利味的三明治、沙拉、水牛城雞翅，樣式豐富；甜品則以烤棉花糖三明治(Smores with Oreo)最有名。客人在桌上型小火爐烤熱棉花糖，再加巧克力一起夾入脆餅乾，因為巧克力遇熱棉花糖，就溶化變軟，變成外皮酥脆、內層溫熱，一入口令人感到溫馨。

⟡ 任選內餡的墨西哥簡餐

市中心區

Qdoba Mexican

- ✉ 1528 Walnut Street, Philadelphia, PA 19102
- ☎ (215)546-8007
- ⌚ 每天11:00～22:00
- 💲 5元起
- 🌐 www.qdoba.com
- ➡ 地鐵MFL線(藍線) 15th Market站，公車9、12、21、42 Rittenhouse Square
- 🗺 P.152

　　可依客人需求製作墨西哥捲的內餡，是這家墨西哥簡餐最大的特色。如果只吃墨西哥捲不夠滿足，建議再點一客很棒的Gumbo熱湯佐餐，簡單又合口味的美食組合，不失為簡便用餐的好選擇。

Qdoba墨西哥菜連鎖店

⟡ 受歡迎的優格冰淇淋店

市中心區

Capogiro Gelato Artisans

- ✉ 119 South 13th Street, Philadelphia, PA 19107
- ☎ (215)351-0900
- ⌚ 週一～四07:30～22:00，週五至24:00，週六09:00～24:00，週日10:00～22:00
- 🌐 www.capogirogelato.com
- ➡ 地鐵MFL線(藍線)13th Street站
- 🗺 P.152

　　這家精緻的優格冰淇淋店，以口味好、服務佳、顧客多著稱，光是費城市區就有5家分店，每家生意都很好。由於材料採用高品質牛奶，冰淇淋吃起來爽口不甜膩。

Capogino Gelato 的義大利冰淇淋令人動心

舊市區

⌂中等型旅館

❖ 就近體會歷史街區

Penn's View Hotel

✉ 14 North Front Street, Philadelphia,
　 PA 19106-2202
☎ (215)922-7600
💲 119元起
🌐 www.pennsviewhotel.com
➡ 地鐵MFL線(藍線)2nd Street站
🗺 P.155

　這家旅館質感好，地點方便，氣氛高雅，附有餐廳。想就近體會費城的歷史味道、漫步觀賞附近的畫廊，這裡將是欣賞古蹟的上選住宿。

❖ 面對河景的舒適旅店

Holiday Inn Express Philadelphia Penns Landing

✉ 100 North Chris Columbus Boulevard,
　 Philadelphia, PA 19106
☎ (215)627-7900
💲 139元起
🌐 www.hiexpress.com
➡ 地鐵MFL線(藍線)2nd Street站
🗺 P.155

　雖然是連鎖型旅館，但可看到河面景觀，視野非常舒適，且距離歷史古蹟區又近，是不錯的住宿選擇。可以上網預訂房間，比較便宜。

⌂民宿

❖ 獨立公園裡的古董級住宿

Thomas Bond House Bed & Breakfast

✉ 129 South 2nd Street, Piladelphia,
　 PA 19106
☎ (215)923-8523
💲 135元起
🌐 www.ThomasBondHouseBAndB.com
➡ 地鐵MFL線(藍線)2nd Street站
🗺 P.155

　這是唯一位於獨立歷史公園裡的旅館，不僅房間擺設全是古董家具，就連房子本身，也是一棟

Thomas Bond House B&B古樸外觀

古董建築，非常罕有。旅館經過修復，保存完好且清潔，許多旅遊機構和雜誌給予很好的評語。對美國歷史有高度興趣的人，千萬不要錯過這裡！

Philadephia

適合夫妻檔的清爽住宿

Morris House Hotel

✉ 225 South 8th Street, Philadelphia, PA 19106

☎ (215)922-2446

$ 179元起

🌐 www.morrishousehotel.com

➡ 地鐵MFL線(藍線)5th Street站

🗺 P.155

結構古舊但乾淨全新的設備，最適合夫妻檔入住。這裡服務、地點俱佳，散步可達景點和各類餐廳，附早餐和精緻下午茶。

Morris House Hotel的客廳很溫馨

這家旅館建於1787年，屬於歷史古蹟，內有15個房間，每一間裝飾不一樣但是都盡善盡美，有會議廳，還有花園，許多人來此舉辦婚禮，是典型的美國精品旅館。

舊市區以外的地區

🏠民宿

大宅院風格旅館

My Secret Garden Bed & Breakfast

✉ 7005 Clearview Street, Philadelphia, PA 19119

☎ (215)242-1545

$ 125元

➡ 火車Sedgwick站

🗺 P.152

這是一棟古老歐洲風格大宅院轉型的旅館，綠草如茵、花朵嫣紅，非常宜人舒適。地點靠近火車站，往返市區觀光很方便，可以充分享受美國郊區幽靜的居家環境。

老闆Roni花了6年時間整修保存原來的歷史風貌，喜歡古味的人不要錯過，只有3個房間，要提早預約。

採購地點便利的B&B

La Reserve Bed & Breakfast

✉ 1804 Pine Street, Philadelphia, PA 19103

☎ (215)735-1137

$ 80元

🌐 www.lareservebandb.com

➡ 地鐵MFL線(藍線)15th Street，BSL線(橘線)Locust Street站

🗺 P.152

在Pine Street和18th Street交會處，可以在Rittenhouse Square 散步，Rittenhouse Row 逛街購物，還可以走到City Hall、Love 公園、博物館區，地點超好。

這是兩家四層樓的透天厝合併起來的B&B，老闆提醒大家，因為沒有電梯，行李太重上4樓比較麻煩。

🏠 中等型旅館

🔸 古典高級的精品酒店

Warwick Hotel Rittenhouse Square

- ✉ 220 S. 17th Street, Philadelphia, PA 19103
- 📞 (215)735-6000
- 💲 160元起
- http warwickritterhouse.com
- ➡ 地鐵MFL線(藍線)Walnut Locust站，公車9、12、21、42線Locust street & 15/16th站
- MAP P.152

　　一家高尚優雅的精品酒店，外型古典，配合費城歷史風味，內有牛排餐廳，整體環境非常好。

🔸 市中心區的精品B&B

Alexander Inn

- ✉ 12th 和Spruce Street, Philadelphia, PA 19107
- 📞 (215)923-3535
- 💲 119元起
- http www.alexanderinn.com
- ➡ 地鐵MFL線(藍線)15th Street，BSL線(橘線) Locust Street站
- MAP P.152

　　這家精品型旅館位在市中心區，有過往的浪漫、現代的舒適，以服務、氣氛見長，是公認最好的B&B。

🔸 大房間，下午供應免費零食

Embassy Suites Hotel

- ✉ 1776 Benjamin Franklin Parkway, Philadelphia, PA 19103
- 📞 (215)561-1176
- 💲 169元起
- ➡ 地鐵MFL線(藍線)City Hall站，BSL線(橘線) City Hall站
- MAP P.152

　　位在博物館區，走路可到「愛」公園、市政府、瑞騰公園；搭巴士到歷史古區也很方便，夜裡漫步藝術大道(Avenue of the Arts)是一大享受。房間超大，提供免費TGI Friday早餐，每天下午有快樂時段，可免費喝酒、吃零食。

　　這家旅館是一棟圓形的高樓建築，看起來有點舊式，內部已經都翻新過，適合多人一起住，可以省下早餐費。

🏠 經濟型旅館

🔸 可帶寵物的新連鎖旅館

Microtel Inn & Suites Philadelphia Airport

- ✉ 8840 Tinicum Boulevard, Philadelphia, PA 19153
- 📞 (215)492-0700
- 💲 65元
- http www.microtelinn.com
- ➡ 火車機場線Eastwick站
- MAP P.152

　　是新開發的連鎖旅館，地點靠近機場。旅館提供免費上網，可帶寵物入住，價錢非常親民，品質也不錯，很對省錢達人胃口。

Microtel是新建的親民型連鎖旅館

🏠 奢華型旅館

❖ 比皇宮還氣派的藝術級旅館

Ritz Carlton Hotel, Philadelphia

✉ 10 Avenue of the Arts, Philadelphia,
　 PA 19102
☎ (215)523-8000
💲 359元起
http w.ritzcarlton.com
➡ 地鐵MFL線(藍線)City Hall站，BSL線(橘
　 線) City Hall站
MAP P.152

Ritz Carlton 全景

　　前總統李登輝出國訪問所下榻的酒店，住進這裡，絕對是一生一次的奢華，比皇宮還氣派。因為旅館以藝術造形設計，新穎壯觀，進門就叫人「哇」聲連連。

　　外型很古典，進入旅館的大廳卻是超級現代，中間挑高的圓拱型屋頂可以看出其獨特的設計及豪華壯觀的印象，氣氛非常高貴，即使不住這裡都適合進去見識一下。

Ritz Carlton Philadelphia的大門像博物館

費城
周邊重要去處

長木花園、賀希巧克力世界 蘭卡斯特郡、佛莒山谷國家歷 史公園、蓋特次堡國家公園

　　費城周邊有許多可去之處，可以當天來回，開車，搭車十分方便。以下列出幾個著名的景點，首先是位於費城南郊的，像是長木花園，有賞心悅目的花團錦簇、古典的希臘風噴水池；位於費城西郊的蘭卡斯特郡是阿米序人的大本營，他們仍然過著18世紀無電的生活方式，到這裡的路上可以看到零星的阿米序人及綠野如波的農村景象。離開費城往西走，介於費城和賓州首府Harrisburg之間，有美國著名的賀西巧克力工廠及遊樂場，有吃又有得玩。

　　在最大購物中心King of Prussia Mall 旁，還有一座歷經曾經歷史滄桑的古戰場，現在改成空曠的佛莒山谷歷史公園，至於著名的南北戰爭關鍵一仗發生地──蓋特次堡，比較遠些，在費城西南方向，靠近馬里蘭州邊界，已改為戶外博物館，對美國歷史有興趣的遊客，可以親臨這個南北戰爭兵家必爭之地。總之，這些周邊景點各有不同特色，把時間安排好，選擇個人所好，它將令你的費城之旅更加豐富。

交通資訊

前往近郊以開車最省時方便，Route 1公路往西，可達長木花園(Longwood Gardens)Route 30公路往西，可達蘭卡斯特郡(Lancaste County)：76號公路往西，轉Route 743往北，可達賀希巧克力世界(Hershey's Chocolate World)，76號公路在326出口下交流道，可達佛莒山谷國家歷史公園(Valley Forge National Historical Park)；Route 30號公路往西穿過阿米序的農村後，繼續南下，可達蓋特次堡國家公園(Gettysburg National Historic Park)。

費城周邊地圖

奇花異草的觀賞性花園

長木花園
Longwood Gardens

- ✉ 1001 Longwood Road, Kennett Square, PA 19348
- ☎ (610)388-1000
- ⏰ 週日～三09:00～18:00，週四～六至22:00，舞蹈噴水池09:00～17:00
- 💲 成人23元，學生5～18歲12元，62歲以上20元
- http www.longwoodgardens.org
- MAP P.187

創建於1920年，是全美首屈一指的觀賞性花園。擁有精雕細琢的園景、造型優雅的建築、多元化戲劇和音樂節目，還有美食餐廳。

占地約一千英畝的園區，可見寬廣綠野、奇花異草；建造有西班牙噴泉、古堡鐘樓、水眼奇觀。園區全年開放，有中文導遊圖。

原為杜邦家族的長木花園

巧克力主題遊樂區

賀希巧克力世界
Hershey's Chocolate World

- ✉ 251 Park Boulevard, Hershey, PA 17033
- ☎ (717)534-4900
- ⏰ 09:00～22:00，週日至23:00
- 💲 免費參觀巧克力製作
- http www.hersheys.com/chocolateworld
- MAP P.187

原為賀希巧克力公司的接待中心，1973年改建成巧克力遊樂世界。這裡可能是世界上最香甜的地方了，有如裹上一層巧克力的迪斯尼樂園！

參觀這裡，可先搭噹噹車遊街，看看賀西街上的各式商店、餐廳和所有的賀希糖果產品。接著，有免費車班帶參觀者進入黑洞，在10分鐘的車程中，每個人都成了巧克力一枚！這趟模擬巧克力製作之旅，又叫Dark Ride，當車程結束時，就表示糖果做好了，參觀者可得到免費的巧克力糖果！

有興趣的話，還可以充當巧克力工人，下海做巧克力糖，酬勞是——可以一面做一面吃。另外，這裡也可欣賞與巧克力糖有關的3D秀，其中有許多意外驚喜哦！自2010年開始，遊客可以製作有個人照片的巧克糖，當作旅遊紀念品。

最後得提醒一下，喜歡巧克力的遊客別找錯地方，附近的賀希公園、賀希體育場、賀希博物館，並沒有糖可吃！

賀希巧克力世界的糖果都改裝成卡通人物

華盛頓曾經駐紮的軍營

親睹當年華盛頓駐軍之地
佛莒山谷國家
歷史公園
Valley Forge National
Historical Park

佛莒山谷中的華盛頓紀念碑

✉ 1400 North Outer Line Drive, King of
　 Prussia, PA 19406
☎ (610)783-1077
🕐 09:00～17:00，感恩節、聖誕節、新年休息
💲 免費
🌐 www.nps.gov/vafo
🗺 P.187

兩百多年前的軍營內部

　　美國獨立戰爭抵抗英國的戰役
之一，就發生在這裡。這個重要的
歷史地點，距離費城約25英哩，其
旁有一座超級大購物中心King of
Prussian Mall。如果駕車前往，可
開上76號公路在326出口下交流
道，不消半小時，就可親睹當年華
盛頓駐軍的地方，及一些當年的軍
營和軍事設備。園區客服中心還有
電影介紹當年的狀況，讓遊客進一
步了解美國歷史。

佛莒山谷中仍有當年的武器

蘭卡斯特郡
Lancaste County

✉ 501 Greenfield Road, Lancaster,
　 PA 17601

☎ (717)299-8000

🌐 www.padutchcountry.com

🗺 P.187

　　阿米序人是指住在瑞士、追隨宗教領袖雅各‧阿曼(Jakob Ammann)的一群人，18世紀早期他們開始移民美國的賓州，然後一代傳一代，過著當年在瑞士的生活方式，說著當時使用的話語(德語)。如此沿續當年的傳統，阿米序人便形成自給自足的封閉社區。現在阿米序人大多分布在蘭卡斯特郡，所以蘭卡斯特郡變成了摩登原始人的代名詞。

　　在這裡，將看到一片片遼闊的玉米田、一波波的綠野，感受到純樸的鄉村氣質，偶爾會有阿米序的斗篷小馬車(Buggie)錯車而過。放眼眺望遠處阿米序人用馬拉犁耕作，好一幅回歸自然的景象。

阿米序小孩在市集賣馬蹄

阿米序的馬車

阿米序人們的裝扮很18世紀

阿米序人堅持活在18世紀

玩家交流

當車子開出費城，上30號公路往西，轉接462公路往蘭卡斯特城，沿路盡是綠油油的玉米田，遠處坡地散佈零星房舍，偶爾幾輛阿米序馬車擦身而過，這一路就是日出而作、日落而息的阿米序人世界。

他們過著一種自給自足，不用科技產品的舊式農業生活，許多訪客對他們保持18世紀生活方式感到好奇，為什麼有完整的教育系統，阿米序的孩子卻只上7年學校？明明有方便的電器產品，卻拒絕使用呢？

是的，阿米序人的生活簡單到不行，一切所需全靠自己雙手製造，他們是出於自願，過著這樣刻苦儉樸的生活。不願意這樣生活的人，可以選擇離開社區，但是幾乎98%的阿米序人會選擇留下。

他們嚴守聖經戒律，生活平淡實在，少有煩惱。反觀現代人，忙碌於工作賺錢，又買很多東西使生活輕鬆方便些，只是當什麼都有了，煩惱也跟著來了。對照之下，阿米序人的無物質生活方式，未必比較不好，反而顯得格外珍貴呢。

南北戰爭關鍵之役，歷史轉捩之處

蓋特次堡國家公園
Gettysburg National Historic Park

✉ 1195 Baltimore Pike, Suite 100, Gettysburg, PA 17325

☎ (717)334-1124

🕐 4月1日～10月31日08:00～18:00，11月1日～3月31日至17:00，感恩節、聖誕節、新年休息

💲 成人15元，6～18歲10元，5歲以下免費

http www.nps.gov/gett

MAP P.187

如果開車上30號公路，去蘭卡斯特看阿米序世界，之後再折返30號繼續往南開，就會到達此地──南北戰爭的關鍵之役、歷史轉捩之處的蓋特次堡。

林肯總統通過解放黑奴法後，多半擁有黑奴的南方人群起反對，獨立建國，組軍與政府對抗，打算在蓋特次堡擊潰北軍

之後，全面征服北方聯盟。雖然這一戰兩方損失慘重，但原居弱勢的北方軍終究戰勝，因此信心大增，保住了美利堅聯邦共和國，充分發揮自由無價的精神，實行人權至上的理想。

所有戰役地點都標示在公園裡，可以參考園區提供的地圖，逐一探索，重行回顧歷史的足跡，或者到服務中心觀看電影介紹，館內有一座360度電影的戰役解說，具有高度教育性及知識性。

戰士紀念的建築

林肯紀念銅像

WashingtonD.C

華盛頓特區

特區博物館有不少法國印象派作品，此圖為雷諾瓦
(Pierre-Auguste Renoir)的名作《提水桶的女孩》

K. Street

23rd Street

17th Street

14th Street

3rd Street

I-395

Massachusets Avenue

白宮區
White
House

華盛頓D.C.市區
Downtown

紀念區
Mall Memorials

博物館區Mall Museum

國會山莊區
Capitol Hill

Independence Ave

潮汐湖畔

波多馬克河

I-395

▶ **華盛頓D.C.概略圖**

華盛頓特區

圖片提供/許志忠

不屬任何一州的首都特區

美國的政治系統強調民權，每州選出2位州代表，即所謂的參議員。全美50州產生的100位代表，入駐華盛頓D.C.的國會山莊組織成參議院；每州還依照人口比例，民選出區域範圍的地方代表，到國會山莊的眾議院為民喉舌，叫作眾議員。

參眾兩院分別代表人民、州政府駐在華盛頓D.C.，行使代議士的職權，因之這裡可說是「三步一眾議員、五步有參議員」。但是眾多公僕中，沒有一位代表華盛頓特區的庶民，因為華盛頓特區沒有任何參議員、眾議員名額，對充滿政治氣氛、講究權利的華盛頓D.C.，真是一大諷刺。

在這個特區另有一大特色，即「處處政府機構，個個公務員」。北以國會山莊，南是林肯紀念堂，東是傑佛遜紀念堂，西至白宮，這四點形成的長方形範圍內的機構，幾乎全是聯邦政府機構，從農業局、經濟部、聯邦調查局、國務院到史密斯森尼博物館群的工作人員，幾乎都是公務人員，這是政治城市的特徵之一，也是華盛頓D.C.嚴肅的一面。

華盛頓特區政府機關林立

風情掠影

博物館排排站，等你來逛

到華盛頓特區後深深體會，人可以沒錢，不可以沒時間，史密斯森尼博物館區就有13座超級博物館，館藏豐富，涵蓋廣泛，每一棟都是免門票，這時候你只盼有無限的時光，可欣賞這些世界之最的寶藏。

這裡博物館一棟接一棟，相隔距離都不遠，可步行抵達、欣賞室內的展覽及戶外的雕刻。有小朋友喜歡的航空太空博物館、青年人喜歡的自然科學博物館，還有存放獨立宣言和憲法手稿的國家檔案中心、郵政博物館，種類五花八門，多得像百貨公司的各種商家，教人逛也逛不完。

超現代的雕刻花園也是博物館之一

美國印地安博物館

美國藝術博物館

犯罪與處罰博物館

華盛頓風情掠影

↑ 華盛頓D.C.的櫻花季好美好美

↑ 大使館建築外觀

櫻花四月，浪漫破表

　　華盛頓特區的四月天，空氣清香，各種花卉陸續綻放，令人賞心悅目。其中約有3千多株的櫻花，濃密有致，白裡透著淡淡粉紅，尤其傑佛遜紀念堂附近的吉野櫻花，多得壯麗、氣派。沿著潮汐湖(Tidal Basin)四周，櫻花樹形高大、花團錦簇，無數的粉點淹沒了四周建築，像一幅印象派油畫，迷眩美麗。

　　每年的櫻花季，櫻花就像一片汪洋花海，總是吸引數以百萬的觀光客前來。許多人把握短暫的花季，坐在櫻花樹下野餐、賞花、看湖景，享受春天、享受櫻花。

華盛頓D.C.的四月櫻花太美了

遊客在花海中照張全家福，真是太幸福了

196

↑漂亮的房子看不出是大使館　　↑大使館井然有序

處處大使館，另類聯合國

　　所有和美國建交的國家，都會設立大使館在美國首都——華盛頓D.C.，目前有177個國家的大使館在首都特區，大多集中在DUPOUNT CIRCLE和其附近的街道，每個國家的大使館就是該國的門面，所以大使館的建築及四周環境都保持得很氣派、很整齊，有些建築會配合該國的文化特質，做一些特殊裝飾；有些國家為了表現其雄壯實力，打造很突兀的建築，每一棟大使館都有其特色且很好看，形成一種特殊景觀，只有在華盛頓D.C才看得到的景象。

大使館建築外觀

知 識 充 電 站

華盛頓與華盛頓D.C.差很大

許多人把華盛頓和華盛頓D.C.搞混了，前者是指位於美國西北角的華盛頓州；後者地處美國東邊，由聯邦政府直轄，是不屬於任何一州的特別行政區域，這區域的土地由馬里蘭州和維吉尼亞州捐出，為了紀念美國開國英雄第一任總統喬治‧華盛頓及發現美洲新大陸的哥倫布，而命名為Washington District of Columbia，簡稱Washington D.C.，中文譯為華盛頓D.C.。

華盛頓特區

飛機

華盛頓D.C.主要機場有3個，分別是Washington National Airport (DCA)、Dulles International Airport(IAD)，及Baltimore-Washington International Airport(BWI)。

DCA也就是雷根機場，位於阿靈頓區，主要飛行美國國內航線，但也有少許的加拿大及加勒比海國家航線。

IAD距離華盛頓市區約40分鐘車程，各種國內外航線都在此交會，航線非常繁忙。

BWI則位於巴爾的摩，美國政府所有新式安檢設施都從這裡先試行，所以入關總是大排長龍，提醒大家飛來這裡，要多預留點時間。

開車

從DCA機場開進城，先上George Washington Memorial PKWY往北，轉到I-395往北，從左到轉入US-1，在所欲前往的街道下交流道。

從IAD機場進城，要先上I-66往東，再開到US-50上的Constitution Avenue下交流道。從BWI機場出來後，上I-195往西，再接MD-295往南，也就是Balt/Wash PKWY，再接US-50往西，就可進入市區，這條路線也是從北進城的路線。若從南部州進

城，多半經由I-95往北，轉I-395往北，接US-1。

搭計程車或上網UBER

計程車一覽表
Atlantic Cab
☎ (202)488-0609
Red TopCab
☎ (703)522-3333
http www.redtopcab.com
Ambassador Taxi Cab
☎ (202)232-8855

搭火車

1.國鐵(Amtrak)：長途火車從外州開進華盛頓特區，停靠在Union Staiton，再從Union Station北上或南下到各州。www.amtrak.com有詳細起迄地點及時刻表。

2. MARC：是指郊區城鎮到華盛頓特區Union Station的通勤火車，共有4條路線。每星期一到星期五，分別從Baltimore、Frederic、Perryville、 Martinsburg起站，載運上班族進出城。票價依距離遠近而異。詳細資料可上網www.mta.maryland.gov/services/marc查詢。

3. VRE(Virginia Railway Express)：分別從Fredericksburg和Bristow的Broad Run 機場到華

盛頓特區的Union Station，專為上班族開設的2條通勤線路，只開週一～五。詳細資料可上網www.vre.org/service/schedule.htm查詢。

搭巴士

1. Metrobus：這家巴士穿梭在華盛頓特區的大街小巷，最方便之處是停靠地鐵站，可以巴士和地下鐵互相運用，非常方便，時刻表請上網www.wmata.com/bus/查詢，進入網站後按左上角的Timetable。

2. DC Circulator：這家巴士的流動頻率很高，每5～10分鐘就來一班，在博物館之間、聯合車站和喬治城之間，還有博物館和Convention Center之間穿梭不停，票價1元，方便又親民。網址為www.dccirculator.com/。

3. ART-Arlington Transit：專門跑阿靈頓的附近城鎮，到Crystal City 地鐵站和VRE 車站，方便通勤族下火車，地鐵後，立刻接上巴士到郊區。上網www.arlingtontransit.com/有詳細資料。

4. Georgetown Metro Connection：是喬治城的主要公共汽車服務網，又叫藍色巴士，停靠喬治城的4個地鐵站(Georgetown、Foggy Bottom-GWU、Rosslyn、Dupont Circle)，巴士四通八達，又銜接地鐵，喬治城往返華盛頓特區非常便捷。www.georgetowndc.com/getting-here。

搭地鐵

華盛頓D.C.的地下鐵安全、乾淨又摩登，幾乎可以到達特區所有重要觀光景點和地標，也可以到D.C.郊區的馬里蘭州和維吉尼亞州。另外，地鐵藍線可以從雷根機場(Reagan National Airport)直接進城。

在特區的街道上，看見咖啡色柱子有一大大的「M」標誌，就知道地鐵站到了。特區地鐵有5條線路，每早05:30開駛，週末從07:00 開工，每晚24:00收班，週五、六晚上則延至凌晨03:00。票價從1.35元起算，依距離遠近而異，非常方便。相關停靠站名及時刻表，請上網www.wmata.com/查詢。

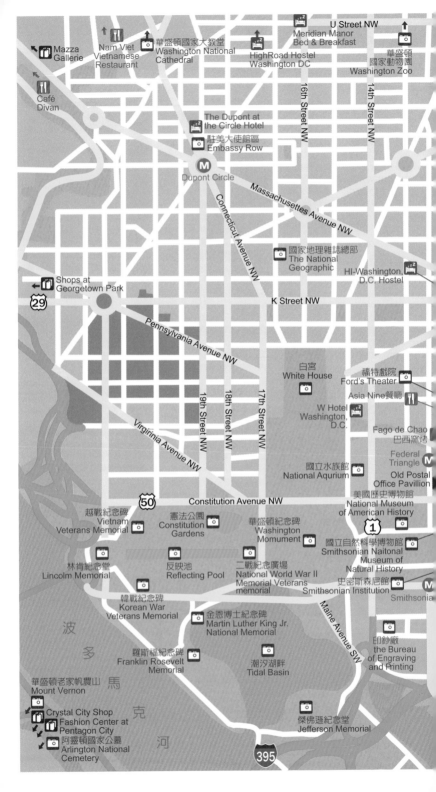

華盛頓D.C.分區圖

城市印象

　　華盛頓D.C.又稱華盛頓特區，介於馬里蘭州和維吉尼亞州之間，占地159平方公里，人口約60萬，週日期間許多衛星城市的上班族進城辦公，人口約百萬。如果以整個大華盛頓都會區計算，人口則高達500多萬。

　　大部分的紀念碑、紀念堂、重要政府機構，都集中在首都紀念區；所有的博物館則集中在National Mall附近。由於停車不易，建議最好搭地鐵，如果選擇開車，則可停在華盛頓紀念碑的地下停車場，以華盛頓紀念碑為中心，散步到各處參觀。

紀念區

　　國家紀念區到處可見紀念建築或雕刻，用來表彰對美國歷史有重大貢獻的人物。其中的林肯紀念堂(Lincoln Memorial)、傑佛遜紀念堂(Jefferson Memorial)、羅斯福紀念雕刻園(Franklin Delano Roosevelt Memorial)、金恩博士紀念碑、越戰紀念牆、韓戰紀念碑人物雕刻最為大家耳熟能詳。當然，還有些則散布在美國各地。下列行程即以觀光紀念碑、紀念堂作為一日巡禮的重點。

一日行程表

華盛頓紀念碑
建議停留90mins

韓戰紀念碑
排隊和停留30mins

林肯紀念堂
建議停留60mins

越戰紀念碑
建議停留30mins

金恩博士紀念碑
建議停留30mins

傑佛遜紀念堂
建議停留30mins

二戰紀念廣場
建議停留30mins

綠地環繞遊行示威多

華盛頓紀念碑
Washington Monument

- ✉ 900 Ohio Drive SW, Washington, D.C.20024
- ☎ (202)426-6841
- ⏰ 夏天09:00~22:00，冬天09:00~17:00
- http www.nps.gov/wamo
- ➡ 地鐵藍線或橘線Smithsonian站及Federal Triangle皆可
- MAP P.200

華盛頓紀念碑從1848年開工興建，蓋到美國內戰發生時約50公尺，就此停工了好多年，1876年重新開機，白色大理石的紀念碑終於在1885年全部建造完成，全高169公尺。

在50公尺以上部分，和50公尺以下，顏色不完全相同，因為建造時間中斷過所致。

紀念碑內有快速的電梯，登上頂端眺望特區風光景色，環繞紀念碑的四周綠地，常有群眾進行集會、遊行、示威活動。

參觀華盛頓紀念碑，要先領票，有票才可以排隊進場，入場票1、2個月前先上網預約。如果你當天開門(08:30)之前去排隊，趕個特早(07:30)也能領到。國會山莊的入場票也是同樣情形，要先做好準備。

華盛頓紀念碑倒影在池上

特區到處可見華盛頓的雕像

在特區遠遠就看見一柱擎天的華盛頓紀念碑

散發獨特的戰爭恐怖氣氛
韓戰紀念碑
Korean War Veterans Memorial

🕐 24小時
➡️ 地鐵藍線或橘線Smithsonian站及Federal Triangle皆可
🗺️ P.200

栩栩如生的韓戰軍人雕像群

林肯紀念堂前方有一個長方形的印象池，池的左邊是越戰紀念碑，池的右邊則是韓戰紀念，用以紀念韓戰(1950～1953)陣亡的美國軍人及聯合國士兵，其中19位軍人雕像栩栩如生，旁邊的黑色大理石牆反應出許多戰士影像，令人感到戰爭的恐怖氣氛，非常特別的紀念碑，不要錯過。

韓戰紀念牆反射戰士雕像於其中

倒V字形反傳統設計
越戰紀念碑
Vitnam Veterans Memorial

🕐 24小時
➡️ 地鐵藍線或橘線Smithsonian站及Federal Triangle皆可
🗺️ P.200

從林肯紀念堂往左前方走，可看到3位軍人的雕像，是越戰紀念碑的一部分，其旁有越戰婦女紀

也有許多人到越戰紀念碑獻花紀念戰友

許多人到越戰紀念碑尋找失去朋友的名字，並掛上信物

念碑和越戰紀念牆。

紀念牆最為有名，是一座「倒V字形」的黑色大理石碑，V字兩翼是兩道黑牆，上面刻著5萬餘位越戰犧牲的軍人姓名，傳統的紀念碑是拔地而起，這座紀念碑卻是陷下地平面的紀念長牆，一反傳統所見的墓碑，唯一僅有。

馬丁‧路德發表平權演說之所

林肯紀念堂
Lincoln Memorial

- ✉ Lincoln Memorial Cir SW, Washington, D.C. 20037
- ☎ (202) 426-6895
- ⏰ 24小時
- 🌐 www.nps.gov/linc
- ➡ 地鐵藍線或橘線Smithsonian站及Federal Triangle皆可
- 🗺 P.200

林肯紀念堂是特區著名的歷史景點

　　早在林肯遇刺後2年，也就是1867年，美國國會就通過興建林肯紀念堂方案，直到1915年才開始破土，這棟希臘神殿造型、外觀莊嚴的新古典主義建築物，終於在1922年竣工。

　　林肯是一位深具人道精神的總統，他的解放黑奴政策造成美國南北分裂，引起內戰；北方各州軍民支持他，並與之犧牲奮戰，打敗南軍，保住了聯邦政府，維持一個美國。

　　林肯紀念堂的36根大圓柱，代表當年的36州，和華盛頓紀念碑、國會山莊在同一條軸線上，人道主義代表馬丁‧路德曾在此堂前發表平權演說，提倡黑人應擁有與白人同樣的權力。

自由鬥士之家

二戰紀念廣場
World War II Veterans Memorail

- ⏰ 24小時
- ➡ 地鐵藍線或橘線Smithsonian站及Federal Triangle站皆可
- 🗺 P.200

　　介於華盛頓紀念碑和林肯紀念堂之間的一個圓形噴水池廣場，用以紀念第二次世界大戰中犧牲的美國軍人，有56椿花崗岩石柱、兩座拱門，及一道弧形自由牆環繞著水池。

56根梁柱代表當年的48州、華盛頓特區及7個美國海外屬地；2座拱門分別代表太平洋、大西洋兩戰區，自由牆上有4,048顆金星，每一顆星代表100名陣亡烈士。

　　這是一座設計傑出的大格局紀念碑，氣派高貴，不但給二戰英雄留存最好的紀念，也給遊客提供了尊嚴美麗的觀光景點。

參戰烈士紀念碑

205

四月櫻花盛開，吸引全球目光

傑佛遜紀念堂
Jefferson Memorial

- ✉ 900 Ohio Drive SW, Washington, D.C.20024
- ☎ (202)426-6841
- ⊙ 24小時
- 🌐 www.nps.gov/thje/
- ➡ 地鐵藍線或橘線Smithsonian站及Federal Triangle站皆可
- 🗺 P.200

櫻花掩映下的傑佛遜紀念堂

傑佛遜紀念堂是一棟圓形的新古典主義建築，有點像古希臘的萬神殿，正中央是圓拱形屋頂，傑佛遜雕像就豎立在大堂中間，環繞銅像四周的大理石牆面上，刻著他撰寫的獨立宣言，他是美國開國英雄之一，也是美國的第三任總統。

紀念堂前有一湖Tidal Basin，沿湖畔種滿日本櫻樹，每年4月櫻花季，紀念堂附近的盛開花朵聞名全球，吸引無數遊客觀賞。

白宮區

白宮其實就是總統及幕僚的辦公室，也就是美國聯邦政府的行政部。自從911事件後，門禁森嚴，不過只要做好申請，還是可以入內參觀。

全世界最著名的喬治亞風建築物

白宮
White House

- ✉ 1600 pennsylvania Avenue NW, Washington, D.C.
- 🌐 www.whitehouse.gov
- 🗺 P.200

自從1800年蓋好後，第三任總統傑佛遜入住，白宮一直是每任總統的辦公室及住家，1812年遭英軍放火攻擊，修復時加蓋擴大，羅斯福總統上任時又增建West Wing，作為親信及資深幕僚辦公處。著名電視劇《West Wing》搬演白宮政治的複雜及勾心鬥角，所指涉的就是這個核心辦公處。

現在的白宮是地下2層，地上4層的喬治亞風建築物。進去參觀需要有眾議員的推薦信，寄到白宮審理後，就會收到通知，最好在造訪特區的前2個月就開始準備，以免來不及。台灣來的遊客，可以請駐美經文辦事處寫推薦，否則就只能觀看外觀囉！

白宮一景 (Matt H.Wade／攝)

博物館區

史密斯森尼中心是特區博物館的總稱，共有19個大型博物館、1座動物園、2種期刊以及數個研究中心。不僅是各種館藏都有，每座博物館又大又氣派，令人驚歎不已。

史密斯森尼名稱源自一位出生於法國、死於義大利的英國科學家Jame Smithson（1765～1829），他在遺書中交代，全數遺產傳給姪子，如果姪子沒有後嗣，他死後就將所有財產捐給美國政府，用以傳播知識給大眾。美國國會收下他的大筆遺產，便開始興建博物館，並用他的姓氏命名。

現在大家因他的慷慨，得以進一步認識廣大世界，豈知這位大方又有遠見的科學家，自己反而沒來過美國呢！

一日行程表

國立航太博物館
建議停留60mins

國立美術館
建議停留90mins

美國藝術博物館
建議停留90mins

國立自然科學博物館
建議停留60mins

國家文獻檔案中心
建議停留30mins

印地安人博物館
建議停留30mins

賀西弘雕刻博物館
建議停留60mins

建議午餐：印地安人博物館的餐廳

史密斯森尼博物館群就是從這一棟開始的

華盛頓特區所有博物館的龍頭
史密斯森尼館
Smithsonian Institution

- ✉ 1000 Jefferson Drive S W, Washington, D.C. 20560-0009
- ☎ (202)633-1000
- ◎ 每天08:30～17:30
- ➡ 地鐵藍線、橘線Smithsonian Station站下車
- MAP P.200

這座紅磚建築是所有博物館的龍頭，這裡包含了各種藝術品，館藏豐富，適合老中小各世代參觀欣賞。其中的非洲文化館、亞洲文化館有許多令人驚奇的罕見典藏。

史密斯森尼博物館群的龍頭建築

重要代表機種匯集於此
國立航太博物館
Smithsonian Air & Space Museum

航太博物館的登陸月球太空梭

- ✉ Independence Av.at 7th St.SW, Washington, D.C.20560
- ☎ (202)357-2700
- ◎ 週一～五09:00～17:00，週六、日10:00～16:00
- ➡ 地鐵藍、橘線Smithsonian站，藍、橘、黃、綠線 L'Enfant plaza站
- MAP P.200

飛行史上重要代表機種均在此展出，其中包括萊特飛機(Wright Flyer)、聖路易精神號(Spirit of St. Louis)、阿波羅11號指揮艙(Apollo 11 command module)等，有圖說解釋熱汽球飛行、沙漠中的小鷹號(Kitty Hawk)、太空探險事蹟等，展覽內容豐富，連太空梭都有，還有IMAX立體電影院、天文館、模擬飛行裝置、紀念品店以及餐廳。

雖然此館面積寬大，展覽應有盡有，但在有限的參觀時間內，所看到的卻可能只是史密森尼航太館藏的十分之一而已，其餘物件大部分在Steven F. Udvar-Hazy分館展出，位於華盛頓國際機場旁(14390 Air & Space Museum parkway, Chantilly, VA)。

飛機迷一定要跑分館一趟，光是外觀(一座停機坪) 就令人讚嘆，入內則是開放式展覽，其中大型機種及太空船置於地面，小型機種則分為兩層懸掛在天花板，也有IMAX立體電影院和餐廳，這唯一僅有的停機坪式博物館雖是分館，卻遠比主館龐大得多。

擁有世界一流的館藏水準

國立美術館
National Gallery of Art

- ✉ 3rd and 7th Streets at Constitution Avenue NW, Washington, D.C. 20565
- ☎ (202)737-4215
- ◷ 週一～六10:00～17:00，週日11:00～18:00，聖誕節、新年休息
- ➡ 地鐵線、黃線Archives-Navy Memorial-Penn Quarter站，紅線Judiciary Square站，藍、橘線Smithsonian站
- MAP P.200

國立美術館西棟外觀

國立美術館西廂的館藏

　　代表美國藝術收藏的國立美術館，擁有世界一流的館藏水準。館藏包括13～21世紀間的世界藝術品及雕刻，分別陳列在新古典風的西廂，它與華裔建築師貝聿銘設計的極簡風東廂大樓，有不同的建築風貌。

　　博物館西廂占地雖大，但是因為館藏太多不敷使用，才又加蓋了新式的東廂，經由一個長廊連接兩個分館，這造型大方的長廊有一道非常美麗的噴水池牆，長廊上面是雕刻花園，花園盡頭跨過大街就是東廂，踏入東廂最先入眼的，是高掛大廳的動態雕刻，這是Alexander Calder的藝術表達方式，其它館藏以20世紀的現代作品為主，氣氛新潮。

　　隔街就是雕刻博物館，許多腿痠腳麻的遊客索性在花園裡躺了下來，一邊欣賞花園噴水池，一邊消除疲勞，花園裡的美麗雕刻看似點綴，其實是偉大藝術品，這樣的親和力，令人感覺到這個博物館的設計好活，成功地傳達了藝術精神！

東西廂之間的長廊燈光變幻無窮

印象派畫家Gustave Courbet作品《A Young Woman》

國立自然科學博物館很壯觀

館藏有趣，人來人愛

國立自然科學博物館
Smithsonian National Museum of Natural Science

✉ Constitution Avenue NW & 10th Street NW, Washington, D.C.20560

☎ (202)633-1000

🕐 每天10:00～17:30，聖誕節休息

➡ 地鐵藍線、橘線Smithsonian Station站下車

🗺 P.200

進門先是一隻巨型長毛象，讓你眼睛一亮，博物館各個角落陳列許多和實體一樣大小的動物標本，逼真又生動，就像動物園所有動物都放出來了。館內設有冷氣，難怪有人說，來這裡就好了，何必去動物園受熱呢。

電影《博物館歷險記》場景，就是演這座博物館內的展覽品又再活起來，嚇得人人驚叫，可見這裡館藏多有趣，是一座人來人愛的博物館。

博物館裡分動物區、植物區、化石區、研究區、教育區等不計其數的多，還有許多保存完好的巨型恐龍化石，吸引許多恐龍迷。

寶石區有一顆世界最大的藍鑽，女士們一定要看，簡直美極了。這顆藍鑽又叫希望之鑽(The Hope Diamond)，號稱百萬顆鑽石之中才會產生一顆的寶貝，鑽磨之後還有45.52克拉。所有擁有過這顆豔麗耀眼藍鑽的人，都遭遇悲慘的命運，備增其傳奇性，最後一位主人，也就是珠寶大亨Harry Winston把它捐贈給史密斯森尼博物館，與大眾分享其美。

這是一座在世界上屬一屬二的自然科學博物館，展覽面積約18個足球場大，員工超過1千人，館藏更是以百萬為單位，除了豐盛的科學教育資料，還是最大的腳力練習場，這是一座今生一定要經歷一下的博物館喔！

參觀完然科學博物館，帶隊的老師快累死

Washington D.C.

專門展覽及保存印地安文化
印地安人博物館
Smithsonian National Museum of American Indian

- Fourth Street & Independence Ave., S.W. Washington, D.C.20560
- (202)633-1000
- 每天10:00～17:30，聖誕節休息
- 地鐵藍、橘、綠、黃線 L'Engant plaza站下，由Maryland Av/Smithsonia Museums 出口
- MAP P.200

美國這塊豐沃的廣大土地，原本是印地安人的家園，現在印地安人只剩下保留區，文化愈來愈凋零，有鑒於尊重不同族裔文化的意識正在興起，印地安文化終於得到應有的重視，特區建立了一座專門展覽及保存的地方，在這博物館的大廳有一艘大型獨木舟，就像是美國印地安人的圖騰。

印地安人博物館有維妙維肖的印地安建物

一棟超級壯觀的美麗建築
美國藝術博物館
The Smithsonian American Art Museum

- 主館750 9th Street, N.W. Suite 3100, Washington, D.C.20001；分館 1661Pennsylvania Avenue NW at 17th Street, Washington, D.C. 20006
- (202) 633-7970
- 主館Reynolds Center，每天11:30 ～19:00，聖誕節休息；分館Renwick Gallery，每天10:00～17:30，聖誕節休息
- 主館Reynolds Center，搭地鐵紅、黃、綠線，Gallery place-Chinatown站；分館 Renwick Gallery，搭地鐵紅線Farragut North站，搭藍、橘線，則是Farragut West 站下車
- MAP P.200

美國藝術博物館分為人像和民俗藝術兩區域，這裡屬人像畫廊區

美國藝術博物館的寶藏，存放在兩棟歷史性建築，位於第8街和F街交叉口的主館是一棟希臘復古式古典建築，通稱Reynolds Center是一棟超級壯觀的美麗建築。

另一棟位於賓夕凡尼亞大道和17街交接處，鄰近白宮，叫Renwick Gallery，藏有美國3百年來的手工藝術、民俗作品等。Reynolds Center內部分為人物畫廊和美國藝術兩部分，由壯麗的中庭連貫兩區。

美國藝術博物館的休閒大廳本身就是藝術

賀西弘現代藝術雕刻博物館

Hirshhorn Museum of Sculpture

✉ Independence Avenue at Seventh Street SW
☎ (202)633-1000
🕐 室內博物館10:00～17:30，廣場07:30～17:30，雕刻花園07:30～天黑
➡ 地鐵藍、綠、橘、黃線L'Enfant plaza站
🗺 P.200

這棵銀樹其實是一座雕刻作品

賀西弘是座前衛型的雕刻博物館，完全另一種氣象，整棟圓柱大樓分為三部分，圓周形的室內畫廊展示各種超現代作品，廣場有現代雕刻，花園是博物館兼休閒處，這是史密斯森尼博物館群裡面最輕鬆、最容易欣賞、卻最難了解的一種藝術表達方式。

賀西弘現代藝術雕刻博物館造型獨特

旅行小抄

除了參觀，也可以作畫

如果你喜歡素描，這個博物館允許參觀者攜帶紙、筆(畫架不可)進去作畫，如果你想深入了解各種大作，每週五12:30有一場Gallery Talk，由畫家、鑑賞家、研究員或學者等專家解讀藝術作品，別忘了去入口服務處集合。

從國家文獻檔案中心跨街到自然科學博物館旁，就是賞心悅目的雕刻花園

館藏珍貴的獨立宣言手稿

國家文獻檔案中心
National Archives and Records Adistration

- 📧 700 Pennsylvania Ave NW, Washington, D.C. 20408
- ☎ 1-866-272-6272
- 🕐 週一、二、六09:00～17:00，週三、四、五09:00～21:00，星期日休息
- 🌐 www.archives.gov
- ➡ 地鐵黃線、綠線Archives/Navy Memorial站下車
- 🗺 P.200

國家檔案中心保存著獨立宣言和憲法草稿

到國家文獻檔案中心，先去William G. McGrowan戲院，觀看詳細介紹的影片

有鑒於聯邦政府各部門間，自行保存文件，常有互用不便或無故漏失現象，國會於1934年通過國家檔案中心案，專管所有的聯邦文件，包括聯邦會議資料、聯邦法院、軍隊等機構的文件。

國家文獻檔案中心(NARA)表示，聯邦政府的東西屬於民眾所有，沒有版權問題，歡迎大家多利用。建築本身是氣勢龐大的古典風格，內藏有獨立宣言的手稿，還有憲法的原稿。

國會山莊區

美國國會是美國民主政治的表徵，包括435名眾議員，代表人民到國會立法案，100名參議員(每州2名)，代表各州到聯邦政府去參考諮詢。不論眾議員或州議員都需大量資料，準備立法案件，國會圖書館扮演背後英雄，提供豐富資訊，最高法院則扮演監督的職位，都座落在國會附近，相輔相成。

一日行程表

國會山莊

建議停留120mins

最高法院

建議停留60mins

國會圖書館

建議停留60mins

大格局大氣勢極具代表性

國會山莊
Capitol Hill

✉ East Capitol Street, NE and 1st Street, NE, Washington, D.C. 20002
☎ (202)226-8000
🕐 週一～六08:30～16:30，週日及國定假日休息
http www.visitthecaptol.gov
➡ 地鐵藍線、橘線Capitol South站下，地鐵紅線Union Station 站下車
MAP P.200

國會議員辦公的地方就是國會大廈，因為位在高處，又叫國會山莊。1793年，由美國國父華盛頓安放基石開始興建，1800年大樓建築完成一半，就決定將首都從費城遷至華盛頓特區，一直蓋到1811年才全部完工。

隨著州數增加，眾議員代表也增加，國會大廈曾經幾次修復和擴建，現在建築的兩翼，各為眾議院議會廳及參議院議會廳，中央的巨大圓拱頂是兩院聚集一堂，聽總統國情咨文演講的地方。

國會山莊沒有山，前面是廣闊平坦的草原

一棟典型的新古典主義建築，白色大理石建材，大格局大氣勢，看了就覺得這個國家富強進步，非常具有代表性。

旅行小抄

參觀國會，別大包小包

參觀國會大樓不需門票，但是要先預約，可以透過所居住城市的眾議員或參議員預約，也可以自己網上預約，印出預約代號。參觀那天帶著代號，到遊客服務中心拿一個Pass，即可排隊。特區的機構多半有安全考量，層層安檢，千萬不要帶大的背包、提包前往。拿簡單小巧的包包可以省時間，安檢時也比較不麻煩。

國會山莊旁的國家植物園一景

擁有美國政府三分之一的權力

最高法院
Supreme Court

✉ 1 First Street, NE Washington, D.C. 20543

☎ (202)479-3030

🕐 週一~五09:00~16:30，週末及國定假日休息

🌐 www.supremecourt.gov

➡ 地鐵橘、藍線Capitol South站，紅線Union Station

🗺 P.200

美國最高法院外形壯觀

首先得分清楚，美國每一州都有最高法院，屬於美國的地方法院系統，與聯邦最高法院不相關。美國聯邦最高法院由9位大法官組成，每位大法官的形成，都是經由美國總統提名，參議院聽證後批准委任，無限期的任期，職責是對美國憲法提出最終解釋。

建築是正面是16根大理石圓柱，非常壯觀，因為美國的行政權歸總統，立法權歸國會，司法權就屬於這個最高法院，等於它擁有美國政府三分之一的權力。這棟非常重要的歷史政治建築物，內有展覽介紹大法官，還有最重要的法庭。另外，這裡也設有餐廳、紀念品店。

最高院法庭有對公眾開放，從09:30~15:30每1個小時1次，解釋法庭的運作。由於座位有限，最好趕早排隊，除非你犯了滔天大罪，試想世界上哪一個國家會讓你進入最高法院的審判廳，如果你是清白的，更加不要錯過咧！

全世界最大的圖書館

國會圖書館
Library of Congress

✉ 1st Street SE, Washington, D.C. 20540

☎ (202)707-5000

🕐 週一~六08:30~16:30

🌐 www.loc.gov

➡ 地鐵橘線，藍線Capitol South站

🗺 P.200

國會山莊後面是最高法院，高院旁邊就是國會圖書館，這是美國最老的聯邦文化機構，主要是提供國會資料及研究，也開放美國人民使用，肩負保存世界資料的功能，是全世界最大的圖書館。圖書館大廳(Great Hall of the Thomas Jefferson Building)可開放遊客參觀，週一~五10:30、11:30、13:30、14:30、15:30五梯次，週六至14:30四次。

國會圖書館一景(Carol M. Highsmith／攝)

就在博物館區的右上方，走路可達，這裡還是有些博物館，規模稍微小些，多屬私人所有特殊收藏型博物館，需要門票才能進去，像是間諜博物館劇院，刑罰博物館等。這一區的商業比較多，中國城也在這裡，遊客參觀玩特區後通常會到這吃飯，購物，休息。

曾是外賓訪問美國的第一站
聯合車站
Union Station

✉ 50 Massachusetts Avenue NE, Union Station, Washington, D.C. 20002
🕐 每天24小時，商店週一～六10:00～21:00，週日12:00～18:00
🌐 www.unionstationdc.com
➡ 地鐵紅線Union Station站
🗺 P.200

1908年蓋好的聯合車站，造型美侖美奐，這棟法國唯美派建築的火車站，在飛機工業未興起前，曾是外賓訪問美國的第一站，占地200英畝，其中有75英哩長的火車軌道，是當時世界上最大的火車站。

火車站大廳最頂處，綴有氣派的鍍金裝飾，富麗豪華，美不勝收。這裡還有各式餐廳、商店、保齡球場，最酷的是，當年車站內設有總統套房，用以迎接國賓，曾經接待過英王喬治六世、伊麗莎白女王、比利時國王愛伯特一世、泰國國王、摩洛哥國王等重要貴賓。

聯合車站幾經修復，現有132家商店，美食街熱鬧滾滾，還有許多世界級的文化、商業展覽，特區的慶典活動、舞會更是經常在此舉行，幾乎從不間斷！

聯合火車總站人潮不斷

林肯遭人暗殺之地
福特戲院
Ford's Theatert

- ✉ 511 10th Street NW
- ☎ (202)426-6924
- ⏰ 每天09:00～17:00，聖誕節休息
- 💲 免費
- 🌐 www.nps.gov/foth
- ➡ 地鐵藍線或橘線Federal Triangle站
- 🗺 P.200

參觀林肯遇刺的福特戲院，約需1個半小時，導覽員會帶你去看當年林肯遇刺的包廂，欣賞一場有關林肯被暗殺的歷史劇，還有參觀戲院對面的一間小屋，那是林肯的朋友家，林肯遇刺後被送到那裡，並且在那間小屋內過世。

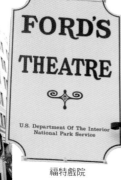

福特戲院

林肯總統被暗殺的地方——福特戲院保存至今

廣蒐情報人員的祕密武器
國際間諜博物館
International Spy Museum

- ✉ 800 F Street NW, Washington, D.C. 20004
- ☎ (202)393-7798
- ⏰ 每天10:00～20:00，感恩節、聖誕節、新年不開放
- 💲 成人11元，老人及世界各國軍人9元，兒童5～18歲8元，5歲以下免費
- 🌐 www.spymuseum.org
- ➡ 地鐵Gallerie-Chinatown站
- 🗺 P.200

這個博物館不屬於史密斯森尼系統，就在美國藝術館正前方的街頭，地點和名稱都很突兀，不得不提。

國際間諜博物館揭開情報工作的神祕面紗

就在聯邦調查局(FBI)旁邊，聽起來會產生許多聯想。此博物館創立於2002年，館內陳列了600多件物品，除了有電影道具之外，還有古今中外情報人員使用過的祕密武器，令人大開眼界。

郊區是華盛頓D.C.民眾居家生活的地方，遠離觀光區及上班場所，廣及附近幾個衛星城市，其中也有一些重要觀光去處，像是動物園、印鈔廠、大使館、國家教堂、軍人塚等。

印製百萬美元就在眼前

印鈔廠
the Bureau of Engraving and Printing

- 📧 14th and C Streets, SW Washington, D.C. 20228
- 📞 免費電話1-866-874-2330、特區地區(202)874-2330
- 🕐 3～9月週一～五08:30～15:30，4～8月至19:30
- 🌐 www.moneyfactory.gov
- ➡️ 地鐵藍、橘線 Smithsonian站，公共汽車907、909、922
- 🗺️ P.200

在費城曾談到製造銅幣的鑄幣廠，在華盛頓D.C.我們要看看美元印鈔廠。親睹銅板鑄造和鈔票印製之後，即使窮光蛋一枚，也可以自詡「看盡天下財富」。

來這裡參觀入場免費，但是要有Pass，印鈔場門口的服務臺從早上08:00開始發放當天的Pass，通常09:00不到就發完了，所以要趕早去排隊索取。

淡季期間每天09:00～10:45、12:30～14:00；旺季(4～8月)每天09:00～10:45、12:30～15:45、17:00～19:00 間，印鈔廠專人帶領觀看鈔票印製的過程，每15分鐘一場解說，過程中，將可看見好幾百萬美元，這可是真的印製出來喔！

美鈔印製廠又叫錢工廠

Washington D.C.

中國熊貓大禮成為鎮國之寶
華盛頓國家動物園
Washington Zoo

✉ 3001 Connecticut Ave., NW,
Washington, D.C. 20008
📞 (202)633-4800
🕐 4～10月10:00～18:00，11～3月10:00～
17:00
🌐 www.nationalzoo.si.edu
➡ 地鐵紅線 Washington Zoo站下車
🗺 P.200

可愛的熊貓

門口有兩隻雄偉的獅子雕像，樣式很氣派，進入園內則分為幾個不同環境區，有亞馬遜河區、非洲區、北美區、亞洲區；然後再按動物類別，區分為禽鳥區、靈長類區、爬行動物區、兩棲動物區等，

每一種動物都有適合的環境生活，真是好命！

中國政府於1972年送了2隻大熊貓給美國，政府把他們安置在這個動物園，成為美國第一座有熊貓的動物園，這個特色吸引了許多人來此參觀。

見證國家級人物的喜樂悲傷
華盛頓國家大教堂
Washington National Cathedral

✉ 3101 Wisconsin Ave NW, Washington,
D.C. 20016
📞 (202)537-6200
🕐 週一～五10:00～17:30，週六至16:30，星
期日08:00～17:00
🌐 www.nationalcathedral.org
➡ 地鐵Dupont Circle站，然後轉N2、N3、
N4、N6公共汽車到Massachusetts 和
Wisconsin 大道交會處
🗺 P.200

國家大教堂的內部

國家大教堂設計宏大氣派

美國建築協會最愛的建築中，排名第三的建築物。進門就能感受到它的震撼氣勢，不僅是設計宏大氣派，雕刻精緻，彩繪玻璃散發著繽紛光束，莊嚴肅穆。

教堂從1907年開始興建，蓋了83年才完工，中古時期哥德式設計，雖然國家大教堂內的長廊兩側懸

掛著美國50州州旗，國家級人物的喜樂悲傷事都在這裡舉行，像是雷根總統的喪禮；全國性的紀念儀式也會在這舉行，比如911國殤紀念禮拜。

盡覽大使館建築設計風情
駐美大使館區
Embassy Row

➡️ 地鐵紅線Dupont Circle站
🗺️ P.200

新罕柏夏大道、康乃迪克大道、大使路，還有沿著麻塞諸薩大道，從杜邦圓環到國家禮拜堂這段路上，遍布世界各國的大使館，一棟

高懸異國國旗的豪華建築就是駐美領事館

接一棟懸掛著不同國旗，全美國也只有華盛頓特區擁有這樣的特殊景像。

華盛頓特區有175個外交使館，每座大使館外觀特意凸顯國家特色，所以走在這些路上，欣賞各種大使館建築設計，非常新鮮有趣。

大使館一棟接一棟，形成一大特色

美國國父度過童年之所
華盛頓老家帆農山
Mount Vernon

✉️ 3200 Mount Vernon Memorial Highway, Mount Vernon, Virginia 22309
📞 (703)780-2000
🕐 4～8月08:00～17:00，3、9、10月09:00～17:00，11～2月至16:00
💲 成人15元，62歲以上14元，6～11歲7元，6歲以下免費
🌐 www.mountvernon.org/index.html
➡️ 開出特區後，約16英里到亞歷山卓，再往南開8英哩，在George Washington Parkway的最南點，免費停車
🗺️ P.200

美國國父喬治・華盛頓的老家在波多馬克河畔的Mount Vernon莊園，華盛頓在這優雅的宅邸及廣闊的綠野度過童年，曾在此不小心砍斷父親的櫻桃樹，學到寧

可被責罰不可撒謊的教訓。

河邊的碼頭有3家觀光公司的船停靠，帶你遊河及參觀附近的亞歷山大古城、馬里蘭州的老農場等。真的是美國少有集歷史、地理、政治、農業、河運、觀光於一身的地方，千萬別錯過。

華盛頓總統當年宅邸

旅行要就地之便

華盛頓D.C.，是美國展現國力的地方，所有機構建築都是超級氣派以顯泱泱大國，火車站、地下鐵、飛機場，比起同類城市新穎又巨大，博物館也相對大一號，這些大格局建築物看起來很壯觀大方，也教人不得不接受美國這個超級大國的印象。

對觀光旅遊的朋友來說，視覺的享受沒話說，但是每個人的體力有限，雖然每一座博物館有其獨特主題，棒得不得了而且是免費的，可惜你我只有兩隻腳和有限的停留時間，來時的興奮，沒多久就被一路找椅子給取代。

能有機會在特區小住或到此遊學、留學、公辦最好，多數人都是天涯旅者，充分利用每個博物館的Café，將你在各個景點的見識反芻一下，順便讓雙腳休息一下，D.C.博物館餐廳配合館藏風格，每一個都是花了心思設計出來的，在這裡一杯咖啡、一瓶飲料、一球冰淇淋所費不多，卻可大大地消除旅遊疲勞。

陣亡英靈的最終故鄉

阿靈頓國家公墓
Arlington National Cemetery

- 214 McNair Rd, Arlington, VA 22211
- (703)696-3147
- 4~9月08:00~19:00，10~3月至17:00
- 免費
- www.arlingtoncemetery.org
- 地鐵藍線Arlington Cemetery站
- P.200

阿靈頓國家公墓隔著波多馬克河，與林肯紀念堂相望，是紀念為獨立、內戰、二戰犧牲的軍人及為國捐軀的公民而設立。

簡單的白色十字架大理石墓碑，在大草坪上整齊地排列著，氣氛肅穆感人。美國政府對為國犧牲的軍人，給予極大的尊榮，日日夜夜都有士兵按照嚴格的禮儀巡防墓園，緬懷國家的亡靈。

墓園的露天劇場（Amphitheater）有駐守禮兵交接的花槍表演，藉此榮耀無名戰士，令人感動，另一項特別處是李將軍紀念館，館內修復成當年李將軍一家在阿靈頓住宅的生活情形。參觀者最多的一處是甘迺迪總統之墓，墓碑上有火焰，永遠不會熄滅（Eternal Light）代表他的精神永在。在墓碑旁邊有一道牆，上面刻著他的一句名言：「不要問國家能夠為你做些什麼，要問你可以為國家做些什麼。」

阿靈頓公墓內的有名、無名英雄們，其精神長存在世人的心裡，他們陣亡的身軀則以此公墓為最終故鄉。

阿靈頓國家公墓氣氛肅穆感人

華盛頓D.C.一探究竟
Check it out

白宮是美國總統的官邸和辦公室，位在華盛頓特區，住址是1600 Pennsylvania Avene NW，由當時的著名建築師 James Hoban設計，新古典希臘風格，建於1792~1800期間，開國英雄第一任總統喬治華盛頓沒有住到，從第二任總統 John Adams開始，每一位總統在任期間都住在這裡，並且在這處理國家大事，充滿政治功能和歷史意義。

現在你所看到的白宮，已與當年建造的白宮大不相同，在1801年 Thomes Jefferson 一住進來就開始擴建，增加了2座長廊。1812英國攻打才建國的美國，並於1814年火燒象徵美國獨立自主的白宮，當時總統 James Monroe搬到沒有遭到毀損的房間繼續辦公，同時進行重建和擴張，直到1824年才修復完工，並且有了南向的陽臺，1829年則加蓋了北向的陽臺。

1901年老羅斯福總統上任，美國已是世界強國，人口劇增，需要更多幕僚加入治國團隊，老羅斯福覺得辦公室不夠用，增蓋了West Wing作為幕僚辦公室，自此所有總統幕僚都在West Wing上班，前幾年著名電視影集《West Wing》就是扮演這個辦公室的風風雨雨，影射總統幕僚間的政治鬥爭。

1909年的總統塔夫托(Taft)繼續擴張West Wing，還加了一座橢圓形辦公室，從此每位總統都在這個橢圓形辦公室上班，因此總統辦公室又叫做Oval Office。

美國第一家庭宅邸──白宮

1927年白宮加蓋了East Wing，作為各種社交活動場地，現任第一夫人梅蘭妮·川普的辦公室也設在East Wing。白宮頂樓則作為總統家人的生活空間。

逛街購物

古蹟、購物兼觀光景點
聯合車站
Union Station

- ✉ 50 Massachusetts Avenue NW, Washington, D.C. 2002
- ☎ (202)289-1908
- ◎ 週一～六10:00～21:00，週日12:00～18:00
- ➡ 地鐵紅線Union Station站
- MAP P.200

　　這裡是古蹟兼觀光景點，可吃可逛、有地鐵、快速火車可達。全套式購物中心就在站內，有3層樓的各種商家，熱鬧滾滾，其中East Hall高貴氣派，平日是高檔禮品店，有慶典活動時就成了雅致的大廳。

Union Station 的 East Hall是一個愉快的逛街購物場所

香精、香水香噴噴

占盡地利之便
Mazza Gallerie

- ✉ 5300 Wisconsin Avenue NW, Washington, D.C. 20015
- ☎ (202)966-6114
- ◎ 週一～五10:00～20:00，週六至19:00，週日12:00～18:00
- ➡ 地鐵紅線Friendship Heights
- MAP P.200

　　距離特區的觀光景點近，就近購物省時間，有各種名牌、各類餐廳，地利之便是其特色。有18家高檔名店及8個螢幕的電影院，在Friendship Height區的中心，附有4層樓高的停車場，別忘了把停車場的收據帶到Gallerie蓋章，出停車場就可以免費。地鐵紅線Friendship Heights站可直接到達。

仕女皮包

時尚的新款涼鞋

質感城市氣氛特好

Shops at Georgetown Park

- ✉ 3222 M Street NW, Washington, D.C. 20007
- ☎ (202)342-8190
- ◎ 週一～六10:00～20:00，週日休息
- ➡ 地鐵藍，橘線Foggy Bottom站下，轉接喬治城的藍色巴士NW M st & NW Wisconsin Avenue站下車
- MAP P.200

Georgetown的街店，家家布置雅致

喬治城是高檔的城市，在這裡除了享受逛街購物之樂，還可以欣賞喬治城的小鎮生活方式。這個購物公園有市內及露天兩部分，巧克力店、德國麵包店(Pretzelmaker)、美國餅乾店(Mrs. Fields Cookies)、義大利餐廳，甚至還有布店，種類差異很大，還有一個高檔的超市Dean & Deluca，最特殊的還有華盛頓特區駕照服務處。

設計前衛時尚

CityCenterDC

- ✉ 825 10th Street NW, Washington, D.C. 20001
- ☎ (202)289-9000
- ◎ 08:00～23:00
- http citycenterdc.com
- ➡ 地鐵黃、綠線Mt Vernon Square-7th St-Convention Center站
- MAP P.201

位於首都的高級購物中心，就像一個大遊樂區，各種名牌、美食都有，裝潢新穎、設計前衛，即使不採買也值得來一探究竟。

新穎明亮的購物中心

新式大樓建築充滿都市味

Crystal City Shops

- ✉ 1600 Crystal Square Arcade, Arlington, VA 22202
- ☎ (703)922-4636
- ◎ 週一～六10:00～18:00
- ➡ 地鐵藍線、黃線Crystal City 站
- MAP P.200

位於華盛頓特區南邊，這個購物中心並不大，約有70多家商店，其中餐廳特多，旅館也不少。新式大樓建築充滿都市味，廣受年輕人歡迎。

華盛頓特區紀念品

五角大廈旁的流行中心
Fashion Center at Pentagon City

✉ 1100 South Hayes Street, Arlington, VA 22202
☏ (703)415-2401
🕐 週一～六10:00～21:30，週日11:00～18:00
➡ 地鐵黃、藍線pentagon City站
🗺 P.200

　　自從911事件後，五角大廈不再對外開放，僅可從外面欣賞它的壯觀建築，參觀後可以在其旁的Fashion Center順道一遊，採購紀念品或伴手禮。

印有華盛頓D.C.字樣的T恤可當作伴手禮物

來自世界各地的畫作在此展售
Eastern Market

✉ 225 7th Street SW, Washington, D.C. 20003
☏ (202)698-5253
🕐 週二～五07:00～19:00，週六至18:00，週日 09:00～17:00，週一休息
🌐 www.easternmarket.net
➡ 地鐵藍、橘線 Eastern Market站
🗺 P.200

　　這是華盛頓特區最古老的市集，有戶外的攤販、室內的店家，特色是Market 5 Gallery有來自世界各地畫家們的作品展覽和出售，成人和兒童也可以在這學習繪畫、雕刻和手工藝。

漂亮的毛料

路邊攤添熱鬧

街上有這種旋轉式地圖，幫助認路

特色餐飲

亞洲特色料理一應俱全

Asia Nine

- ✉ 915 E Street N W, Washington, D.C.20004
- ☎ (202) 629-4355
- ◐ 週一～四11:00～22:00，週五11:00～23:00，週六12:00～23:00，週日16:00～21:30
- 💲 20元起
- http www.asianine.com
- ➡ 地鐵藍、橘、紅線Metro Center Station站
- MAP P.200

Aisa Nine的內部布置高雅

不需要吃招牌主菜就已足夠，它的牛小排外脆內軟、生魚片新鮮，各式亞洲國家的特色料理一應俱全，用餐氣氛高雅，難怪受到當地人歡迎。

巴西窯烤肉食、沙拉，任你吃到飽

Fago de Chao

- ✉ 1101 pennsylvania Avenue, N W Washington, D.C. 20004
- ☎ (202) 347-4668
- ◐ 中餐：每天11:30～14:30，晚餐：週一～六17:00～22:00，週日至21:00
- 💲 晚餐49.5元，午餐 32.5元，6～10歲半價，兒童5歲以下免費
- http www.asianine.com
- ➡ 地鐵藍、橘、紅線Metro Center Station站
- MAP P.200

位在一棟唯美派建築底層。餐廳的巴西窯烤式大塊雞、牛、羊、豬排任你吃到飽；不愛肉食者也有得吃，無限量供應的沙拉可滿足素食者的胃。消費價錢減半，餐廳裝潢美觀大方，還有巴西風光的壁畫，供人欣賞。

巴西窯烤

暖心又暖胃的美味拉麵

Daikaya Ramen

- ✉ 705 6th Street NW, Washington, D.C. 20001
- ☎ (202)589-1600
- ◐ 週日～四11:00～22:00，週五、六11:00～24:00
- http daikaya.com
- ➡ 地鐵藍線、紅線、橘線、銀線Convention Center站
- MAP P.201

這家廣受歡迎的日本拉麵店裝潢很有創意，麵條Q彈有勁，將令你有非常愉快的飲食經驗，如果想要多嘗一些日本料理，2樓是Izakaya，可以自在聊天、喝啤酒配小食。

在旅行途中吃碗拉麵，有股放鬆休息的溫暖感

⟩⟩ 生吃烘培都適宜的生蠔大餐
Old Ebbitt Grill

- ✉ 675 15 Street NW, Washington DC, 20005
- ☎ (202)347-4800
- 🕐 週一～五07:30～02:00(隔天)、週六08:30～03:00(隔天)、週日08:30～02:00(隔天)
- 💲 20元
- ➡ 地鐵橘線藍Metro Center站

　　位於市中心，近白宮，附近都是觀光景點，供應早中晚餐及宵夜，以美國料理、漢堡、薯條為主，這理的蠔很有名，有生吃、有烘焙的，都很受歡迎。

飯後甜點是傳統的咖啡和水果派

在Old Ebbitt Grill可以大快朵頤生蠔

⟩⟩ 西班牙菜經濟又實惠
Jeleo Tapas Bar

- ✉ 480 7th Street NW, Washington D.C. 20004
- ☎ (202)628-7949
- 🕐 週一～四11:00～23:00，週五11:00～24:00，週六10:00～24:00，週日10:00～22:00
- 💲 午餐9元，晚餐30～42元(4人份)
- ➡ 地鐵紅線Gallerie Place- Chinatown站
- 🗺 P.200

　　這家西班牙菜經濟實惠，以各種海鮮小點搭配啤酒，吸引許多客人上門。晚餐以西班牙海鮮飯為主，每一大盆新鮮海產加上QQ的米粒，4人份才30多元，吃起來真的很過癮。

西班牙海鮮盆飯

⟩⟩ 現作高檔墨西哥菜
Oyamel Cocina Mexicana

- ✉ 401 7th Street NW, Washington D.C. 20004
- ☎ (202)628-1005
- 🕐 週日、一11:00～24:00，週四、五、六至02:00
- 💲 10元起
- 🌐 www.oyamel.com
- ➡ 地鐵紅線Gallerie place- Chinatown站
- 🗺 P.200

　　這家高檔的墨西哥菜，每週六、日有Brunch(11:30～15:00)早餐兼午餐，Guacamole現場作馨香又好吃，賣價13元，沾醬和脆餅無限量供應，非常棒。

Cocina 墨西哥菜，簡單美味

小巧餐廳美味不減
Chercher Ethiopian Restaurant & Mart

- ✉ 1334 9th Street NW, Washington, D.C. 20001
- ☎ (202)299-9703
- ◷ 週一～六11:00～23:00，週日12:00～23:00
- http chercherrestaurant.com
- ➡ 地鐵藍線、紅線、橘線、銀線Convention Center站
- MAP P.201

小小一家店生意卻超級好，已經又開一家分店了，除了餐廳供餐外，還有販售來自衣索比亞的各種香料與烹調食材，且供應素食，非常值得一訪。

衣索比亞料理以豆類加上辛香佐料煮成豆泥為主軸，將麵餅撕塊沾著豆泥吃，很健康也很營養，肉類則是燒烤方式居多，牛肉串、羊肉串配上沙拉及麵餅沾豆泥，是平常少見的料理哦！

來自衣索比亞的美食

日式簡餐搭配茶飲
Teaism Restaurant

- ✉ 400 8th Street NW, Washington, D.C. 20004
- ☎ (202)638-6010
- ◷ 週一～五07:30～22:00，週六、日09:30～21:00
- 💲 5元起
- ➡ 地鐵藍、橘線Federal Triangle站
- MAP P.200

有點日本風的簡餐，搭配各式茶飲、三明治、沙拉，廣受客人喜愛。其中摩洛哥薄荷茶清涼解渴，味道獨特，尤受歡迎。共有3家分店，分別在Dupont Circle、Lafayette park和Penn Quarter，其中Penn Quarter店旁還有Teaism Shop出售各種茶葉和精美茶具。

茶道餐廳的旁邊專賣茶葉和茶具

Pide餅、羊排是店內招牌
Café Divan

- ✉ 1834 Wisconsin Avenue N W, Washington, D.C. 20007-2301
- ☎ (202)338-1747
- ◷ 週一～四11:00～22:00，週五11:00～23:00，週六09:00～23:00，週日09:00～22:00
- 💲 15元起
- http www.cafedivan.com
- ➡ 搭Circulator公車系統的橘線，Wisconsin Av/34th St下車
- MAP P.200

地點鄰近領事館區。Pide餅以及羊排是這家土耳其料理店的招牌。一定要試試烤羊排，吃來軟嫩無腥味，香味十足！還有滑蛋波菜Pide餅，搭著香鹹的費他起司，濃郁好吃。餐前麵包配上橄欖油，也讓人欲罷不能！

Cafe Divan的羊排很讚

住宿情報

🏠奢華型旅館

白宮草坪近在咫尺

W Hotel
Washington, D.C.

- ✉ 515 15th Street NW, Washington, D.C. 20004
- ☎ (202)661-2400
- 💲 359元起
- http www.WHotels.com/WashingtonDC
- ➡ 地鐵藍、橘、紅線Federal Triagle站
- MAP P.200

對外國人來說，做美國總統住白宮，是可望不可及的夢想，但是如果能住進這棟W旅館，就算沾上一點邊了。因為旅館地點就在白宮旁邊，美式創意加上造型藝術風的內部裝潢，令人讚嘆，最重要的是，可以看到白宮的草坪，就像美國總統所見一樣。

雖是歷史古蹟，在2009年已由專家重新設計，完全翻新，變成超級酷、超級高檔的新潮流旅館，法式唯美建築外觀，特別引人注目。

W hotel 的設備永遠是最前衛的

🏠中等型旅館

國會山莊就在眼前

The Phoenix Park

- ✉ 520 North Capitol Street, NW Washington, D.C. 20001
- ☎ 800-824-5419
- 💲 120元起
- http www.phoenixparkhotel.com
- ➡ 地鐵紅線Union Station站
- MAP P.200

位置就在市中心，走路2分鐘可達地鐵站，旅館門口就可看見國會山莊，近地鐵的Union Station站，有絕對的地利之便。

旅館的特色是床墊(Form Fitting Mattresses)，睡在其上像是在雲朵裡，好舒服。另一特色是地點，旅館靠近聯合車站，那裡有星巴克咖啡店，許多人起早走去喝咖啡，順便參觀聯合車站。網路預訂比較便宜，可以詢問他們折扣的日期，假日期間的價錢，早做準備。

🏠民宿

❖公共汽車站就設在門口
Meridian Manor Bed & Breakfast

✉ 16th Street NW Washington, D.C. 20009
☎ 413-587-3008
💲 120元起
🌐 www.phoenixparkhotel.com
➡ 地鐵紅線Union Station站
🗺 P.200

位在大使館區附近，到地鐵站約走10分鐘，門口就有許多公共汽車站，含美式早餐，建於1890年，全部都翻新過，有無線上網，只有7個房間，環境高雅安全，需及早預訂。

❖可就近走訪大使館建築之美
The Dupont at the Circle

✉ 1604 19th Street, N W Washington, D.C. 20009
☎ (202)332-5251
💲 100元起
🌐 www.dupontatthecircle.com
➡ 地鐵紅線Dupont Circle站
🗺 P.200

走路到各大使館，欣賞不同樣式的建築，或就近餐廳咖啡廳休息，精品商家許多，舒適方便，地鐵站就在附近。雖是1885年老房子，內部卻是最新設備。

🏠背包客型

❖青年藝文區的溫暖住宿
HighRoad Hostel Washington DC

✉ 1804 Belmont Rd NW, Washington, D.C. 20009
☎ (202)735-3622
🌐 highroadhostels.com
➡ 地鐵藍線、紅線、橘線、銀線Convention Center站
🗺 P.201

位在Adam Morgan區，這區有許多藝術家及音樂家，所以沿街的餐廳幾乎都有現場音樂表演，是年輕人的最愛。這所青年旅館號稱是特區內最新、品質最好的一家。

Adam Morgan 是特區的最新觀光景點

❖地處歷史古蹟區，交通方便
International House

✉ 1110 6th Street, NW Washington, D.C. 20001
☎ (518)423-5461
💲 35～39元(1床位)
🌐 www.unitedt.com
➡ 地鐵黃、綠線Mount Vernon Square/7th Street Convention Center站
🗺 P.200

靠近第6街和西北L街交會處，屬於學生宿舍型態。地處歷史古蹟區，步行10分鐘內可到餐廳、地鐵站、博物館，非常方便。住宿提供早餐，並可免費上網。因為是提供國際學生及遊客所需，規定馬里蘭州、維吉尼亞州、特區的居民不能住此。

華盛頓D.C.以北
周邊重要去處
巴爾的摩內港

馬里蘭州
Maryland

巴爾的摩
Baltimore

Baltimore-
Washington Pkwy

Annapolis

維吉尼亞州
Virginia

華盛頓特區
Washington D.C.

Potomac river

華盛頓D.C.以北周邊地圖

巴爾的摩的味道——藍蟹

馬里蘭州是美國藍蟹主要產地，巴爾的摩位於馬里蘭州的海岸線上，城裡許多餐廳因地利之便，幾乎都供應與藍蟹相關的食物，廣為大眾所愛的蟹餅(Crab Cake)已經成了巴爾的摩不能錯過的旅遊經驗。

整個夏季和秋初是藍蟹盛產期，巴爾的摩和附近城鎮都有藍蟹嘉年華活動及剝蟹比賽，看誰能在一定時間內剝出最多蟹肉，非常有趣。到巴爾的摩除欣賞他的奇特海港景觀外，若能趕上藍蟹慶典(可詢問觀光局、旅行社、市府資訊單位)是最好不過了。如果沒有遇上藍蟹盛會，無論如何也要嘗一下藍蟹餅，用味蕾體驗傳聞中的巴爾的摩味道。

熱門景點

退役潛水艇停泊供遊客參觀
巴爾的摩內港
Baltimore Inner Harbor

✉ 501 East Pratt Street, Baltimore, MD 21224
☎ (410)576-3800
🕐 國家水族館每天09:00~18:00
➡ 車開從華盛頓D.C.上州際95號公路往北，在53號出口(Exit 53)轉395號往北就可達市區，從西邊往南走州際95號南向，53號出口(Exit 53)然後轉395往北進入市區
🗺 P.232

國立水族館的玻璃屋設有熱帶雨林區

這是一個大規模、全面都市化的觀光港口，有許多大型築物，提供休閒、教育、娛樂、交通等多種功能。內港有一座著名的國家水族館，其外觀像是一棟玻璃屋，內部有4D電影、各類展覽、熱帶雨林步道，館藏16000多種海洋生物，並有海豚表演，不要錯過囉。

內港另有一特點是退役的潛水

巴爾的摩內港停泊有許多重要船隻

艇、海防輪，它們就停靠在岸邊，供遊客參觀。如果喜歡出海，可以搭乘觀光船去Fort McHenryd，看看當年獨立戰役的星形古堡遺跡，那裡晚上還有煙火施放。

內港的美食街(Inner Harbor Restaurants)有小吃、簡餐、精美海鮮大餐，種類眾多。不遠處的Power House有ESPN商店、Hard Rock 餐廳及現場搖滾樂演奏，熱鬧得不得了，其旁的Dick餐廳非常有趣，入內用餐者得跟著餐廳所有人一起Party。

華盛頓D.C.以南
奧蘭多以北之間的重要景點

威廉斯堡、諾弗克海軍基地、
哈德若灣國家海岸公園、
查爾斯頓、莎瓦娜

從華盛頓特區往南到奧蘭多，大部分時間你將是在筆直的高速公路上專心駕駛，其實這當中有許多重要觀光景點，有的位在河流出口，有的濱臨海邊，有的是大西洋上的度假小島，千萬不要把這些分散在東南岸的旅遊勝地給錯過了。

威廉斯堡(Williamsburg)是一座以美國殖民時期為背景的歷史遊樂區，裡面的建築完全仿照當年建築物風格，餐廳供應的食物大部分來自園區內的菜園，就像當年的自給自足生活方式，所有工作人員都穿著18世紀時代的衣飾，到此地旅遊，是一種難得的文化經驗。位於其東南的諾弗克海軍基地則是提供遊客經歷一下世界最強的海軍國家其強大武力，位於北卡羅蘭納州外海的哈德若灣國家海岸公園有著名的沙灘，美國名作家Nicholas Sparks的暢銷小說《The Wedding》就是以此處為背景。查爾斯頓、莎瓦娜是著名的歷史大城，現在是小鎮型的海港兼觀光城市。

華盛頓D.C.以南周邊地圖

West Virginia
Kentucky
華盛頓D.C.
64 威廉斯堡 Williamsburg
維吉尼亞州 Virginia
95
Tennessee
北卡州 North Carolina
諾弗克海軍基地 Norfolk Navy Base
哈德若灣國家海岸公園 Cape Hatteras National Seashore
亞特蘭大 Atlanta
南卡州 South Carolina
Alabama
喬治亞州 Georgia
26
16
查爾斯頓 Charleston
莎瓦娜 Savannah
大西洋
10
墨西哥灣
奧蘭多 Orlando
地通拿海灘 Daytona Beach

熱門景點

大英帝國殖民時期最大城

威廉斯堡
Williamsburg, Virginia

從華盛頓特區到威廉斯堡約150英哩,95號州際公路往南,轉接64號公路往東在Exit238下交流道,就到城中心,無論如何請先到Visitor Center一趟,那裡有詳細地圖,各種活動時刻表(鼓號隊行進、總督府辯論、木工表演、鐵匠鑄鐵、施放煙火等),並且有Bus帶你到殖民威廉斯堡區。

殖民威廉斯堡是當年大英帝國在美國所建的最大城,88座殖民時期建築物保存下來,另有55座重建房舍,整區占地約一英哩長,可以逛個幾天,這些細心保存下來的建築,提供人們對過去的生活方式有所認識;工作人員穿著當年服飾、使用當年的工具、做一些當時的活動,令人感覺走回從前,這種重建歷史的觀光方式,極富教育意義。整個保留區就像一座有生命的博物館,也像300多歲的迪士尼樂園,入園區有一日票41元、三日票51元、年票67元3種,依個人興趣和停留時間決定,任何一種都會令你驚喜滿滿。

威廉斯堡帶你走回殖民時代

威廉斯堡處處可見復古風情

目睹最新航空母艦，超級難忘
諾弗克海軍基地
Norfolk Navy Base ,Virginia

- ✉ One Waterside Drive, Norfolk, Virginia 23510
- ☎ (757)627-7406
- ◷ 5～9月每天11:00、14:00、17:30，10～4月14:00，週一休息
- 💲 成人25元，兒童15元，如果要登上戰艦(the Battleship Wisconsin)需要加11元
- http www.navalbasecruises.com
- ➡ 開車
- MAP P.235

這裡是美國最大的海軍基地，如果對世界之首的武力裝備有興趣，從95號州際公路往南，轉接64號往東，接到264往西，直到Norfork城中心。

這裡的參觀方式很特別，首

諾佛克海港的軍艦停泊處

先得到勝利艦海軍基地(Victory Rover)買票，排隊等候遊艇出海，之後遊艇載送你航行在浩瀚大西洋上，欣賞基地的戰艦隊伍，然後駛向各軍艦附近，一一解說軍艦的功能和任務，最棒的是，還可見到停泊在深海域的美國最新航空母艦，哇——簡直就是巨無霸，像一座海城！這種經歷必定令人終身難忘。

白浪滔滔、帆影點點，美不勝收
哈德若灣
國家海岸公園
Cape Hatteras National Seashore

- ✉ 1401 National Park Drive, Manteo, North Coralina 27854
- ☎ (252)473-2111
- ◷ 海灘全年開放，客服中心每天09:00～18:00，聖誕節休息
- MAP P.235

從95號公路轉64號往東，64號的盡頭，你會接上12號，然後就進入位在北卡羅蘭納州的外傘洲——哈德若灣國家海岸線，整個外傘洲平行環繞著北卡的海灘，如果喜歡碧海景致，建議開上這條公路，讓大西洋的海、大西洋的風，穿透你的每一個細胞，到這裡你會驚訝發現，這世間怎會有這樣的

哈德若灣國家海岸公園

地方存在，這麼自然，如此清靜，廣闊無際。

這是全美第一座國立海岸線(設立於1953年)， 2010年當選全美最好的海灘第四名，還有一座全美最高的磚造燈塔，每年4～10月開放大眾入內參觀，遠眺白浪滔滔，欣賞帆影點點，美不勝收。

美國黑奴交易的歷史小鎮

查爾斯頓
Charleston, South Carolina

✉ Charleston Visitor Center, 375 Meeting Street
🕐 遊客中心08:30～17:00
MAP P.235

州際公路95號往南，進入南卡羅蘭娜州中部地區，轉接26號往東，直到高速公路盡頭，你將進入《飄》的歷史背景處，也就是19世紀南方最大城——查爾斯頓(Charleston)。

18～19世紀中期，美國黑奴交易主要在查爾斯頓進行，這裡有美國最早的海關，曾經是個富裕蓬勃的商城，滿街豪門度假莊園，南北戰爭後經濟嚴重受損，加上廢除黑奴法通過，從前威風凜凜、人人羨慕的繁榮已不復，經過修復的查爾斯頓，有著一股奢華逝去的靜謐與淡然，現在是海港兼充滿歷史故事的城市。

走在查爾斯頓，可以看到美麗的喬治亞造型建築，充滿歷史味，散發一股南方的質感；沿著海邊步道，一邊是浩瀚大西洋，一邊是氣派優雅百年豪宅，各處茶花、茉莉花、玫瑰飄　散清香，嫣紅杜

典型的南方早餐

Maganolia Plantation & Gardens的牧馬草原

開國英雄之一Authur Middleton的莊園 Middleton Place

鵑和滿枝頭九重葛爭豔，全城瀰漫一股恬適悠閒，令人感覺輕鬆，這裡很適合長假休閒一段時日。

如果是駕車旅行，到了查爾斯頓可以換個口味，加入當地旅遊團，讓別人帶你上路，欣賞有歷史意義的建築，導覽人員解釋景點來龍去脈，偶爾講幾個笑話，逗你開心，配上徐徐海風，心情肯定大好。

如果可以，不妨搭馬車(Carriage)欣賞街景，如此一來，便能立刻進入《飄》的復古場景。馬車伕導遊將會帶你認識大街小巷的古董宅院，還會推薦當地有名餐廳和特產。對城市街道方向大知有譜後，再自行深入探索細節景點。建議搭乘Classic Carriage，每人26元，可電話843-853-3747查詢預約。

如果要自行探索古城，請到遊客服務中心索取免費資料及地圖。

美國人的南方印象
莎瓦娜
Savannaha

從州際公路95往南，進入喬治亞州後，會遇見16號公路，轉上16號往東，一直到位於喬治亞州東北角，就會進入迷人的莎瓦娜(Savana)港都。

莎瓦娜以南的一個幽靜堤岸

南北戰爭期間，北方軍為趁早結束戰爭，一路往南打，一路毀壞所有資源，所到之處，糧食牲口被擄掠，建築被燒毀破壞，到了莎瓦娜竟然沒被燒殺，傳說北方軍總司令雪曼將軍到了此地，被小城的美麗景致打動，因而決定保留此地，當作聖誕禮物送給當時的林肯總統。所謂自古紅顏多薄命，莎瓦娜卻是因為太美而得以存活長久，她的舊時風貌一直維持到現在。

別小看莎瓦娜這座古舊小鎮，美國人談到南方印象，通常指的

停靠在莎瓦娜河上的郵輪，就在石板路旁

就是這個城市。城中心許多古老宅院，富有建築藝術特色；特別規畫的方形休閒廣場裡，有許多歷史古蹟，還有一堆流傳的鬼故事，令人好奇；遠處莎瓦娜河面上的古風

莎瓦娜景致呈現典型的南方風格

淡然也是一種美好

玩家交流

　　從華盛頓特區到佛羅里達的奧蘭多，約850英哩，這一路上有非常多的地方值得造訪，如果每個景點都提，這本書可能要分上、中、下三集。上列我個人比較突顯的觀光勝地，建議盡可能多跑幾個沿海城市。

　　美東沿海許多小村落都設有步道，也許看到的只是一片海水，也許是小河潺潺景致，也許是沼澤窪地，反正不是令人太驚訝的景象，不要覺得白跑了一趟，還是可以有許多收穫，因為愈是平凡普通，愈有一種貼切的真實感，那種淡然的感覺也是一種美好。

　　好幾次我與老公一起出遊，只是靜靜坐在步道邊的涼椅上，看海、欣賞其上橫跨的橋樑，任海風徐徐吹過，你問我那是什麼地方？我已不記得，但是我知道那分悠閒、那分淨空，使我的疲勞消除於無形。

　　大山大水要看，小花小草可也不容錯過！學會享受輕鬆、欣賞四周，旅遊經驗自然美妙，值得回味。

跳蚤市場無奇不有

用花生油炸的南方炸雞超好吃

造型遊船，散發舊時南方的浪漫與慵懶，每年吸引上百萬名遊客。

　　莎瓦娜的主要觀光處是沿河的石板步道(River Street)，沿著步道開張的各種店家、許多禮品店，販賣當地南方味十足的藝術家創作；餐廳菜單多半有一道南方常見的炸青番茄(Fried Green Tomato)，美味特殊；因為河海交會的地理位置，海產豐富自是不在話下，當地盛產的鮮美海蚵，尤其令人食指大動。

　　要欣賞莎瓦娜的古意，最好的方法就是到Visitor Center搭噹噹車(Trolley Tour)，這種開敞式遊覽

車的司機個個能言善道，帶你欣賞一棟棟舊城區保留完好的歷史建築物，並且解說建築的來龍去脈。其中有一家叫Gray Line Historic Savannah Trolley Tour，藉此可大略認識莎瓦娜，不妨一試。

烤雞烤排、沙拉是典型的南方菜式

Orlando
奧蘭多

阿波卡湖

奧蘭多市
行政中心

(408)

環球影城區
Universal Studios
Resorts

奧蘭多區
Orlando

海洋世界
Sea World

(528)

奧蘭多國際機場
Orlando International
Airport

迪士尼世界
Disney World

(192)

慶祝市
Celebration

騎士美
Kissimmee

奧蘭多概略圖

奧蘭多

灰姑娘搖身變都會公主

1965年迪士尼公司決定把迪士尼世界蓋在佛羅里達州中部奧蘭多市後，這個原本默默無聞的小城，像灰姑娘穿上金履鞋，瞬間變成公主，奧蘭多搖身變成世界矚目的地方。

原本沼澤地、橘子園的窮鄉僻野，一夕間成為熱門地區，房地產投資家、商店、銀行、醫院、交通事業紛紛入駐奧蘭多，跟著迪士尼公司的營建工程公司比速度，小城

奧蘭多市政府

因此快速地開發伸展。

奧蘭多的迪士尼世界比洛杉磯的迪士尼樂園大太多，占地124平方公里，約半個台北市大，規模大、設施多，吸引許多遊客，產生商機，許多人因工作機會搬到奧蘭多，很快就把奧蘭多推進大都市名單上。

扛著迪士尼這個大招牌，迪士尼世界一開幕就大受歡迎，其他娛樂事業公司很快地轉移目標到奧蘭多，除了迪士尼相關企業，環球電影企業的主題遊樂區、海洋世界、布希花園等也來軋一角，現在是唯一僅有的集世界娛樂於一處的大都會。

灰姑娘的夢幻城堡(Raul654／攝)

風情掠影

青青草原地，高爾夫打不完

奧蘭多是全美最多商展和大型會議會場的城市，因為擁有超寬廣場地，附近又有許多娛樂場所，可提供會後的休閒。

奧蘭多市府、投資家發現，參加會議或展覽的人員以男士居多，加上午後雷陣雨的天氣，草地常年青綠，於是腦筋一轉，便開發了許多高爾夫球場，剛好與奧蘭多以觀光休閒為主的經濟模式相輔相成。

因為天氣好、球場多，許多高爾

連廣告都是高爾夫球

夫名將住在此地，像是阿諾帕瑪、老虎伍茲，現在全市有數10個高爾夫球場，比例之高，真是打不完。

主題遊樂園大集合

這裡的遊樂園，世界級的規模就有迪士尼的魔術王國、明日世界、好萊塢影城、動物王國、水上世界、冰雪水上樂園、迪士尼帆船育樂部、迪士尼高爾夫球場、環球影城、冒險島等不勝枚舉。

國際大道上的濕野水上樂園(Wet & Wild)，房子倒置的Wonder World即使不是世界級，也是世界奇景之一，還有數不盡的中型

主題樂園像是circus du soleil、Sea World、Disney Quest、Nascar、Kennedy Space Center等。

以電動玩具為主題的遊樂園

243

↑侏儸紀公園入口

主題遊樂園啟動奧蘭多

奧蘭多各主題遊樂園乃是集合眾人巧思、創意，加上精準的工程設計而成。能使設施達到最好的娛樂效果、獲致最安全的結果，背後其實有看不見的高科技工業在支撐。

這些高科技是指幕後電腦控制的轉動，電腦燈效控制，電腦測量繪製的產品設計、電腦音控等，幾乎沒有一項設施可以逃過電腦的控管，所以人們眼中看到繽紛多彩的遊樂設施，是有這一串食物鏈最外圍的一個經濟環節。也就是說，娛樂事業和遊樂設施，帶動了高科技和商業活動發展，也帶起奧蘭多市的崛起。

綠蛋配火腿遊樂區

連哈雷摩托車店都做像一座主題樂園

上太空或
返回時光隧道都可行

迪士尼附近的甘迺迪太空中心,擁有全世界最先進的太空設備,除了用以鼓舞美國人對科學、天文學的興趣,也帶動了許多新發現和發明。就在人人讚賞開發外太空新領域的同時,迪士尼開展慶祝市,帶著人們的「過去」再生,一棟棟20世紀初期的房舍、一條條靜謐的街道鋪開,一個社區、一個全心的舊容貌出現在慶祝市,人造「過去」城與人造「太空」中心,都在這個充滿創造力、想像力的城市並存!令人不得不感慨地說:「奧蘭多!很厲害喔!」

奧蘭多附近的太空中心帶你接觸未來(翻拍自奧蘭多機場的廣告海報)

奥蘭多

飛機

奧蘭多國際機場(Orlando International Airport)簡稱MCO，位於奧蘭多市東南郊，機場內可提供免費無線網(Wi-Fi)，如果有隨身攜帶電腦，可以隨時查詢搭車資訊。還有便捷的運輸系統，讓遊客快速轉車到各遊樂公園。其中奧蘭多的市公車LYNX有許多條路線，帶遊客從機場到下榻的旅館，只需2元，從機場到迪士尼世界是直達車，車資需4元。

計程車或上網叫UBER

從機場到旅館林立的Inernational Drive 車費約33～39元；到奧蘭多市區約35元；到奇士美約43～75元；到迪士尼世界約60元。

奧蘭多機場計程車
📞 (407)291-4200
🌐 www.orlandotaxiservice.com

Ace Metro Cab
📞 (407)855-1111
🌐 www.acemetrocabs.com

InterPlex Orlando Transportation Service
📞 1-888-398-5392
🌐 www. orlando.interplex.net
(這家大型計程車最適合一群人出遊使用)

開車

迪士尼世界、動物王國、MGM影城都位在4號高速公路西側，不論從哪一條路來，都得轉接4號高速公路，到67號(Exit 67)出口下交流道，一路上有標誌指引進入不同園區，車子可以直接開到園區大門。進門處有一個超大停車場，車停好之後，經由電車(Tram)載送所有人入遊樂場。

4號公路不僅可以到達迪士尼各

老美通常開車全家一起到度假勝地

Orlando transportation

交通概說

個遊樂設施,往東也可到Daytona海灘、Daytona賽車場,還有甘迺迪太空中心。

搭火車

貫穿東海岸的長途火車Amtrak在奧蘭多的停靠站,既不在市區也不臨近主題樂園,但是有巴士接駁,其地點是1400 Sligh Blvd. Orlando, FL 32806。時刻表請上網www.amtrak.com/查詢。

巴士

1.奧蘭多市公車

市公車主要是LYNX系統,每趟2元可轉車,一日Pass要4.5元,一週有效Pass要16元,可到所有主題樂園及觀光景點。除了LYNX路線外,還有IRIDE Trolley 巴士,有點像噹噹車,主要往返International Drive間;另一LYMMO 巴士系統只跑奧蘭多市市區。

如果住宿在迪士尼園區外,儘量住在有公車停靠站的旅館,方便搭公車往返迪士尼。

2.旅館提供的交通工具

到迪士尼世界的路線眾多,如果住宿在迪士尼所屬旅館系列,有頻繁的園區巴士在旅館大廳前接送至迪士尼世界的各種遊樂園、主題公園。巴士時刻可以詢問旅館櫃檯人員。

國際大道上的觀光噹噹車

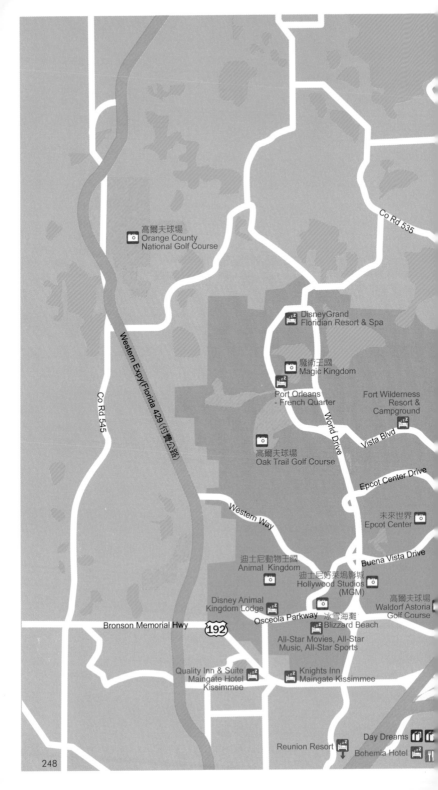

高爾夫球場
Orange County National Golf Course

DisneyGrand
Floridian Resort & Spa

魔術王國
Magic Kingdom

Port Orleans
- French Quarter

Fort Wilderness
Resort &
Campground

Vista Blvd

高爾夫球場
Oak Trail Golf Course

World Drive

Epcot Center Drive

Western Expy(Florida 429 (付費公路))

Co Rd 535

Co Rd 545

Western Way

未來世界
Epcot Center

迪士尼動物主國
Animal Kingdom

迪士尼妙萊塢影城
Hollywood Studios
(MGM)

Buena Vista Drive

高爾夫球場
Waldorf Astoria
Golf Course

Disney Animal
Kingdom Lodge

Osceola Parkway

冰雪海灘
Blizzard Beach

Bronson Memorial Hwy   192

All-Star Movies, All-Star
Music, All-Star Sports

Quality Inn & Suite
Maingate Hotel
Kissimmee

Knights Inn
Maingate Kissimmee

Reunion Resort

Day Dreams

Bohemia Hotel

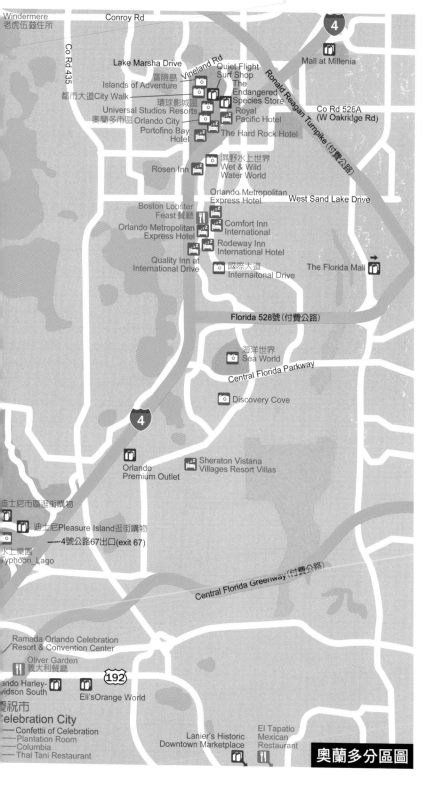

Windermere
老虎伍茲住所

Conroy Rd

Co Rd 435

Lake Marsha Drive

Vineland Rd

冒險島
Islands of Adventure

都市大道City Walk

環球影城區
Universal Studios Resorts

奧蘭多市區 Orlando City

Portofino Bay Hotel

Quiet Flight
Surf Shop

The Endangered Species Store

Royal Pacific Hotel

The Hard Rock Hotel

Mall at Millenia

Ronald Reagan Turnpike (付費公路)

Co Rd 528A
(W Oakridge Rd)

濕野水上世界
Wet & Wild Water World

Rosen Inn

Orlando Metropolitan Express Hotel

West Sand Lake Drive

Boston Lobster Feast 餐廳

Orlando Metropolitan Express Hotel

Comfort Inn International

Rodeway Inn International Hotel

Quality Inn at International Drive

國際大道
Internaitonal Drive

The Florida Mall

Florida 528號(付費公路)

海洋世界
Sea World

Central Florida Parkway

Discovery Cove

4

Orlando Premium Outlet

Sheraton Vistana Villages Resort Villas

迪士尼市區逛街購物

迪士尼Pleasure Island逛街購物

——4號公路67出口(exit 67)

水土樂園
Typhoon_Lago

Central Florida Greenway (付費公路)

Ramada Orlando Celebration
/ Resort & Convention Center

Oliver Garden
義大利餐廳

ando Harley-
vidson South

Eli'sOrange World

192

慶祝市
Celebration City
—— Confettii of Celebration
—— Plantation Room
—— Columbia
—— Thai Tani Restaurant

Lanier's Historic
Downtown Marketplace

El Tapatio
Mexican
Restaurant

奧蘭多分區圖

奧蘭多位於佛羅里達州中部，根據近年人口普查顯示，奧蘭多都會區域約有210萬人口，全美第27大城，佛州第三大城，僅次於邁阿密(Miami)、天帕(Tempa)。

以噴水池為市徽的奧蘭多，又名「美麗城」(The City Beautiful)，自從1965年華德迪士尼宣布要到奧蘭多蓋一座迪士尼世界，奧蘭多便一舉成名。迪士尼集團先蓋了一座遊樂場，之後不斷增加設施，擴大營業，許多人從世界各個角落來此一遊，奧蘭多從此和迪士尼世界畫上等號。只是雪球愈滾愈大，海洋世界集團來此興建Sea World遊樂場，環球影城集團來此蓋冒險島、影城遊樂場，外加豪華旅館、電影業、購物中心等企業也都跟進，奧蘭多和迪士尼世界的等號已不正確，現在奧蘭多和世界遊樂中心才是等號。

熱門景點

迪士尼世界Disney World

華德・迪士尼世界創於1971年，當初只有魔術王國(Magic Kingdom)，不僅是迪士尼的夢想實現，也讓許多兒童夢想成真，無人不愛；1982年擴展開發了以科學和發明為主題的未來世界(Epcot Center)如虎生翼；1989年開創迪士尼好萊塢影城(Hollywood Studios)更加刺激。

迪士尼世界的入口

迪士尼團隊的創意永遠在求新突破，1998年推出動物王國 (Animal Kingdom)；之後有Typhoon Lagoon和Blizzard Beach水上遊樂園的誕生，除此還有露營騎馬(Fort Wilderness)、帆船遊艇(Speed Boats)、迷你高爾夫(Miniature Golf)、逛街購物中心(Downtown Disney)、度假村(Disney Resorts)等，而且仍在不停地想像創造中，未來不知又有什麼樣的驚奇，總之迪士尼世界可以大言無愧地改名為「快樂世界」。

看到人見人愛的米老鼠，就是「迪士尼世界」到了

鬼故事、童話人物、脫口秀酷斃了
魔術王國
Magic Kingdom

✉ 1180 Seven Seas Dr, Lake Buena Vista, FL 32830
📞 (407) 824-4500
🌐 每天不一樣，請上網http://disneyworld. disney.go.com/calendars/查看前往日期的開放時間
🌐 disneyworld.disney.go.com/plan
🚌 巴士50、56、302、303、306的Magic Kingdom站
🗺 P.248

魔術王國(Magic Kingdom)分為如下七區：

Main Street U.S.A.：其中Disney Rail的小火車站，帶你在高架鐵軌上繞整個魔術王國，可以歇歇腳，同時欣賞各種設施。

Adventureland：Pirate of Caribbean的特殊效果，讓你感覺從瀑布跌落水，很受遊客歡迎。Tiki Room又是阿拉丁又是獅子王，還有很多雨林、蟲鳥、氣氛愉快。還有Jungle Crusie帶你衝來衝

空氣中充滿快活的樂音，人們聞聲起舞

踩高蹺的藝人

去，還有水噴來噴去，大家都愛來嘗試。

Frontierland：Splash Mountain從52呎高滑落的特效，非常酷。Big Thouder Mountain Railroad是

樂高積出一條大海龍

Orlando

252

排隊最長的一個,這麼刺激好玩,有誰不想來挑戰呢!

Liberty Square:Haunted Mansion鬼屋裡面有各種令人毛骨悚然的特殊影像。Liberty Square Boat 引領人們經歷從前蒸氣船的搭乘感覺。

Fantasyland:其中的It's a Small World帶你從兒童的眼裡看世界,輕鬆愉快,Snow White's Scary Adventures帶你觀看白雪公主故事書中的經歷,這裡可是小孩的最愛。

Mickey's Toontown Fair:適合小孩參觀,其中Mickey's Country House 和Minnie's Country House有各種小孩喜歡的東西可看。

Tomorrowland:有趣的脫口秀,逗得大人小孩樂開懷;其中Space Mountain宛如置身銀河系,具有浩瀚宇宙的特殊效果。

旅行小抄

看地圖,遊迪士尼

迪士尼的遊樂設施太多太多了,首先到服務處(園區內各處都有,旅館也有)找地圖,在地圖上確認所在位置,再圈選一日行程中的各項設施所在,配合個人喜好加以修改行程,然後把預計遊玩的設施用畫線連起來,擬定玩樂路線,就可以痛快地玩囉。

如果看到地圖上標有Fast Pass的設施,到這些有FP設施時,別忘了用遊園卡在FP機器刷一下,就會冒出一張紙卡,紙卡上會註記排隊時間,節省等候的時間。

離開園區之前,記得回顧當天所玩的設施,哪一項特別讓你意猶未盡?趕在關門之前再去玩一次,這時通常不會有排隊長龍,能多玩一次最喜歡的項目,絕對過癮。

魔術王國一日遊行程

先拿一份園區地圖,派一人到最熱門區的遊樂設施拿**Fast Pass**

- Splash Mountain
- Big Thunder Mountain Railroad
- Pirates of the Caribbean
- Jungle Cruise
- The Magic Carpets of Aladdin
- The Enchanted Tiki Room
- 午餐
- The Haunted Mansion
- Ariel's Grotto (Fantasyland)
- 到夢幻城堡前面看一場秀 (在Main Street U.S.A區)
- 搭小火車從高處欣賞全景 (在 Main Street U.S.A.區的火車站)
- 參觀 the Country homes of Mickey and Minnie Mouse
- 玩Space Mountain雲霄飛車
- 玩Space Ranger Spin
- Stitch's Great Escape
- Race Cars at the Speedway 晚上看遊行(每晚2次)

未來世界
Epcot Center

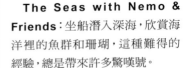

- ✉ 200 Epcot Center Drive, Lake Buena Vista, Florida 32830
- ☎ (407)939-1289
- ◉ 每天不一樣，請上網http://disneyworld.disney.go.com/calendars/查看前往日期的開放時間
- 🌐 disneyworld.disney.go.com/plan
- ➡ 巴士303 Resort Blvd站
- 🗺 P.248

　　未來世界分為Future World 和World Showcase(World Showcase 11:00才開) 兩大區域。

Future World

　　是指那顆超大高爾夫球裡面的遊樂區，以驗附近的生物、能源、海洋館內許多與科技發明有關的遊樂設施及3D節目。

　　Soarin：想像自己坐在熱氣球上，在高空上飛行，欣賞世界風光。

　　Test Track：終於有機會未成年開車了！Test Track帶著孩子去測試各種驚險狀況，開車轉彎、超速，這一趟可說全包了。

　　Mission Space：體驗太空人離開地球表面時的震動，模仿太空人非常態狀況的訓練項目，玩這種設施好像自願被操練，好累！

　　Universe of Energy：坐在小車上看宇宙如何開始、能量發展、能源使用，所有和能源相關的東西，在這裡全都看得見，兼具娛樂、教育意義。

The Seas with Nemo & Friends：坐船潛入深海，欣賞海洋裡的魚群和珊瑚，這種難得的經驗，總是帶來許多驚嘆號。

World Showcase

　　人稱此區為「世界村」，就像世博會一樣，這區展示了11個國家的建築特色，每一館內都有展覽，有的是特效電影，有的是遊樂設施，且都設有餐廳、紀念品店，來這裡別忘了品嘗一下各國料理！

　　美國館(United States)有一場30分鐘特別節目，投影35位美國重要歷史人物，介紹美國史上的重要史實，出場時還有許多打扮成這些歷史人物與你握手招呼喲！

　　館內餐廳Liberty Inn Restaurant賣的起司漢堡、BBQ，就是所謂的美國料理啦，門口有合唱團和鼓號樂隊。

　　英國館(United Kingdom)到處可聽到披頭四的音樂，這裡有一家酒吧Rose & Crown Pub，還有Tea Caddy Shop 後面的花園，超浪漫！

　　德國館(Germany)的秀是由6人組成的歌舞團，現場表演巴伐利

未來世界的墨西哥館

亞的民俗舞蹈、音樂，其中有一德國餐廳叫 Biergarten，可以品嘗到道地的德國美食。

中國館(China)用電影介紹中國的風土人情，內有九龍飯店和荷花餐廳。

法國館(France)的2家餐廳裝潢浪漫，料理精緻，最精采的是介紹法國的影片，看了之後肯定愛上美麗如詩的法國風情文化。

加拿大館(Canada)有一個360度圓形電影螢幕，所有人站立在中間，看一部介紹加拿大風情的電影，那種震撼和驚嘆的經驗，不可錯過。

墨西哥館(Mexico)的Gran Fiesta Tour，以搭船觀看墨西哥的歷史古蹟和景觀，配上唐老鴨、鸚鵡、公雞的卡通特殊效果，非常有趣。內有2個餐廳，提供道地墨西哥菜，Taqueria Del Lago則有速食。

挪威館(Norway)的Maelstrom Adventure Cruise 帶你穿梭在峽谷中，欣賞挪威軼聞，探險樹林中的鬼怪。內有提供挪威食物的餐廳和麵包店。

摩洛哥館(Morocoo)的餐廳Restaurant Marrakesh裝潢特殊的北非風情，除了令人垂涎的烤羊肉、小米飯、豆湯外，還有屬於摩洛哥文化之一的肚皮舞表演。

日本館(Japan)設有2家餐廳，此館安排有許多展覽，每天有好幾場大鼓表演(Japanese Taiko Drummers)。

義大利館(Italy)每天都有街頭藝術表演，走在其中，好像置身威尼斯聖馬克廣場。

未來世界一日遊行程表

先拿園區地圖(入門就有服務處)，派一人拿Soarnin的Fast Pass

從Future World的 Test Track開始

玩 Mission Space

用Fast Pass 玩Soarnin

玩Living with the Land(在Land Pavillion區)

Universe of Energy

The Seas with Nemo & Friends

建議午餐The Land's Sunshine Seasons

看一場3D秀《Honey, I shrunk the Audience》

走到世界村(World Showcase)先欣賞加拿大館

法國館欣賞巨大銀幕的法國風光介紹

美國館欣賞影片

墨西哥館玩Gran Fiesta Tour

挪威館玩 Maelstrom Adventure Cruise

建議在義大利館的Tutto Italia Ristorante晚餐

看煙火秀Illuminations Reflections of Earth (日本和義大利館間視野最好)

Race Cars at the Speedway 晚上看遊行(每晚2次)

迪士尼好萊塢影城
Hollywood Studios(MGM)

- ✉ Disney-MGM Studios, Access Rd, Orlando, Florida 32830
- 📞 (407)939-1289
- 🕐 每天不一樣，請上網http://disneyworld.disney.go.com/calendars/查看前往日期的開放時間
- 🌐 disneyworld.disney.go.com/plan
- ➡ 巴士303的MGM Studio Bus Loop站
- 🗺 P.248

小朋友喜歡草菇造型的建築物

1989年建造完成，那時叫作Disney-MGM影城，奧蘭多的迪士尼世界。繼魔術王國、未來世界後，所蓋的第三座主題遊樂園，主要以暢銷電影為設計背景的雲霄飛車，還有許多電影的特效，幕後大解析、現場歌舞表演等不勝枚舉。

雖然這是迪士尼最小的一個主題遊樂園，只有135英畝大，但要玩個夠癮，建議至少得停留一天，太多令人驚心膽跳的設施、太多好笑的秀、太多幕後機關，看不盡的熱門玩意非常豐富，令人充滿興奮和驚奇。

2001年MGM改名為好萊塢影城，並且以魔帽作為大門象徵，許多人經常搞混，請記住！迪士尼從頭到尾只有一個影城，現在叫Hollywood Studios，並且分為6個區域。

車帶你進入星際大戰的宇宙中，充滿刺激和創意。

最驚險的就屬The Twilight Zone of Terror那棟13層樓高電梯裡的尖叫聲，從外面就可以感覺到恐怖的氣氛，可是每個人都想來試試，這個設施是排隊最長的一個。

Toy Story Mania比較輕鬆，坐上車後，每人都有一支雷射式的槍，可玩又可打電動。

Honey, I shrink the Audience讓你感覺縮小了，好像自己變成一隻小蟲子。

腳痠的話最好搭上Studio Backlot Tour，這裡將掀開內幕，一路介紹電影製作的過程。

當然Indiana Jones特技表演和Lights! Motors! Action的特殊效果，就像在現場拍攝的電影，還有一些活動讓你嘗嘗明星的味道，像是American Idol。

娛樂表演

多齣不同風格的表演，還包括街頭同樂，夜間露天舞會等多采多姿。

美人魚(Voyage of Little Mermaid)就像電影版的內容，只是變成舞臺劇，有點百老

遊樂設施

Rock n Roll Coaster是一種雲霄飛車，搭配著Aerosmith的搖滾樂韻律，哇！超特別。

Star Tours用雲霄飛

迪士尼卡通人物大集合

Orlando

匯，老少皆愛。

美女和野獸(Beauty and Beast)提供25分鐘的現場百老匯劇，在Sunset Boulevard區。

街頭舞會 (Block Party Bash) 所有迪士尼卡通的玩偶和角色都走出街頭和遊客一起載歌載舞，約35分鐘玩偶和遊客齊歡同樂。

高中生音樂舞劇(High School Musical)點子當然是來自電影高中生音樂劇，在Hollywood Boulevard，約15分鐘的現場歌舞表演，舞技之好，樂聲興奮，令人回味無窮。

奇幻異像(Fantasmic)由米老鼠開場的雷射燈光、煙火、水影特殊效果的夜間秀，約25分鐘，激光水漾，歌聲舞影，很多變化。

霓紅燈光舞會(Rock'n'Glow Dance Party)是一場夜間露天舞會，現場樂團演奏，霓虹燈反映在四處，還有臉繪的活動，別錯過這種瘋狂之夜的氣氛。

MGM一日遊行程表

入園先拿一份園區地圖，派一人先到最熱門的Tower of Terror拿FastPass

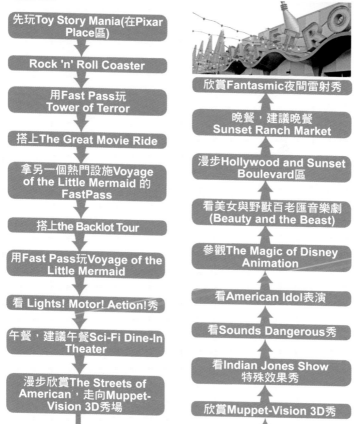

先玩Toy Story Mania(在Pixar Place區)
↓
Rock 'n' Roll Coaster
↓
用Fast Pass玩Tower of Terror
↓
搭上The Great Movie Ride
↓
拿另一個熱門設施Voyage of the Little Mermaid 的FastPass
↓
搭上the Backlot Tour
↓
用Fast Pass玩Voyage of the Little Mermaid
↓
看 Lights! Motor! Action!秀
↓
午餐，建議午餐Sci-Fi Dine-In Theater
↓
漫步欣賞The Streets of American，走向Muppet-Vision 3D秀場
↓
欣賞Muppet-Vision 3D秀
↑
看Indian Jones Show 特殊效果秀
↑
看Sounds Dangerous秀
↑
看American Idol表演
↑
參觀The Magic of Disney Animation
↑
看美女與野獸百老匯音樂劇(Beauty and the Beast)
↑
漫步Hollywood and Sunset Boulevard區
↑
晚餐，建議晚餐Sunset Ranch Market
↑
欣賞Fantasmic夜間雷射秀

不是動物園，強調保育兼娛樂
迪士尼動物王國
Animal Kingdom

- 2901 Parkway Boulevard, Celebration, FL 34747
- (407) 939-6244
- 每天不一樣，請上網http://disneyworld. disney.go.com/calendars/查看前往日期的開放時間
- disneyworld.disney.go.com/plan
- 開車，巴士55、56的6300 US192 and Parkway Blvd站
- P.248

這是迪士尼最大的一座主題遊樂園，分為5大區域，占地約500英畝，1998年開放，以動物為主題，但是迪士尼強調不是動物園，有許多驚險的遊樂設施，富有創意和教育意義的設計，漂亮舒服的大格局園景造型，令人讚賞的保育兼娛樂點子，保證值回票價的地方。

動物王國的熱帶雨林餐廳

Discovery Island最重要的遊樂設施是14層樓高、50呎寬的生命樹，這顆巨樹是動物王國的地標，走進樹幹裡，可以欣賞3度空間特殊效果的電影《It's Tough to be a Bug》。

DinoLand U.S.A.的Dinosaur帶你重返6千5百萬年前的恐龍時代，你將看到各種恐龍活靈活現地出現在四周，還有T-Rex也會展開攻擊，放心！Dinosaur設施衝得很快，將帶你逃過一劫。之後，不妨試試Primeval Whirl，這個遊樂設施像時光隧道，帶你進入沒有恐龍後的地球表面，然後你可以去Cretaceous Trail 看化石或去Dino-Sue 照相等等，最後別錯過，改編自電影的歌舞劇《Finding Nemo》。

Aisia區有各種亞洲地帶的動物，還有非常受歡迎的Expedition Everest遊樂設施，超高、超快的雲霄飛車帶你登上喜馬拉雅山，一路充滿刺激，就像攀登世界第一高峰一樣興奮。上山後可以下海到Kali River Rapids遊樂設施，坐船跨越急流險灘，欣賞亞洲的熱帶雨林和瀑布。在Caravan Stage每天有多場飛禽鳥類表演，每次25分鐘，有鸚鵡、黑鷹和老鷹約20幾種鳥類出場。

Africa區的設計很特別，藉由深谷，斷崖將動物分散在各區，就像生存在非州，還有African Safari Ride的遊樂設施，由特製吉普車帶你欣賞動物在大草原上敞佯，是動物王國最受歡迎的設施。

Camp Minnie-Mickey的Festival of Lion King在有冷氣設備的圓形劇場演出，約30分鐘，場面浩大，氣派壯觀，音樂歌舞一流，太精采了，是不可錯過的景點。

恐龍造型的建築物

動物王國一日遊行程表

進入園區的Primeval Whirl的同時，建議先去最熱門的Expedition Everest拿FASTPASS，可以省下排隊時間。

Dinosaur 區

↓

Kali River Rapids

↓

看Flights of Wonder秀

↓

漫遊Maharaja Jungle Trek

↓

用FASTPASS玩Expedition Everest

↓

到非洲區(Africa)午餐，同時派一位成員去拿Kilimanjaro Safaris的FASTPASS，建議在Flame Tree Barbeque午餐

↓

搭上Wildlife Express Train 到Rafiki's Planet Watch

↓

搭Wildlife Express Train 返回非洲區(Africa)

↓

漫步 Pangani Forest Exploration Trail

喜歡動物的朋友可去Zoological Exhibits，位置在Oasis區

↑

逛街/晚餐，建議晚餐Tusker House Restaurant

↑

重複一次很想再玩一次的遊樂設施

↑

到Discovery Island 區看 It's Tough to Be a Bug秀，並欣賞The Tree of Life的展覽

↑

到DinoLand區看Finding Nemo秀(在 DinoLand區)

↑

看 Festival of the Lion King 秀(在 Camp Minnie-Mickey區)

↑

用FASTPASS玩Kilimanjaro Safaris

259

迪士尼水上活動

沖浪戲水，夏日最受歡迎
水上樂園
Typhoon Lago

- ✉ Typhoon Lagoon Access Road, Lake Buena Vista, FL 32830
- ☏ (407) 939-6244
- ⏰ 每天不一樣，請上網http://disneyworld. disney.go.com/calendars/查看前往日期的開放時間
- 🌐 disneyworld.disney.go.com/plan
- ➡ 巴士50、111 Downtown Disney Super Stop站
- 🗺 P.248

讓你下水和一些海洋動物，包括鯊魚、stingray一起游泳，這種經驗非常非常難得。其中的Crush 'n' Crush就像水中的雲霄飛車一樣，刺激驚險，是最受歡迎的設施。還有Humunga Kowabunga、Storm Slide、Gang Plank Falls都是刺激型的；Keelhaul Falls、Mayday Falls、Castaway Creek 則屬輕鬆戲水型。活動設施之多，還有沖浪設備，並開設有衝浪課，讓遊客又玩又學，是個非常過癮的主題公園，尤其是夏天最受歡迎。

融雪成溪，玩水真是讚
冰雪海灘
Blizzard Beach

- ✉ 1534 W Buena Vista Dr, Lake Buena Vista, FL 32830
- ☏ (407) 939-6244
- ⏰ 每天不一樣，請上網http://disneyworld. disney.go.com/calendars/查看前往日期的開放時間
- 🌐 disneyworld.disney.go.com/plan
- ➡ 巴士50、111的Downtown Disney Super Stop站
- 🗺 P.248

看到這招牌就是冰雪海灘到了

滑雪勝地融雪之後，會是什麼樣的情形呢？就地玩水可說是最有趣的玩法，所以冰雪海灘(Blizzard Beach)又叫Melting Ski Resort。這裡有纜車搭載遊客到很高的人造山(Mount Gushmore)，它是許多從高處往下的滑遊樂設施入口。Summit Plummet是其中最高的滑水道，約90英尺高，速度是嚇人得快，儘管有點可怕，可是大排長龍呢。因為融雪的水流入低處時會出現短汲現象，所以位在Mount Gushmore下方的水池地就有波浪(Wave)，上上下下彷彿真正雪融成溪的情況，就像在阿爾卑斯山谷的河流一樣，在這玩水真是讚！

Orlando

逛街購物也可以很遊樂

迪士尼市區

Market Place+Pleasure Island + Westside

✉ 1780 E.Buena Vista Drive, Lake Buena Vista, FL 32830

☎ (407)824-4321

🕐 每天24小時

➡ 開車,巴士50、111、300～306(300、301、302、303、304、305、306)Downtown Disney Super Stop站

🗺 P.248

迪士尼市區風景宜人

迪士尼市區的樂高恐龍

迪士尼市區(Disney downtown)起初只為提供遊客逛街購物,但在不斷演進、創新之下,現在已是一座多功能的遊樂處,就像一座以「餐廳」和「逛街」為主題的遊樂園,但是不需門票、免停車費,所以有空一定要去看看。迪士尼市區主要分為三大區:

Market Place內有世界最大的一家迪士尼禮品專賣店World of Disney,內有印有迪士尼標誌的玩具、玩偶、紀念品等,沿湖濱有多家餐廳,其中以充滿熱帶雨林裝潢的Rain Forest Café 及其禮品店、以恐龍為布景的T-Rex 餐廳最受歡迎。

Pleasure Island設有一座24個銀幕的大電影院,裡面有愛爾蘭酒吧(Raglan Road Irish Pub & Bar)、雪茄店、哈雷機車禮品店、果汁攤、冰淇淋店,餐廳樣樣都有,其中好萊塢星球餐廳為最大一家。

Westside 這裡有多家著名餐廳,譬如Wolfgang Puck Cafe,另外,著名特技型馬戲團Cirque du Soleil也常駐在此,電玩大本營(Disney Quest)也在此開設,新添的熱氣球帶領客人升空到400公尺高空,俯瞰迪士尼市區的景像,街頭藝人表演帶動穿梭其中的旅客一起同樂,非常熱鬧。

電動玩具主題樂園

大力水手造的遊樂屋

迪士尼和環球影城之間，好像一對長兄與幼弟，兩者有一點兒雷同，只是迪士尼先出世，環球影城於1990年6月才在奧蘭多誕生，除了介紹電影場景，其最大特性是遊樂設施以暢銷電影為背景，結合電影情節，讓遊客進入遊樂場，就像進入電影銀幕裡，似假如真，驚險刺激。

受老哥影響，環球影城也不斷推陳出新，研發創造更新穎的設施，1999年5月擴建了一座冒險(Islands of Adventure)，也是以電影場景、劇情為設計前提，只是設施比以前更刺激驚險，並於2010年中加入第7個主題——Harry

冒險島的遊樂設施

Potter魔法王國，此設施完全突破傳統，引領眾人進入「魔」界。

比照迪士尼的Market Place 逛街購物街，環球影城也建造了一條充滿街頭藝人、商店、戲院、餐廳、露天重金屬樂團演奏的City Walk，供來客購物和遊逛。

環球影城內有3棟所屬的度假旅館，分別是Loews Royal Pacific Hotel、the Hard Rock Hotel和Loews Portofino Bay Hotel，住在影城所屬的旅館，可優先使用遊樂設施。

卡通人物造形遊樂屋

Orlando

主題區各見特色，招徠死忠影迷
環球影城
Universal Studios

✉ 6000 Universal Boulevard, Orlando, FL 32819

☎ (407)363-8000

🕐 每天09:00～22:00，晚上關門時間經常有變化，要先上網或電話查好

🌐 www.universalorlando.com

➡ 開車，巴士21、37、40的Universal Orlando站

🗺 P.248

　　電影迷可以欣賞各種花樣百出的設施，有時候會看到銀幕中的人物現身在街上，與遊客拍照留念，有的角色比較皮，還會和遊客互動，嬉鬧一番。影城分為7個主題區，每區各有特色商品出售，像是蜘蛛人館，即販賣有蜘蛛人圖案的T恤和禮品；哈利波特館則是出售魔法學院紀念郵票，專賣商品針對各自迷號召，總是很誘惑人！

　　整座影城分Hollywood、Production Central、New York、San Francisco、World Expo、KidZone和The Lagoon 7個區域，主要設施有Nicktoon Blast帶你進入Nicklodeon世界看看各種角色；Shrek 4-D提供四度空間的Shrek電影；2009年新添的表演劇場(The Universal Music Plaza Stage) 和搖滾火箭雲霄飛

The Seuss Landing的遊樂設施

Marvel Super Hero Island的綠巨人

車(Hollywood Rip, Ride, Rockit)大受歡迎，尤其後者可下載遊客在飛車上的影片和聽到的搖滾樂，非常新派。

哈利波特遊樂區的古堡

263

冒險島
Islands of Adventure

✉ 6000 Universal Boulevard, Orlando, FL 32819

☎ (407)363-8000

🕐 每天09:00～22:00，晚上關門時間經常有變化，要先上網或電話查好

➡ 開車，巴士 21、37、40的Universal Orlando站

🗺 P.248

冒險島分為以下7個遊樂區域：

Entry of Port主要是供遊客瀏覽，各式有趣好玩的紀念品商店。

Marvel Super Hero Island區的雲霄飛車有Incredible Hulk Coaster、The Amazing Adventures of Spider-Man、Doctor's Doom's Fearfall和感覺隨時會飛出去的Storm Force Accelatron。這一區以漫畫書裡的人物為主題，有時候會走出來招呼遊客。

Toon Lagoon區的設施老少咸宜，Dudley Do-Right's Ripsaw Falls和 Popeye and Bluto's Barges的遊河經驗，深受遊客喜愛，這裡還有特技表演秀 Matt Hoffman's Aggro Circus，非常豐富。

Jurassic Park的水上冒險經驗叫作Jurassic Park River Adventure，來此一路可欣賞各種恐龍和雨林，最後為了逃離T-Rex，會衝過一個26公尺深陡坡，幾乎每位遊客都會被水濺濕！至於Pteranodon Flyers的速度雖然較慢，也是很驚險的喔！

The Lost Continent以傳說故事為主題，有一場戶外的古阿拉伯時代海盜特技秀 Sinbad，還有一場有關希臘神話的室內特殊效果秀Poseidon's Fury。在Sinbad 秀場前方的神祕噴水池，會和遊客互動，令人歡欣。

Seuss Landing區的設計色調鮮豔，就像Dr. Seuss書內容繽紛愉快的感覺，有旋轉木馬、小小動物

都市大道的電影院

哈利波特的魔法世界

*Wizarding World of Harry Potter*城堡內的遊樂設施都很冒險刺激，最熱門、人氣最旺的是哈利波特禁忌旅程(*Harry Potter and the Forbidden Journey*)帶你在城堡裡面飛來飛去，感受書中的情景，像是魁地奇比賽、越過魔法學院等的。

最冒險的是雙龍挑戰(*Dragon Challenge*)，這是兩座雲霄飛車同時並進的設施，好幾次快速衝來衝去時，彷彿要迎面衝撞對方，好可怕！至於鷹馬飛行(*Hippogriff*)就像乘坐一匹雲霄飛馬，一路上可看見海格屋、南瓜等景物。

如果你是跟著《哈利波特》一起長大的凡人，不可錯過這個最新、最刺激的非凡場所，走進這裡，將有一連串的驚喜和呼叫，因為魔法世界充滿神奇魔力，令人不得不愛上這個主題樂園。

園；有One Fish Two Fish Red Fish Blue Fish 的音樂轉圈設施；The High in the Sky Seuss Trolly Train Ride則是最新的一項設施。另外，還有一個全黑的遊樂設施The Cat in the Hat，哇！聽起來很酷，你想不想試試呢？

Wizarding World of Harry Potter於2010年6月才開始運作，占地20英畝，入口是一座尖拱門，很有「魔」的氣息；入內後驚嘆得感動，眼前所見就像書中、電影中的魔法世界，石板路上停著一輛魔法學院特快火車，石造城堡高聳，一棟棟石造古屋像是中古村落，其中的店家販賣著各種糖果豆、魔杖、魔法書籍、飛帚、魔法學院制服等，還有貓頭鷹郵局，每間商店都很有趣，維妙維肖，令人覺得走在《哈利波特》書中的夢幻世界裡。

熱鬧街市年輕有活力
都市大道
City Walk

- ✉ 6000 Universal Blvd, Orlando, Florida 32819
- 🕐 每天11:00～02:00
- ➡ 開車，巴士21、37、40的Universal Orlando站
- MAP P.248

就像迪士尼市區專供逛街、吃飯、看電影、湊熱鬧、看路人耍寶，都市大道(City Walk)介於環球影城和冒險島之間，到這裡一樣不需門票，餐廳、電影院、各種希奇古怪的店家一應俱全，最好玩的是，街頭樂團的搖滾樂響翻天，有點像大號的西門町；入夜燈火通明，行人穿梭其間，此時又像大號的士林夜市。其實不論都市大道像什麼，它最像環球影城年輕、有活力，絕對是一個充滿樂趣的熱鬧街市！

大道上有許多樂團表演，不妨停下來聽聽看看，有些很有天分，水準很高，很有可能他們就是未來的某某知名樂團，因為許多明星出道前就是在街頭表演被發掘出來的。

近距離接觸海洋動物
海洋遊樂場
Discovery Cove

- ✉ 6200 Internaitonal Drive, Orlando, FL 32819
- ☎ (407)351-1800
- ⏰ 6月13日～8月20日09:30～21:30，8月21以後至19:00
- 💲 成人47.95元，兒童41.95元，停車費10元
- ➡ 開車，巴士8、42的6200 International Drive站
- 🗺 P.248

空中鳥園有30多種類飛禽

這是一座海洋遊樂場，有各種海洋動物、玩水設備和特殊的鳥類，能直接接觸海洋動物為其特色。6歲以上就可以參加園內的特色活動——和海豚同游的節目，是一生難有的機會，還可以餵食難得一見的鳥類。

海洋動物令人喜悅和興奮

遊樂園內有5大重要景點，分別是刺魟世界(Ray Lagoon)、海豚世界(Dolphin World)、珊瑚島(Grand Reef)、熱帶雨林流域(Tropical River)，以及空中鳥園(Aviary)。特別推薦在刺魟世界裡，可和寬大的兩大片超鰭、一隻長長如針的尾巴一起游水，好玩程度就如同看海豚戲水、潛水看珊瑚一樣，將令你回味無窮。

多種動物表演秀吸睛
海洋世界
Sea World

- ✉ 7007 SeaWorld Drive, Orlando, FL 32821
- ☎ 888-800-5447
- ⏰ 每天09:00~22:00
- 💲 99元
- http VacationReservation@SeaWorld.com
- ➡ 開車，巴士8、50、641 Sea World站
- 🗺 P.248

以海洋動物為主題的遊樂園，有許多動物表演秀和刺激的玩水設施，海洋動物的表演秀以殺人鯨(Orca)、海獅(Sea Lion)、海豚(Dolphin)聞名；其內的特製水族館有各種罕見海洋生物，遊樂設施以Manta和Kraken兩種超快的雲霄飛車最熱門，若想避開排長龍，可以多花15元買一個Quick Queue，持這種票可以優先入內，不必擔心隊伍有多長。

殺人鯨特技表演

Orlando

以龍蝦為主題的餐廳

使出各種奇招攬客光顧
國際大道區
Internaitonal Drive

✉ International Dr, Orlando, FL 32819
➡ 開車，巴士 8、38、42、50、58、111
MAP P.248

來奧蘭多的遊客，大多跑去迪士尼市區和環球影城的都市大道吃喝玩樂，相對地奧蘭多市反而不受青徠。為了吸引遊客逛市區，只好蓋一條更大、更花俏的國際大道來抗衡，集逛街、餐飲、娛樂於一處的國際大道，使出各種出奇制勝的怪招，其中一棟像海浪般的巨型白色建築Convention Center，提供世界各地商家作商業推廣、商業展覽、國際會議之類的活動。最特別的是，這條大道上有一棟頭尾倒錯的巨宅Wonder Work，光看房子外表就令人嘖嘖稱奇，裡面收藏的各式各樣物品更令人無法想像，

在這條觀光街道上可以搭乘免費的I-Trolly。大道設計又寬又長，搭Trolly去探索非常方便。

這條大道上遊樂園還包括海洋世界，有些遊客去過迪士尼世界和環球影城，就會以國際大道為觀光基地，玩一些另類的遊樂，還有一些純玩水的人也會在這出現，這裡的餐廳選擇比較多，還有許多超市和便利商店、購物中心等，有許多人住在迪士尼內，但必須開車出來在國際大道用餐，或採買平常用品。

上下顛倒屋遊樂園

全新設計的20世紀初城市
慶祝市
Celebration City

✉ 851 Celebration Ave. Celebration, FL 34747
☎ (407) 566-1201
➡ 開車
MAP P.248

慶祝市的店面超可愛

1990年起迪士尼公司投資了2億5千萬美元造市，一座全新但是看起來像20世紀初期的城市，在迪士尼世界區的旁側形成，叫作Celebration City。

這座造型的城市約有1萬多人口，房子外觀設計為美國早期風格，公園、道路也都經過精密規畫，有商業區、逛街購物區、電影院、人造湖、噴水池等，像是夢幻城市。

慶祝市有一條專門設計的道路World Drive，可通到迪士尼世界的

慶祝市的街景

度假旅館區；另一條設計出來的道路Celebration Boulevard，則可以到達魔術王國，這些道路將所有夢幻的地方全都串連在一起鎮，使得這座新城市名副其實的像個夢鄉。

另一可愛的商店店面

奧蘭多市政府大樓

沒有遊樂園，照樣美麗精采
奧蘭多市區
Orlando City

✉ 400 S. Orange Avenue, Orlando, FL 32802
☎ (407) 246-2121
➡ 開車，巴士125
MAP P.248

提起奧蘭多，人們直覺地連上迪士尼，真正的奧蘭多沒有迪士尼，也沒有環球影城，更沒有海洋世界。奧蘭多是一個19世紀開發的城市，市區有Lake Eola，湖心的噴水池不但漂亮，夜間會改變顏色，像是一場精采的燈火秀，湖裡有許多天鵝成群，至於一隻隻維妙維肖的天鵝船，則是供市民和旅客遊湖休憩之用。湖邊有一座露天戲院，大

Lake Eola有成群的天鵝

Charles Hosmer Morse 美國藝術博物館是精品型博物館

樹夾道，是一非常優美的休閒處。

城郊的Winter Park City是奧蘭多市民的主要住宅區之一，社區規畫精緻，打造出淳樸高雅的小鎮生活，其主要商業活動集中在南北Park Avenue 的兩側。在Park Avenue的北邊盡頭，設有一座Charles Hosmer Morse Museum of American Art，這棟小巧精緻的博物館以收藏美國現代藝術品為主，並以館藏許多第凡內的彩繪玻璃作品出名，每件作品都繽紛亮麗得十分吸引人。

奧蘭多一探究竟 *Check it*

在歐洲眨眨眼就可見到古董建築、老教堂，在亞洲有矮街舊巷引發思古之情，在美國這些都叫「歷史文物」，偏偏美國歷史特短，既然無法「看過去」，她的觀光發展，便以廣大的地理環境為基礎，走向「未來」。

美國的觀光環境多為創新型，以任何人都無法確知的未來為賣點，將超級想像力和前所未有的點子排列組合外加變形，製作出許多娛樂設施，讓人得到無法預測的興奮，一一展現在奧蘭多的各個主題公園中。

奧蘭多原為佛羅里達州的一個小鎮，1965 年華德迪士尼將他心中的童話世界在這展現後，小城開始熱鬧起來，觀光客來自四方，相關娛樂企業也陸續來此發展，工作機會激增，人口快速成長，目前是美國南方的第五大城市。

各種娛樂事業在搶占市場的競爭下，刺激了經濟發展，也產生了更多的創意，從可愛的米老鼠、神祕的愛麗絲夢遊記、Dr. Seuss奇異世界、宇宙銀河系的想像活動、海洋深處的探險設施、非洲原野的動物群、恐龍再現，以及最新加入的哈利波特魔幻世界，奧蘭多愈來愈像一座人間的另類世界。

投資家、大企業財團、公司行號投入的財力，建構了奧蘭多的骨架；製作人、藝術家、發明家、高科技電腦專家，搞特效專家集結腦力，將所有你能想像的都先想好了，規畫創出各種設計和活動設施。因此許多人來到奧蘭多，都會被這樣大格局充滿創意的設計震懾！

這種印象就是奧蘭多獨有的「幻象」特徵，展現著淋漓盡致的創意，令

Orlando

超級幻象的奧蘭多

人興奮、令人感動,且一定感覺開心,這正是人們前仆後繼來到奧蘭多的主要原因。

EXIT ONLY

And then who should
But the CAT IN THE HAT!
And he said to us,
do you sit there

未來世界區 Epcot Center

❖ 北非風味一網打盡
Morocco Pavilion

✉ 200 Epcot Center Drive, Lake Buena Vista, Florida 32830
☎ (407)939-1289
🌐 disneyworld.disney.go.com/plan
➡ 巴士303的Resort Blvd站
🗺 P.248

　　這兒有北非風味的地毯,手工皮件、披風、圍巾,還有摩洛哥特色的Targine紀念品,非常別致。

以傳統烹調器具為造型的禮品很特別

迪士尼動物王國 Animal Kingdom

❖ 非洲民族風飾品應有盡有
Mombasa Marketplace

✉ 2901 Parkway Boulevard, Celebration, FL 34747
☎ (407) 939-6244
🌐 disneyworld.disney.go.com/plan
➡ 開車,巴士55、56的6300 US192 and Parkway Blvd站
🗺 P.248

　　在動物王國的非洲區有來自非洲的木雕、石雕、草藍,以及各種具有民族風的項鍊。除了藝品,還有非常引人興趣的商店,出售明信片、糖果、衣飾等物品。所有東西都是和非洲有關,非洲的手編竹籃、陶土器皿、木刻動物、裝飾用的木面具、土著民族風味的衣飾,還有南非出產的美酒,很有品味。

各種小動物玩偶都有

迪士尼市區 Downtown Disney

❖ 可愛造型磁鐵、模型車令人流連

Magnetron
Magnetz

✉ 1780 E.Buena Vista Drive, Lake Buena
Vista, FL 32830

☎ (407)824-4321

🕐 週日～四09:30～23:00，週五、六至23:30

➡ 開車，巴士50、111、300～306的
Downtown Disney Super Stop站

MAP P.248

迪士尼市區的樂高玩具店

突兀又充滿歡心的設計引人好奇想玩

好萊塢星球遊樂場

喜歡在冰箱上放幾個可愛圖案
的造型磁鐵，不妨到這裡尋寶，相
信可以找到許多超乎想像的小磁
鐵裝飾品，拿來送人可是很好的伴
手禮喔。Ridemakerz位於迪士尼市
區的西側，這裡有各種款式、模型
的汽車、賽車、消防車、戰車，可以
量身組合想要的遙控車或者遙控
卡車，總而言之，愛車的人士不要
錯過囉。

大磁鐵造型屋很酷

挑選伴手禮，這裡樣樣全
Mickey's Mart— Everything Ten Dollars and Under

✉ 1780 E.Buena Vista Drive, Lake Buena Vista, FL 32830
📞 (407)828-380
🕐 週日～四09:30～23:00，週五、六至23:30
➡ 開車，巴士50、111、300～306的 Downtown Disney Super Stop站
🗺 P.248

終於有一家店不會咬皮包了，這家什麼都賣，而且任何一樣都不超過10元，如果你的親朋好友太多，找伴手禮只好到這兒挑囉。

每件東西都不超過10元

聖誕飾品琳琅滿目
Disney's Days of Christmas

✉ 1780 Lake Buena Vista Dr, Lake Buena Vista, FL 32830
📞 (407)828-3759
🕐 週日～四09:30～23:00，週五、六至23:30
➡ 開車，巴士50、111、300～306的 Downtown Disney Super Stop站
🗺 P.248

這家店每天都過聖誕節，裡面有所有的聖誕節所需的裝飾品，從桌布、燈飾到更種米老鼠造型的聖誕飾品，這裡一應俱全，來挖寶有一種愉快的過節氣氛。

全部東西都與迪士尼偶像有關的店

環球影城

盡現Dr. Seuss書中影像
Cats, Hats, and Things

✉ 6000 Universal Boulevard, Orlando, FL 32819
📞 (407)363-8000
🕐 每天09:00～22:00，晚上關門時間經常異動，需先上網或電話查詢
🌐 www.universalorlando.com
➡ 開車，巴士21、37、4 Universal Orlando站
🗺 P.248

這個店收集了所有Dr. Seuss書裡的影像，不論是魚、貓、帽子，每一個角色都很可愛。這裡的帽子是特色，有些不適合戴在頭上，太可愛的帽子反倒是很好的紀念品，不戴它也無妨。

Dr. Seuss相關物品在Seuss Landing都找得到

專賣超級英雄人物相關產品

Marvel Alterniverse Store

- ✉ 6000 Universal Boulevard, Orlando, FL 32819
- ☎ (407)363-8000
- ◔ 每天09:00～22:00，晚上關門時間經常異動，需先上網或電話查詢
- http www.universalorlando.com
- ➡ 開車，巴士21、37、40 Universal Orlando 站
- MAP P.248

　　是指Marvel Universe 和 Marvel Comic Book，前者專賣超級英雄人物有關的衣服、玩具、杯子、紀念品，還可以和綠巨人、蜘蛛人等合照。後者是以連環漫畫書為主，也有海報和模型等。

綠巨人玩具店

漫畫書的公仔店

各式口味果豆可嘗鮮

Sweets at Honeydukes

- ✉ 6000 Universal Boulevard, Orlando, FL 32819
- ☎ (407)363-8000
- ◔ 每天09:00～22:00，晚上關門時間經常異動，需先上網或電話查詢
- http www.universalorlando.com
- ➡ 開車，巴士21、37、40 Universal Orlando 站
- MAP P.248

　　在哈利波特主題園內的石板路旁，內有巧克力青蛙糖、各種口味的果豆，一定要逛逛這裡的小店。

　　其實這店就是一般的糖果店，可是外觀和室內的裝潢就像電影中的哈利波特世界，吸引了許多客人光顧。只是糖果的造型都是平常少見的，像是巧克力青蛙、咕嚕糖果盒、蟲型軟糖等等。

哈利波特遊樂園內的果子店

☄ 魔棒開啟密碼好好玩
Ollivander's Wand Shop

- ✉ 6000 Universal Boulevard, Orlando, FL 32819
- ☎ (407)363-8000
- ◷ 每天09:00~22:00，晚上關門時間經常異動，需先上網或電話查詢
- http www.universalorlando.com
- ➡ 開車，巴士21、37、40 Universal Orlando 站
- MAP P.248

到了哈利波特的活動處，當然不能不帶一隻魔棒，要買到魔棒，得知道密碼才行，店員會和你試來試去，非常有趣！

哈利波特魔棒店

都市大道City Walk

☄ 衝浪裝備花俏性感
Quiet Flight Surf Shop

- ✉ 6000 Universal Boulevard #745d, Orlando, FL 32819
- ☎ (407)224-2125
- ◷ 週日～四08:30～23:00，週五、六至24:00
- http www.quietflight.com
- ➡ 開車，巴士21、37、40 Universal Orlando 站
- MAP P.248

奧蘭多有多處水上樂園，這家販售以衝浪為主題的泳衣、泳褲、戲水需要的裝備、服飾，花俏性感得令人眼花撩亂。

☄ 提醒世人關注瀕臨絕跡動植物
The Endangered Species Store

- ✉ 6000 Universal Boulevard #735c, Orlando, FL 32819
- ☎ (407)224-2310
- ◷ 週日～四08:30～23:00，週五、六至24:00
- http www.universalorlando.com
- ➡ 開車，巴士21、37、40 Universal Orlando 站
- MAP P.248

這裡的商品每樣都提醒你，有些動植物正在瀕臨絕跡中，有玩具、書籍、衣服、帽子，逛街兼學習保育和愛護環境，有「日行一善」的感覺。

美國近年來鼓吹環保，這樣的商店愈來愈多，附贈的手提袋很小，多半鼓勵客人儘量不要用袋子，並且退回5分錢，如果你有別的袋子在手，付帳後就把貨品隨手拿起，省去袋子，店員會更喜歡你。

都市大道也像是遊樂園

Orlando

≫ 精緻小玩意兒任你選

Day Dreams

✉ 603 Market Street, Suite 110, Celebration, FL 34747
📞 (407)566-1231
🕐 週一～六10:00~21:00，週日12:00~18:00
🌐 www.daydreamsdolls.com
➡ 開車
🗺 P.248

門口的兩株盆景修剪成2隻可愛熊的造型，非常吸引人們的興趣，主要以精緻的洋娃娃、小熊玩偶、書籍、溫馨小東西為主，喜歡精品者可以好好逛一下。

慶祝市的Day Dreams文具店

≫ 平價精品集散地

Olando Vineland Premium Outlets

✉ 8200 Vineland Ave, Orlando, FL 32821
📞 (407)238-7787
🕐 10:00~23:00
🌐 www.premiumoutlets.com
➡ 可在International Drive上搭鐺鐺車I-Ride Trolly
🗺 P.249

內有許多高檔精品店，像是Prada、Fendi、Burberry、Tory Burch、Nike、Coach等等，因為是工廠直營，價錢便宜很多，許多觀光客在迪士尼遊玩後，會順便去大採購。

經典品牌超好逛

》買古董、收集舊貨，超級環保

Lanier's Historic Downtown Marketplace

✉ 108 Broadway, Kissimmee, FL 34741
☎ (407)933-5679
🕐 週一～六09:00～17:30
➡ 開車，巴士55、56 Old Town in Kissimmee 站
🗺 P.248

　　騎士美是此間最大的古董商，老闆經營理念認為，最環保的方法就是買古董、收集舊貨。這占地一萬英尺廣的古董店，除了賣

騎士美區的商店外觀獨特，比店裡面賣的東西更吸引人

古董，還做了最環保的事一樁，因為他收藏很多很多東西。

》橘子相關產品盡皆在此

Eli's Orange World

✉ 5395 West Hwy 192(West Irlo Bronson Memorial Highway), Kissimmee, FL 34746
☎ (407)477-4273
🕐 每天08:00～21:45
🌐 www.orangeworld192.com
➡ 開車，巴士55、56的5000 US192 and Polynesian Isle Blvd站
🗺 P.248

　　每年10月到翌年5月是佛羅里達橙橘成熟之時，也是Eli's Orange World 禮品店的豐收季節。這裡販賣有聞名全美、Indian River所出產的橘子，還有許多與橘子相關的產品，它的建築外型就像一顆大橘子，號稱「世界最大的橘子」。

　　佛羅里達以生產橘子出名，這裡收購了佛州各種品種的橘子及橘樹，做成漂亮的水果籃、果樹禮盒，你可以到這裡選擇喜歡的橘產品，店家會幫你精美包裝並郵寄到家，送禮自用都好，最重要的是，你不需要搬提這些重量很大的好貨。

號稱世界第一大橘子的商店

展示商品前衛有個性
Orlando Harley-Davidson South

- ✉ 5881 West Hwy 192(West Irlo Bronson Highway), Kissimmee, FL 34746
- ☎ (407)944-3700
- ◉ 每天09:00~21:00
- 🌐 www.harley-davidson.com
- ➡ 開車，巴士55、56的5800 US192 and International Drive站
- 🗺 P.248

騎士美沿192公路上的店家一家比一家壯觀

旅行不可能買輛重型機車，之所以介紹這家店，實在是因為這家店的外觀和展示的最新款型非常吸引人，不需買輛車，看一看就很夠了。所有前衛的機型、配件、衣服，每一樣都很性格，其店面和世界最大一顆橘子在同一條街，可順便欣賞一下。

在哈雷機車店旁是另一家大禮品店

奧蘭多區 Orlando

亮麗耀眼的精品大匯集
Mall at Millenia

- ✉ 4200 Conroy Road, Orlando, FL 32839
- ☎ (407)248-0186
- ◉ 週一～六10:00～21:00，週日12:00～19:00
- 🌐 www.mallatmillenia.com
- ➡ 開車，巴士24、40的Mall at Millenia站
- 🗺 P.248

很氣派壯觀的Millenia Mall120

這是奧蘭多第一線的百貨公司，所有大牌子、最新流行的產品全都匯集於此，從Cartier、Tiffany & Co、Chanel精品到 J Crew、Abercrombie年輕人的最愛，樣樣亮麗耀眼。

30　Mall at Millenia的正門

Millenia Mall 裡面的好貨

279

各色各樣的M&M

❄ M&M巧克力糖，五顏六色吸睛

The Florida Mall

- ✉ 8001 South Orange Blossom Trail, Orlando, FL 32809
- ☎ (407)851-9301
- ⏰ 週一～六10:00～21:00，週日12:00～18:00
- ➡ 開車，巴士4、7、37、42、111 Floriada Mall 站
- MAP P.248

佛羅里達逛街購物中心的大門

　　購物中心裡有一個超級大的M&M巧克力糖主題商店，種類多、五顏六色、造型奇特的糖果，你還沒來得及吃，眼睛就先看到花掉了，真是壯觀的糖果店！另外，這裡還有許多百貨公司，共同組合成一座超大的逛街購物中心。

The Florida Mall有一家超級M&M

超級M&M的入口

特色餐飲

未來世界Epcot Center

宛如海底用餐，有幸福的fu
Coral Reef Restaurant

✉ 200 Epcot Center Drive, Lake Buena Vista, Florida 32830
☎ (407)939-1289
🌐 disneyworld.disney.go.com/plan
➡ 巴士303 Resort Blvd站
🗺 P.248

位在未來世界園區的The Seas with Nemo & Friends區，在這裡用餐有幸福的感覺，因為水族館四周環繞，優游自在的魚群在身邊溜過，像是在海底用餐！來自緬因州的北大西洋龍蝦，清蒸烹調肉美汁鮮，濃濃海鮮湯、焗烤魚排、椰子蝦酥又脆，約35元。

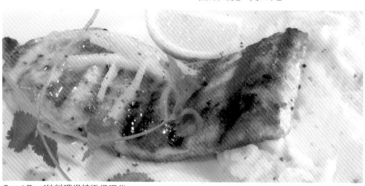

Coral Reef的料理很精緻很現代

道地又高雅的法國餐廳
Les Chefs de France

✉ 200 Epcot Center Drive, Lake Buena Vista, Florida 32830
☎ (407)939-1289
🌐 disneyworld.disney.go.com/plan
➡ 巴士303 Resort Blvd站
🗺 P.248

位於法國館的艾菲爾鐵塔下，法國菜通常不便宜，但是迪士尼世界的東西樣樣貴，相對之下，吃法國菜變成不再那麼「貴聳聳」，這可是一家道地又高雅的法國餐廳，菜式經常變換，看大

Les Chefs de France的洋蔥濃湯

廚當天想煮什麼而定，這點浪漫非常像法國，尤其是甜點Cream Bulee非常值得一試。

Restaurant Marrakesh

✉ 66 Beach Street, Boston, MA 02111
📞 (617)338-7721
🕐 每天11:00～04:00
💲 10元起
➡ 地鐵銀線China Town站
🅜🅐🅟 P.248

在摩洛哥館內，裝潢豪華得像古時阿拉伯國王的宮殿，它的烤肉串搭配小米飯、烤羊肉都很棒，有一種特殊香料。還有肚皮舞女郎的歌舞表演，可以一邊啜飲啤酒、一邊觀賞歌舞。

羊肉小米飯

Tea Caddy

✉ 200 Epcot Center Drive, Lake Buena Vista, Florida 32830
📞 (407)939-1289
🌐 disneyworld.disney.go.com/plan
➡ 巴士303 Resort Blvd站
🅜🅐🅟 P.248

在英國館內，一棟傳統茅草屋頂的小屋、巧克力糖和各式餅乾糖果，配上一壺上好的英國奶茶，絕對是遊Epcot最好的休息處，Tea Caddy 的茶葉是著名的有機茶 Twinings Tea 只要5元。

Tea Caddy的英式奶茶

迪士尼好萊塢影城Hollywood Studios

Sunset Ranch Market

✉ 3111 World Dr. Lake Buena Vista, FL 32830
📞 (407) 824-4321
🌐 disneyworld.disney.go.com/plan
➡ 開車，巴士303的3D Hollywood Studio站
🅜🅐🅟 P.248

像是百貨公司飲食街，也像是大眾食堂，市場內有5家餐廳，提供多種選擇。販賣美食包括有烤火雞腿、蔬菜漢堡、比薩餅、薯條、水果、BBQ烤肉、冰淇淋等。此市場

Sunset Ranch Market的美食

位於Sunset Boulevard 區，只需花費約15元，就可讓人飽食一頓。

1950年代用餐氣圍盡顯無遺

Sci-Fi Dine-In Theater

✉ 3111 World Dr. Lake Buena Vista, FL 32830

☎ (407) 824-4321

🌐 disneyworld.disney.go.com/plan

➡ 開車,巴士303的3D Hollywood Studio站

🗺 P.248

Sci-Fi Dine-In Theater的漢堡和薯條餐,快速簡單

　　美國菜的創意風格盡顯無遺,餐廳氣氛是1950年代開斗篷車去看露天電影,位在影城的Backlot區,約15元,來此用餐可以回到過去,享受現代的漢堡、薯條、雞排、美國簡餐。

動物王國Animal Kingdom

早、午、晚自助餐,各式美味吃到飽

Tusker House Restaurant

✉ 3111 World Dr. Lake Buena Vista, FL 32830

☎ (407) 824-4321

🌐 disneyworld.disney.go.com/plan

➡ 開車,巴士55、56的6300 US192 and Parkway Blvd站

🗺 P.248

店內吃到飽,讓人吃得很過癮

　　在Africa區,茅草屋頂像是非洲某一部落,提供早、午、晚自助餐,許多打扮迪士尼動物造型的角色來這裡,與用餐客人合照,小孩子可是愛死了。自助餐式任由你吃到飽,早餐19元、午餐20元、晚餐27元。

　　餐點有烤雞腿、鮭魚排、豆泥醬、海鮮湯、炭烤蔬菜、咖哩沙拉,以及非洲風味的豐富菜式,種類繁多,營業時間從早上8點到下午6點,幾乎無時無刻都有人在排隊。

旅行小抄

專線預約,用餐有著落

迪士尼的渡假村內有20多所旅館,每家旅館都有1個或多個餐廳,幾乎每家餐廳都是人滿為患,還好接受預約,解決了問題。不論哪一家餐廳,預約專線統一為(407)939-3463,電話接通後,客服人員會詢問要預約哪一家,並且告知菜式、價錢、開放時間,甚至開車方向,有意親蒞品嘗者,一定要利用這個省時省力的專線。

一邊用餐一邊欣賞河景

Flame Tree Barbeque

- 3111 World Dr. Lake Buena Vista, FL 32830
- (407) 824-4321
- disneyworld.disney.go.com/plan
- 開車，巴士55、56的6300 US192 and Parkway Blvd站
- P.248

Flame Tree Barbeque的BBQ烤牛肉好吃

位在Discovery Island，只要$10就可以吃一頓，BBQ烤肉、雞排三明治、豬排三明治，戶外簡餐兼欣賞Discovery River的風景，划算！

這裡的烤豬小排很好，英文俗稱St. Louis Ribs 是一整排(約6根排骨肉)為單位，半排(1/2)為一客。

迪士尼市區Downtown Disney

吃氣氛比吃味道過癮

T-Rex Cafe

- 1676 E.Buena Vista Drive, Lake Buena Vista, FL 32830
- (407)828-8739
- 週日～四11:00～23:00，週五、六11:00～24:00
- 15～30元
- www.trexcafe.com
- 開車，巴士50、111、300～306的Downtown Disney Super Stop站
- P.248

位在迪士尼的Market Place 區，門口有兩隻大恐龍化石，

T-Rex餐廳外面有大恐龍化石裝飾

排隊如長鍊，還以為是主題公園，原來是個熱門餐廳而已。

內部裝潢布置，全是大恐龍、長頸龍、三角龍、會飛的、會咬人的……小孩子樂壞了，至於食物則是美國人最愛的漢堡、三明治、比薩餅、牛排、海鮮魚排等，有一定品質，只是氣氛比味道重，喜歡恐龍的朋友，一定要試。

份量超大，別被價錢嚇走啦

Rainforest Cafe

- 1800 E.Buena Vista Drive, Lake Buena Vista, FL 32830
- (407)827-8500
- 每天11:00～23:30
- 20～30元
- www.rainforestcafe.com
- 開車，巴士50、111、300～306的Downtown Disney Super Stop站
- P.248

去過的人都說氣氛好，食物是美式漢堡、牛排、炸雞，別被價錢嚇走，門口排滿人是有原因的，再說量超大，點一份2人吃足足有餘，這是小女生最喜歡的迪士尼餐廳，如果孩子用餐開心，做父母的也就開心啦！

熱帶雨林餐廳外面是大草菇

Orlando

奧蘭多國際大道區 International Boulevard

隨客人吃到飽，絕對值回票價

Boston Lobster Feast

✉ 8317 International Drive, Orlando, FL 32819

📞 (407)248-8606

🕐 週一～五16:00～22:00，週六、日14:00～22:00

💲 37元

🌐 www.bostonlobsterfeast.com

➡ 巴士8、38、42的8300 International Drive and Jamaican Court站

🗺 P.248

到這餐廳一定要大吃龍蝦

如果在波士頓沒吃到龍蝦，這裡將是最後的機會。自助用餐隨客人吃到飽，龍蝦和海鮮誘人，光是清蒸蚌殼和龍蝦肉就可吃回本，還有生嫩的上等牛排(Prime Rib Steak)。翻廣告單找減價票(Coupon)，可以節省10%的費用。

慶祝市區 Celebration City

酸甜鹹辣度做到盡善盡美

Thai Tani Restaurant

✉ 600 Market Street, Suite 110, Celebration, FL 34747

📞 (407)239-9733

🕐 每天11:30～22:00

💲 15～20元

🌐 www.thaithanicelebration.com

➡ 開車

🗺 P.248

Thai Thani的裝潢雅致清爽

侍者說他們很有彈性，點菜時告訴服務生，你喜歡的酸甜鹹辣度，他們會注意做到顧客要求的味道，只要客人有所不滿意，廚師立即重作一碗酸甜完美的道地泰國湯，服務態度可謂一級棒。一道泰國河粉炒、一杯清涼甜美的泰國冰茶，才15元，記得到慶祝市看迪士尼造鎮的成果，順便吃一頓泰國菜，哇—— 旅遊真好！去前別忘了上網列印10%折扣券。

泰式炒粉

Thai Thani的蘑菇雞湯好美味

佛羅里達最古老的餐廳

Columbia

✉ 649 Front St, Celebration, FL 34747
☎ (407)566-1505
🕐 11:30～22:00
http www.columbiarestaurant.com
➡ 沒有公共交通工具，開車
MAP P.249

充滿拉丁風味的Columbia西班牙餐廳已經有110年歷史，採家族式經營，現在是第五代傳人在經營，強調老字號的信譽和品質，是佛羅里達州最古老的一家餐廳。在這吃飯會讓你覺得好像到了西班牙當地一樣，海鮮料理滋味非常道

西班牙海鮮飯

地，將會是難忘的飲食體驗。

目前有7家分店，在奧蘭多的慶祝市有一家，如果你在奧蘭多沒有空去，可要把握機會，不要錯過在邁阿密的分店。

墨西哥經典菜色

El Tapatio Mexican Restaurant

✉ 1804 W Vine St, Kissimmee, FL 34741
☎ (407)572-8500
🕐 11:00～22:00
http www.eltapatiokissimmee.com
➡ 沒有公共交通工具，開車
MAP P.249

提供道地墨西哥菜，炸吳郭魚又香又酥脆，配上牛油果沙拉，非常可口，飯後別忘了品嘗Flan（墨西哥牛奶布丁），又香又濃。

迪士尼用餐，吃氣氛一定要的啦！

玩家交流

　　迪士尼的企業經營以滿足顧客至上，因為遊客來自世界各地，所以迪士尼提供各種國家的食物，以照顧各種口味的食客，也因之廣度大於精緻度，食物雖有一定水準，卻不是那種只此一家的經典餐廳。

　　光是想要玩遍各種主題樂園都不可得，哪有多餘時間挑餐廳進食呢！因此大部分遊客對食物的要求也就少一些挑剔，不過迪士尼及附近的餐廳對餐廳的布置和裝潢都很考究，還有配套的音樂舞蹈表演，像是Ohana就有夏威夷草群舞助陣，墨西哥餐廳有穿著傳統服飾、頭戴墨西哥大草帽的mariachi樂團演奏，處處充滿歡樂氣氛，並且歡迎你一起開歌起舞，讓你吃一頓開開心心的飯，這是餐廳的另一種價值和特點，可不要忽略了！

住宿情報

迪士尼世界園區內的旅館

旅館預約專線(407) 939-7429

湯姆‧克魯斯親子同遊下榻處

Disney Grand Floridian Resort & Spa

✉ 4401 Floridian Way, Lake Buena Vista, FL 32830
☎ (407)824-3000
💲 410～2105元(總統套房)
➡ 開車，巴士50、56、111 Walt Disney World Resort站
MAP P.248

Disney Grand Floridian的大環境優美

　　湯姆‧克魯斯帶兒子、女兒到迪士尼世界玩的時候，住在園區內的Disney Floridian Resort，光憑這點就可以知道，DF是一家高檔度假別墅，服務非常體貼細心，是園區內最貴、最精緻的酒店。

迪士尼最頂級的酒店原來是這樣子

Disney Grand Floridian房間雅致舒服

非洲動物出沒,驚喜連連

Disney Animal Kingdom Lodge

✉ 2901 Osceola Parkway, Lake Buena Vista, FL 32830
☎ (407) 939-6244
$ 240元起
➡ 開車,巴士55、56的6300 US192 and Parkway Blvd站
MAP P.248

這家布置得非常非洲氣氛的高級旅館,最大特色是有真正的非洲動物出沒,令每個人驚喜興奮,尤其打開窗戶,親眼看見長頸鹿那麼靠近,原先還說旅館好貴,立刻就會覺得太值得!

到園區省時又方便

All-Star Movies, All-Star Music, All-Star Sports

✉ 1991 West Buena Vista Drive, Lake Buena Vista, FL32836
☎ (407)939-7000(All-Star Movies);
(407)939-6000(All-Star Music);
(407)939-5000(All-Star Sports)
$ 82元
➡ 開車,巴士305的3D All Star Resort站
MAP P.248

這一系列旅館中低價位,有迪士尼園區的好處,如果4人同遊,平均分擔下來實在是划算。有運動造型游泳池,到園區省時方便是最大特色。

中低價位,可享早入園好康

Port Orleans-French Quarter

✉ 2201 Orleans Drive, Lake Buena Vista, FL32836
☎ (407)934-5000
$ 149元起
➡ 開車,巴士302 Community Drive ans Cove Road站
MAP P.248

不是每位來迪士尼的遊客都是有錢人,同樣道理,不是每間迪士尼旅館都貴。Port Orleans 就是屬於中低價位,卻可以享有所有住在園區內的好處,像是可以早1個小時進主題公園,這個小時內幾乎不用排隊就可以玩,夏天下午天氣太熱,搭上園區巴士或電車,回旅館休息一下,甚至在旅館的造型泳池玩水,等溫度降下來後再搭車到園區玩第二回合,多麼方便呀!

露營兼遊迪士尼,另類新玩法

Fort Wilderness Resort & Campground

✉ 4510 North Fort Wilderness Trail, Lake Buena Vista, FL 32830
☎ (407)934-7639
$ 44元起
➡ 開車,巴士302 Vista Blvd站
MAP P.248

占地擁有800多個營地,這是迪士尼園區最便宜的住宿設施,也是最具特色的迪士尼遊法。可以帶自己的帳篷來,也可以租個Trailer或小木屋,這裡有設備完好的衛浴系統,還有游泳池,露營兼玩迪士尼,不知是太刻苦還是玩到爆!

美國的露營設備很進步的,雖然衛浴得共用,但是非常清潔,還有熱水,如果要省錢,這裡是個好選擇。

環球影城區範圍內的旅館

❧園區內最豪華高雅住房

Portofino Bay Hotel

- ✉ 5601 Universal Boulevard, Orlando, FL32819
- ☎ (407)503-1000
- 💲 200元起
- ➡ 開車，巴士40 Universal Orlando Parking Garage站
- MAP P.248

這是環球影城園區內3座旅館中，最好最貴的一棟，豪華高雅，極致享受，還可以免費車、船接送到環球影城內的各主題遊樂園，並享有「Express Passes」，也就是可以優先使用遊樂設施。

❧The Hard Rock Hotel

The Hard Rock Hotel

- ✉ 5800 Universal Boulevard, Orlando, FL32819
- ☎ (407)503-2000
- 💲 200元起
- ➡ 開車，巴士40 Universal Orlando Parking Garage站
- MAP P.248

現代化布置的房間，還有附一隻吉他提供娛樂，免費車、船接送房客到環球影城區的各類主題遊樂園還可以享有「Express Passes」，優先使用遊樂設施的好處。

❧棕櫚掩映，仿如海島度假村

Royal Pacific Hotel

- ✉ 6300 Hollywood Way, Orlando, FL32819
- ☎ (407)503-3000
- 💲 200元起
- ➡ 開車，巴士40 Universal Orlando Parking Garage站
- MAP P.248

處處有棕櫚樹，像是一座輕鬆的海島度假村，免費車、船接送房客到環球影城區的各類主題遊樂園還可以享有「Express Passes」，優先使用遊樂設施的好處。

Royal Pacific Hotel植栽許多棕櫚樹

❧ 法國風情的高級旅館
Bohemia Hotel

✉ 700 Bloom Street, Celebration, FL 34747
📞 (407)566-6000、888-249-4007
🌐 info@celebrationhotel.com
💲 149元起
➡ 開車
🗺 P.248

美國著名的精品旅館連鎖店 Kessler 的7棟浪漫高級旅館之

慶祝市的Bohemian Hotel

一，位於湖畔，裝潢充滿法國風味，內有慶祝市最好的餐廳 Plantation Room，質感、氣氛一流，服務細心。

旅行小抄

搭巴士停、看、聽

奧蘭多的旅館很多，奢華高級型到民宿，各種類型都有，首先你要決定是開車(租車) 或是搭乘大眾交通工具，開車就不必擔心遠近，選擇很多；如果搭公共運輸系統，一定要選擇巴士站附近的旅館，另外，還得先看好巴士的時刻表，留意巴士站這還不夠，得選停靠班次多的站才行，這樣更能方便旅遊。建議查詢International Drive上的旅館，因為International大道上餐廳多、巴士多，還有Trolly(民營的透風式噹噹車觀光巴士)可利用。

❧ 高級度假村酒店
Reunion Resort

✉ 7593 Gathering Dr, Kissimmee, FL 34747
📞 (407)662-1000
💲 160元起
🌐 www.reunionresort.com
➡ 沒有公共交通工具，開車
🗺 P.248

高尚的度假村型酒店，有3座高爾夫球場、水上遊樂設施和餐廳，是全家出遊最好的選擇，而且有提供免費上網。

❧ 設備齊全，該有的全都有
Quality Inn & Suite By the Park Kissimmee

✉ 2945 Entry Point Boulevard, Kissimmee, FL 34747
📞 (407)390-0204
💲 69元起
🌐 info@qualityinnandsuitesmaingate.com
➡ 開車，巴士55的7600 Us192 Hwy and Entry Point Rd站
🗺 P.248

靠近迪士尼，附近有數家餐館和商店，旅館附有游泳池和健身房，設備齊全，還有免費早餐。

距離迪士尼世界2英哩，很快就可達郵樂園區，但是只需付區外旅館的價碼。

Orlando

一顆星等級也有方便的服務

Knights Inn Maingate Kissimmee

- 7475 West 192Hwy(West Irlo Bronson Memorial Hwy), Kissimmee, FL 34746
- (407)396-4200
- www.knightsinn.com
- 38元起
- 開車，巴士 55 7400 Us 192 Hwy and Reedy Creek Blvd站
- P.248

這是在192號公路上有星號中最便宜的一家旅館，雖然等級只有一顆星，還提供免費市區電話，若需要詢問資訊，這項服務可是很方便的哩。

最大特色是超級親民的價錢，還包括早餐。旅館的房間都在一樓，開車的客人可以把車停在所下榻房間的門外，非常方便。

奧蘭多國際大道區 International Boulevard

機能齊全，適合團體

Sheraton Vistana Villages Resort Villas, I-Drive

- 12401 International Dr, Orlando, FL 32821
- (407)238-5000
- 150元起
- www.marriott.com
- 沒有公共交通工具，開車
- P.249

這是喜來登連鎖酒店的度假村，空間寬廣並附有廚房，設備周全，適合家庭或團體。位於International Drive，非常方便。

免費巴士接送服務

Rosen Inn

- 6327 International Dr, Orlando, FL 32821
- (407)996-4444
- 90元起
- www.roseninn6327.com
- 沒有公共交通工具，開車
- P.248

地點方便，走路可到附近各種餐廳及商店，酒店內附一家日本餐廳，並提供免費巴士接送客人到各遊樂場所。

精簡方便，適合開車族進住

Comfort Inn International Drive

- 8134 International Drive, Orlando, FL 32819
- (407)313-4000
- 49元起
- 巴士8、42的8000 International Dr站
- P.248

免費上網、免費早餐、免費報紙、免費市區電話、免費咖啡，精簡便宜方便，適合開車族。

牌子雖老內部陳設新

Quality Inn at International Drive

- 8300 Jamaican Ct, Orlando, FL 32819
- (407)351-1660
- 89元
- 巴士8、42的7500 International Dr站
- P.248

Qality Inn是老牌旅館連鎖店，這家旅館2006年全部翻新過，所以牌子雖老，其實內部陳設還蠻新的，有免費上網服務。

奧蘭多
周邊重要去處

甘迺迪太空中心、地通拿賽車場、地通拿汽車海灘、龐思燈塔

甘迺迪太空中心是火箭、太空梭發射站，重要的歷史發生點，人類太空之旅的開始，也是重要的旅遊景點，可以看到各種火箭及太空科學相關的資料和設施。

地通拿賽車場好大，大過任何足球場，因為每年只舉辦一次Daytona 500大型賽車活動，人們不會每天或每週到這裏，賽車場為了抓住那些一年一次的商機，興建賽車場時，以能容納愈多觀眾愈好，親賭賽車場才能體會場地的巨大，以及那股難以形容的刺激。

從地通拿賽車場往海邊方向開到盡頭，就是地通拿海灘，因為是汽車海灘，可帶著所有家當去海灘玩，非常特殊，非常方便。

龐思燈塔是佛羅里達州最高的燈塔，在公路上就會看到一柱擎天的燈塔，直到你爬上燈塔的頂部(懼高症者不宜)，才會看到真正的大海之美。

交通資訊

528付費公路往東,可直達Kennedy Space Center。從奧蘭多上4號(I-4)往東,然後轉到92號往東,碰到Williamson Boulevard右轉,就是地通拿賽車場(Daytona 500),如果不右轉,繼續開到海邊,就是地通拿海灘。

4號(I-4)公路一直往東會變成400號,然後轉到1號公路往南,在Dunlawton Avenue左轉,之後右轉到S. Atlantic Avenue路的盡頭,就可望見龐思燈塔(Ponce Inlet Lighthouse)了。

地通拿汽車海灘 Daytona Beach
+地通拿賽車場 Daytona 500

龐思燈塔
Ponce Inlet Lighthouse

大西洋

佛羅里達州

95

奧蘭多

528付費公路

甘迺迪太空中心
Kennedy Space Center

4

95

奧蘭多周邊地圖

歷次太空火箭、太空船蒐羅於此
甘迺迪太空中心
Kennedy Space Center

✉ SR 405, Kennedy Space Center, FL 32899
☎ (866) 737-5235
🕐 每天09:00～19:00，聖誕節和太空梭發射日休息
💲 成人41元，兒童(3～11歲)31元
MAP P.293

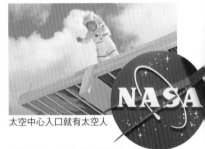

太空中心入口就有太空人

參觀甘迺迪太空中心得先到遊客資訊中心，這裡有太空畫廊、太空船展覽、控制中心、訓練儀器，

太空中心的太空梭

戶外則是歷次發射的太空火箭和太空船，還可以欣賞立體電影放映太空梭升空的景象。

至於真正的發射臺，則是位於不同地點，得加購參觀發射臺及相關設施的票(成人21元，兒童15元)，才可親眼目睹。參觀時有導覽人員引導，搭乘大巴士去海邊的NASA區，觀看載運太空梭的超大坦克和登陸裝備。

賽車初體驗，難得旅遊新感受
地通拿賽車場
Daytona 500

✉ 1801 W. International Speedway Boulevard, Daytona Besach, FL 32114
☎ (386)254-2700、800-748-7467
🕐 每天10:00～18:00
💲 參觀29元，看賽車票價依賽事規模及座位次序而不同，10～600元
http www.daytonainternationalspeedway.com
MAP P.293

通拿賽車場的外觀

Daytona International Speedway舉行Daytona 500賽車以外，還會舉行小規模比賽，也開放給遊客參觀和親自上賽車道，感受速度。親賭賽車場地，甚至親自體賽車感覺，也是一種難得的旅遊經驗。

地通拿賽車場售票處

走向碧海藍天

玩家交流

　　奧蘭多是一個充滿觀光設施的地方，旅遊氣氛重，介紹的周邊景點都靠近無邊大海，海闊天空，觀光氣氛比較淡，充分的悠閒感，即使探索嚴肅宇宙議題的太空中心，也是陣陣海風飄來，令人感到輕鬆。

　　如果玩累了人造的遊樂設施，建議從奧蘭多往海邊方向走，這些景點恰恰可引人接近大自然，自然之美剛好平衡奧蘭多一波又一波的科技幻象。如此一來，你的旅遊就更加完美了。

開車上海灘，全世界絕無僅有
地通拿汽車海灘
Daytona Beach

✉ N. Atlantic Avenue, Daytona Beach, FL 32118
💲 3元
🗺 P.293

　　旅行常有一些沒想到的驚喜！到這兒才知道沙灘竟然這般寬廣，而且是開車進來玩，車停好後，車上、車下、車旁就可以日光浴，也可以戲水、游泳、野餐、騎沙灘摩托車，不僅方便，簡直就「酷」呆了。開車上海灘，全世界大概只有Daytona Beach！

沙灘摩托車出租

沙灘附近的逛街購物中心是沙堡造型

望見無際大海如此浩瀚
龐思燈塔
Ponce Inlet Lighthouse

✉ 4391 South Peninsula Drive, Ponce Inlet, Fl 32127
📞 (386)761-1821
🕐 每天10:00～18:00
💲 12歲以上與成人6.95元，小於11歲1.95元，2歲以下嬰兒免費
🌐 www.ponceinlet.org
🗺 P.293

　　燈塔於1887年建造完成，登上塔頂，可見無際大海，旁邊的州立海灘公園，需要門票6.95元，買票後問守門員到沙灘的路，就可一路駕車到海邊。

　　這個沙灘沒有任何「沙」子，全都是沙粉，好細緻好舒服的地方。

燈塔內部是螺旋狀

Miami
邁阿密

邁阿密國際機場
Miami International Airport
✈

邁阿密市中心區
Downtown Miami District

沙灘區
Beach District

家園區
Homestead District

科勒爾
蓋布爾斯區
Coral Gables District

椰樹林區
Coconut Grove District

大西洋

▶ 邁阿密概略圖

邁阿密

交通轉軸站，
海運、空運忙不完

　　邁阿密是一個商業城市，位在Everglade大沼澤、Biscanye灣之間，從1896年設市之後，因佛羅里達東海岸鐵路通過，加上港口運輸繁忙，便逐漸發展成為含周邊28個城鎮和邁阿密海灘市的大都會，這裡土地面積約1萬6千平方公里，人口約540萬，跟台北都會差不多。

　　因為優越的地理位置，邁阿密成為南、北美洲的接駁點兼轉運站，空運、海運甚為發達。目前，邁阿密國際機場是世界空運最繁忙的機場之一，每年有3千500萬人次出入；邁阿密港(The Port of Miami)終日貨輪進出頻繁，是美國最大貨運港口之一，也是全世界最大的觀光郵輪港口。

邁阿密市景

風情掠影

拉丁文化 熱情奔放

卡斯楚解放古巴後，古巴一夕之間失去自由，變成了共產國家。那些反對黨員、商人、有錢有勢者、崇尚自由人士，全都慌忙逃命，投奔最靠近古巴的自由城市——邁阿密，一時之間，邁阿密湧入大批古巴難民。

拉丁音樂處處飄

由於古巴難民不諳英語，他們多半聚居互相照顧，過著拉丁特色的生活——吃拉丁式食物，喜好拉丁舞蹈，歡度拉丁特有的節慶和習俗，因而形成特定的生活社區。

拉丁文化樂觀開朗，強調「有一天過一天活」的價值觀，在經過一個世代，拉丁文化與美國文化交互影響下，移民第二代多半能講雙語，英文、西班牙語都溜，無形中，使得邁阿密也融入了拉丁熱情奔放的色彩。

邁阿密到處可見拉丁風情

古巴裔服務生正在榨甘蔗汁

↑ 一棟棟設計完好的退休別墅大樓

↑ 倘佯陽光下的遊客

陽光、沙灘處處性感

陽光、沙灘是邁阿密生活的主旋律，尤其邁阿密外灘的南沙灘，原是個不起眼的小社區，沒想到1980年期間電視影集《邁阿密風雲》在此取景拍攝，就此捲起一股風潮，帶來了新氣象。時尚業、娛樂業開始湧入，著名模特兒公司也跟進，漂亮的人都前來試機運，於是旅館、餐廳、酒吧、舞廳一家接一家開，帶動了經濟的蓬勃。

就這樣「一傳十、十傳百」，大家都知道來這地方，隨時可以走向沙灘，隨時可以盡情戲水，渴了、餓了走幾步就有得吃，酒吧到處都是，

邁阿密市是戲水的好地方

大灌啤酒解渴又爽快，然後跳跳舞，眾人一起歡樂。

因為處處人來人往，美女帥男出門總要打扮一番，凸顯傲人身材，如果運氣來了，撞上星探，還有機會變成名模，因此在這裡出入的人，漸漸地穿著性感，盡情享樂的風氣就此傳開。

今天觀光客遠道而來，漫步在海洋大道上，先映入眼簾的不是沙灘和大海，而是街巷弄裡賣弄的風情；妹妹們穿著火辣比基尼，帥哥們個個肌肉結實，南沙灘的性感印象，便因此成為本地獨特的文化。

邁阿密店頭賣的杯子也穿起比基尼

↑退休人士喜歡在慵懶的午後游泳

氣候溫暖 退休人士最愛

　　邁阿密沒有冬天，終年暖和，氣溫保持華式70～90度，是一個適宜休閒的地方。許多人坐辦公室一輩子，終於等到退休了，巴不得每天待在戶外，剛巧這裡溫度適當、雨量豐沛、花草繽紛、樹木茂盛、觸目所及盡是賞心悅目，還有河川、大海提供海洋活動，自然吸引他們像候鳥一樣，從各地往南遷徙避寒。

　　因為大受退休人口青睞，一棟棟集合式退休別墅、集合式退休大樓崛起，邁阿密因此而被調侃為「天堂等候室」，雖然是等候上帝的地方，退休人士可不管這些呢，這裡仍是他們的最愛。

　　再說「天堂」這詞兒，也得看是對誰說！來此發展的時裝設計師、家飾設計師、模特兒、古巴移民，肯定百分之百同意，邁阿密可以讓他大顯身手，是個真正的天堂呀！來到邁阿密，何需等候，盡情享受就對啦！

布利蔻商業大樓區的退休大樓一棟接一棟

Miami Getting Around
邁阿密

飛機

　　邁阿密國際機場（Miami International Airport)簡稱MIA，位於邁阿密西北區，是美國東南區最大的機場，僅次於紐約JFK機場，名列全美第二多旅客進出的機場。有巴士和火車進城，相關搭乘資訊請上www.miami-airport.com/bus_and_rail_info.asp查詢。另一機場羅得岱堡機場(Fort Lauderdale Airport)位於羅德岱堡市的南邊，也就是邁阿密市北邊，如果飛美國國內線，這就是到邁阿密的另一選擇。

計程車或叫UBER

　　邁阿密的計程車是小黃，國際機場到城中心是政府公定價41元。

計程車一覽表

Coral Gables Taxi

📞 (305)444-2828

KB Taxi

📞 (305)361-3111

🔗 www.kbvillagetaxi.com/taxirates.html

Miami Taxi

📞 (305)525-2455

🔗 www.yellowcabmiami.com/miami-taxi-prices-cab-fares.html

開車

　　美國高速公路系統是用號碼來稱呼，南北向的州際公路用「單數」，東西向的公路用「偶數」。從最西邊開始的縱貫線5、15、25、35……到最東邊的95號，直線貫穿全美；橫貫線從10、20、30……到最北邊的90號，橫切過每一州。

　　邁阿密位於美國國土的東南角，是南北向州際95號的一個終點(從南往北算就是起點，從北往南算就是終點)，邁阿密同時也是海運樞紐、大郵輪的母港、大貨櫃船的卸貨港，陸海交通非常方便。

　　95號公路將領你進城，395號公路是到邁阿密海灘市的主幹，到西港則是1號公路。

火車

　　國鐵(Amtrak)邁阿密站位於城中心區，地址是8303 NW 37th Avenue，Miami, FL 33147。如果從外地進城，出車站後轉接Metrobus到預定目的地，如果要去外州，這條長途火車北上可到東岸許多大城市。詳細訊息可上網www.amtrak.com/查詢。

　　Tri-Rail 平行州際高速公路95號，是邁阿密郊區及附近城鎮進出城的通勤火車，也可到棕櫚灘、羅德岱堡等附近大城(網址：www.tri-rail.com/bulletins.htm)。

　　Metromover是高架的定軌火車，專跑都會區核心的重要商業、觀光景點。這款空中捷運只有2個線道，1條走內圈(Inner

Loop-Omni)，另一條走外圈(Outer Loop-Brickell)，每天早上05:00發車，尖峰時間每90秒一班，平常時段每3分鐘一班，免車費，可多加利用。

Metrorail定軌火車總共22英哩，有22個停靠站，每天早上07:30分開始營運，尖峰時間每7～8分鐘一班，平時15分鐘一班，周末每30分鐘一班，票價2元。

路線是從Kendall經過 South Miami、Coral Gables到downtown Miami；也有繞到the Civic Center/ Jackson Memorial Hospital 區域，並遠及西北郊區 Brownsville、Liberty City、Hialeah、Medley，幾乎環繞了整個邁阿密大都會(Miami-Date County)。

對了，Metrorail中有16個站附有停車場，如果開車前往，可以把車子停在車站，再搭Metrorail到市區的各個景點，省去找停車位之苦。

另外，這22個停靠站都可轉接公共汽車(Bus) 或火車(Tri-Rail)，記得靈活運用轉車，因為接上Tri-Rail火車，就可以前往羅德岱堡、棕櫚攤市。再者，Tri-Rail不僅是往返邁阿密、羅德岱堡、棕櫚攤的大眾交通工具，並可停靠邁阿密國際機場站，非常方便。

搭巴士

邁阿密的公共汽車(Metrobus)是無所不及，除了最受歡迎的Miami Beach，市區大街小巷都可到達，甚至到郊區Broward County，有些線路還是24小時營運。車票2元，一星期票26元，月票100元，巴士之間轉乘免費，巴士、火車之間的轉乘則需付0.5元。

巴士不僅繞市區、郊區，其中37、42、57、150可到邁阿密國際機場，最近增開了Flyer快車，從機場到Miami Beach線，只需2.35元，其中停靠Earlington Heights，方便遊客在此轉捷運進入城中心，要去邁阿密海灘的觀光客可在終站下車，快捷又方便。各種路線資料請上網www.miamidade.gov/transit/ library/alignments/2009/mdt_ system_map-09.pdf查詢。

邁阿密市區重要交通工具是Metromover

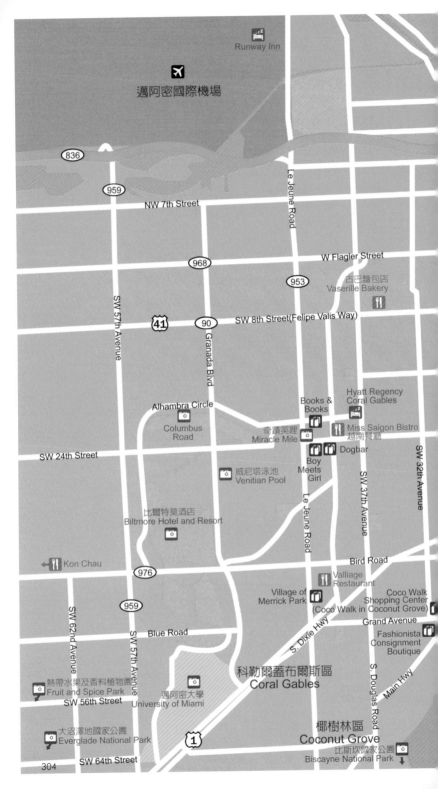

Runway Inn

邁阿密國際機場

(836)

(959)

NW 7th Street

Le Jeune Road

W Flagler Street

(968)

(953)

古巴麵包店
Vaserille Bakery

(41) (90)

SW 8th Street(Felipe Valis Way)

Granada Blvd

SW 57th Avenue

Alhambra Circle

Columbus
Road

奇蹟英哩
Miracle Mile

Books &
Books

Hyatt Regency
Coral Gables

Miss Saigon Bistro
越南餐廳

SW 32th Avenue

Boy
Meets
Girl

Dogbar

SW 24th Street

威尼塔泳池
Venitian Pool

Le Jeune Road

SW 37th Avenue

比爾特莫酒店
Biltmore Hotel and Resort

Kon Chau

Bird Road

(976)

Valliage
Restaurant

(959)

SW 62nd Avenue

SW 57th Avenue

Blue Road

Village of
Merrick Park

Village of Merrick Park

Coco Walk
Shopping Center
(Coco Walk in Coconut Grove)

Grand Avenue

S. Dixie Hwy

S. Douglas Road

Main Hwy

Fashionista
Consignment
Boutique

熱帶水果及香料植物園
Fruit and Spice Park
SW 56th Street

邁阿密大學
University of Miami

科勒爾蓋布爾斯區
Coral Gables

椰樹林區
Coconut Grove

大沼澤地國家公園
Everglade National Park

(1)

比斯坎國家公園
Biscayne National Park

SW 64th Street

邁阿密分區圖

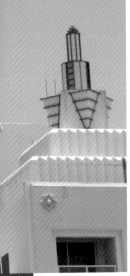

　　邁阿密是美國第五大城，它有太多的特色，也因此有許多別號。1896年邁阿密區域約有1千人，經過115年，人口已達5百50萬，成長速度太驚人，許多人稱它為魔術城市(Magic City)。邁阿密是美國最重要的金融中心之一，許多跨國的大銀行都選擇此地設置美國總部，所以也有世界城(World City)之稱。邁阿密港是許多豪華郵輪必經必停之站，因此得世界郵輪首都之名(Cruise Capital of the World)。2008年富比士(Forbes)評價邁阿密為美國最乾淨之城(America's Cleanest City)，因為它的空氣品質好，綠地多，飲用水乾淨，又注重環保。

　　邁阿密人口有70%是拉丁裔，這70%當中古巴裔幾乎占了快一半，也就是說有許多古巴裔美國人，他們的生活方式及熱情文化帶給邁阿密多了一些其他美國城市沒有的特徵。

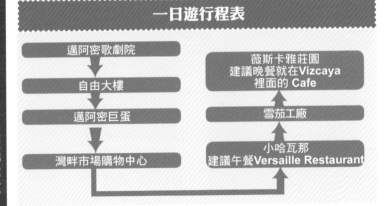

邁阿密市中心區 Downtown Miami District

一日遊行程表

邁阿密歌劇院
↓
自由大樓
↓
邁阿密巨蛋
↓
灣畔市場購物中心
→

薇斯卡雅莊園
建議晚餐就在Vizcaya
裡面的 Cafe
↑
雪茄工廠
↑
小哈瓦那
建議午餐Versaille Restaurant

Miami

熱門景點

紀念逃離古巴的義士

自由大樓
Freedom Tower

✉ 600 Biscayne Blvd Miami, FL 33132-1802
☎ (786) 239-0118
🕐 週三～五、日13:00～18:00，週六13:00～20:00
➡ 巴士95、243 Biscayne & NE 6 Street
MAP P.304

這座建於1925年的歷史性建築物，聳立於Biscayne Boulevard上，曾是佛羅里達州最高的建築(1925～1926)。擠在大樓叢林中很突兀，外觀看起來像一座塔，結構像一座精緻的結婚蛋糕，曾經是邁阿密日報的總部，1960期間古巴內戰，許多反共軍和難民湧進邁阿密，

邁阿密的自由大樓曾是佛州最高建築

美國政府在這棟大樓處理移民程序，為紀念這些逃離古巴的義士，這棟大樓改叫自由大樓，現在是展覽藝文的地方。

大咖歌手的表演勝地

邁阿密巨蛋
American Airline Arena

✉ 601 Biscayne Blvd, Miami, FL 33132
☎ (786)777-1000
➡ 巴士95、243 Biscayne & NE 6 Street
MAP P.304

就像台北的小巨蛋，這座體育場終年舉辦各種演唱會、體育活動，許多大牌歌星巡迴演唱，都不會遺漏這一站。它的特色是靠近海邊，景觀氣派寬敞，尤其夜景美不勝收，如果不看秀，來這走走也很值得。另外，因為得地勢之優，可清楚望見壯觀的邁阿密市景。搭bus 3、93、95、103、119在Biscayne Blvd和NE 6 Street交會處下車即可到達。

邁阿密巨蛋景觀氣派

邁阿密巨蛋外觀

沿海而建的觀光購物中心

灣畔市場購物中心
Bayside Market Place

✉ 401 Biscayne Blvd, Miami, FL 33132-1924
☎ (305)577-3344
🕐 週一〜四10:00〜22:00，週五、六23:00，
　週日11:00〜21:00
➡ 巴士95 Biscayne & NE 5 Street
🗺 P.304

Bayside的入口

Bayside Market

從邁阿密巨蛋(American Airline Arena)越過馬路就是Market Place，門口有一座大招牌Bayside，不需門票，即可入內。沿著海灣的觀光購物中心，其中的Hard Rock Café是有名的美式餐廳，兼售各種Hard Rock有關的商品，這兒還設有遊艇站，可搭遊艇出海一遊。

旅行小抄

可別飢不擇食喔！

Bayside Market Place的特色是可沿著海灣散步逛街，到特大Hard Rock店挖寶，還可以搭帆船出海，只是餐廳都太觀光味，除非餓壞了，最好還是不要在這用餐。

古巴美食、雪茄嘗鮮體驗

小哈瓦那
Little Havana

✉ 東以I-95，西以 S.W. 22nd Street，北以 Miami River，南以 SW 11th Street 的區域範圍，概稱為小哈瓦那
➡ 巴士8、208 SW 8th Street & SW 10 Avenue
🗺 P.304

小哈瓦那區

S.W. 8th Street上幾乎所有商家都是用西班牙文溝通，招牌也是西班牙文字，紅瓦的小房舍看起來簡陋，這裡的居民多是古巴移民，自成一區，久而久之，人們就稱這個社區叫作小哈瓦那。

因為美國和古巴沒有邦交，想要嘗試古巴味道，只好到小哈瓦那，其中最著名的是Versailles古巴餐廳，道地的古巴料理非常美味，店內擠滿好奇的觀光客。另一家聞名世界、充滿古巴味的商店——El Credito Cigar Factory，店內產品從捲煙草葉到手製雪茄，完全依循古巴傳統古法，遊客不僅可以買到最純、最好的雪茄，還可看到製作過程，雪茄迷一定要造訪此地。

Miami

彷彿歐洲皇宮重現
薇斯卡雅莊園
Vizcaya Villa

- ✉ 3251 South Miami Avenue, Miami, FL 33129
- ☎ (305)250-9133
- ⏰ 每天09:30～16:30，聖誕節休息
- 💲 成人18元，6～12歲6元，5歲以下免費
- http www.vizcayamuseum.org
- ➡ Metrorail(只有1條) Vizcaya站
- MAP P.304

Vizcaya Villa的花園一景

大富豪James Deering不惜耗費巨資，用9年時間於1914年蓋出Vizcaya villa。建造之初，他堅持從義大利、西班牙海運進口最好的建材、壁畫、飾品、家飾，許多超大材料甚至切割成小塊，運到建地再重新組合，以充分顯現西班牙建築風格。整個宅院極盡奢侈，就像一座從歐洲搬到邁阿密的皇宮，尤其濱海停泊一艘雕刻的船更是特別，原來那是一座珊瑚礁，運用巧雕手法而製成的船型。

一位新娘在Vizcaya Villa 後院拍攝婚紗照

這棟莊園建築特殊，又有收藏豐富的藝術作品，令人讚嘆。如此精緻設計的花園，現在是遊邁阿密必去的景點。

莊園內部氣派大方

邁阿密—熱門景點

灣畔市場購物中心、小哈瓦那、薇斯卡雅莊園

邁阿密歌劇院
Adrienne Arsht Center for the Performing Arts

- ✉ 1300 Biscayne Blvd, Miami, FL 33132-1608
- ☎ (305)949-6722
- http www.arshtcenter.org
- ➡ 巴士3、93、95、103、119 Biscayne & NE 9 Street
- MAP P.304

邁阿密最文藝的地方(Marc Averette／攝)

這個藝術中心正面對著海灣，由2棟形狀像花捲的白色建築物所組成，一棟是戲劇表演廳，另一棟是音樂廳。其外觀設計非常新穎，內部擁有一流的表演設備，如果有時間，不妨進去聆聽一場音樂會或觀賞一場表演，否則，也可參觀其建築設計。同樣是面海的音樂廳，雖然名氣不及雪梨音樂廳響亮，但它的建築水準、藝術水準可一點都不輸雪梨歌劇院。

邁阿密歌劇院可供歌劇、舞劇、交響樂之表演(Marc Averette／攝)

科勒爾蓋布爾斯區 Coral Gables District

一日遊行程表

比爾特莫酒店
↓
科勒爾蓋布爾斯大教堂
↓
哥倫布大道
↓
薇尼塔泳池
↓
奇蹟英哩
→
建議午餐pasha
↑
斐爾佳熱帶植物園
↑
美瑞蔻公園購物中心
↑
建議晚餐Villagio Italian Restaurant

Miami

具有歷史質感的旅館

比爾特莫酒店
Biltmore Hotel

✉ 1200 Anastasia Avenue, Miami, FL
33134
☎ (305)445-1926
http www.biltmorehotel.com
➡ 巴士56 Anastasia Avenue & Columbus
MAP P.304

哥德式的大廳

Biltmore Hotel是典型蔚藍海岸式建築，大廳頂處、木梁處飾有手繪圖畫，明顯受義大利文化影響，其旁是中古時代教堂內部模樣——高拱圓頂和大梁柱，歐洲風格非常特殊，是一棟有歷史質感的觀光旅館。

許多新人喜歡在這裡拍攝婚紗照，酒店後面有一座雅淨氣派的高爾夫球場、超級大的游泳池，聽說是全美旅館附設泳池中最大的一座，曾經在池畔舉行過選美大會。

美麗的游泳池

旅行小抄

找街名，低頭就對了

在Coral Gables 這一區開車要注意，大部分街名都鐫刻在街道角落的白色石頭上，而非傳統用鐵杆吊掛街道名稱。晚上開車很不容易找路，要記住街名牌號在地上，不要抬頭找。

知識充電站

想像力打造的城市

科勒爾蓋布爾斯是個特別規畫的城市，位於邁阿密市的南邊，當邁阿密不斷向外擴展後，它便被合併為邁阿密大都會的一區，地方人士稱為「The Gables」。

1920年期間邁阿密開始崛起，一位有遠見充滿激情的都市計畫大師George Merrick，詳細規畫出他想要的城市。他的藍圖裡有寬廣的道路，道路兩側植樹，增建橋梁以便交通，並且建造城市高爾夫球場，住宅房舍展現地中海型建築風格。

哥倫布大道(Columbus Road)到處是長滿氣根的老榕樹，架成一座綠蔭長廊，還有相互輝映的科勒爾蓋布爾斯大教堂(Coral Gables Congregational Church)、比爾特莫酒店、薇尼塔泳池等建築，都是他當年超級想像力所規畫出來的成果。

現在Coral Gables有綠草如茵的高爾夫球場、庭院深深的舒適宅邸、高級購物中心、電影院、藝文活動中心等等，交通很方便，綠樹夾道，整體環境好，人人讚嘆，這不得不提到George Merrick的貢獻。

許多駐美大使館的南邊辦事處都設在這一區，台灣駐美經濟文化辦事處邁阿密分處也設址在此服務僑胞。

石板步道適合逛街、觀賞
奇蹟英哩
Miracle Mile

✉ Coral Way介於LeJeune和Douglas 之間
➡ 巴士42 SW 42 Avenue & Coral Way
🅼🅰🅿 P.304

　　1950年起Coral Way的兩邊商業開始發展，地面所鋪設的石板步道，看起來舒服、走起來安全，因而吸引居民的興趣，便逐漸成為逛街購物之地。至於Miracle Mile的稱呼由來，是指逛這條街來回共需一英哩的意思，這裡的建築設計色彩豐富，變化多端，兼具逛街、觀賞之便，是一風格獨具的區塊。

Miracle Mile 街上有各式各樣的商店

　　街上有許多餐廳從簡餐到高級餐廳都有，走走逛逛，或喝杯咖啡看人及欣賞建築都好。

....

購物宛如置身度假村
美瑞蔻公園
購物中心
Village of Merrick Park

✉ 358 San Lorenzo Ave, Miami, Florida 33146
☎ (305)529-0200
🅷🆃🆃🅿 www.villageofmerrickpark.com
➡ 巴士56 SW 42 Avenue & San Lorenzp Avenue
🅼🅰🅿 P.304

　　許多朋友問東岸的購物中心哪一個最好？舉凡書上所提到的，都有一定水準和特色，至於喜好則因人而異。Village of Merrick Park之所以特別受到注目，是因為這裡就像是度假村，處處有噴水池，雕刻綴飾，花草茂盛，燈飾設計花俏，好的商店、古董店、餐館一家比一家好吃，像是The Palm Steakhouse & Seafood、Caffe Abbracci

逛街購物散步玩耍遛狗，通通都好

有鋼琴伴奏是多麼美好的逛街經驗

Northern Italian Restaurant、Miss Saigon Vietnamese Bistro、Norman's、Pascal's on Ponce French Restaurant等等。

露天逛街有特別的fu

可可大道購物中心
Coco Walk Shopping Center

- ✉ 3015 Grand Avenue, FL 33133
- ☎ (305) 444-0777
- ➡ 巴士48，249 Grand Avenue & Virginia Street或Grand Avenue & Matilda Street 站
- 🗺 P.304

這是一個可露天逛街的購物中心，現場有音樂會活動，許多餐廳放置戶外桌椅，供遊客用餐兼欣賞穿梭路人，這裡以氣氛熱鬧、閒逛輕鬆出名，若搭巴士前往，要在Grand Avenue和Virginia Street交叉口下車。

Coco Walk一景

海風吹拂下的運動天堂

甘乃迪公園
David T. Kennedy Park

- ✉ 2400 S Bayshore Dr, Miami, FL 33133
- ☎ (305)416-1133
- 🌐 www.miamigov.com
- ➡ 沒有公共交通工具，開車
- 🗺 P.305

邁阿密市立公園，愛好運動的人的天堂。這裡最大的特點是可以溜狗，而且不需要上狗鍊。

由於公園附近有許多辦公大樓，上班族下班後便轉往此地運動、放鬆。傍晚時分可以看到跑步、騎腳踏車的人很多，其中，沙灘排球最受歡迎，總是聚集滿滿的人潮。臨近海邊，有美麗又廣闊的海景，愜意的海風徐徐吹來，即使不愛動的人也會感到輕鬆自在，很值得一訪。

有海的公園特別舒服

紅樹林、珊瑚、海牛不可思議

比斯坎國家公園
Biscayne National Park

- ✉ 9700 S.W. 328th Street, Homestead, FL 33033-5634
- ☎ (305)230-7275
- 🕐 07:00～17:30
- http www.nps.gov
- ➡ 巴士344 W 328 Street & SW 167 Avenue 站,開車(1號公路上轉SW 328 Street)
- MAP P.304

Biscyne國家公園的海底部分(National Park Service South Florida,Caribbean Network／攝)

Biscayne國家公園服務處(National Park Service South Florida,Caribbean Network／攝)

這個國家公園兼具陸地與海域,但陸地僅占10％以下,其餘全部屬於海洋水域。可到服務中心索取公園資料,並選擇參加各種節目——散步、釣魚、划船、潛水、外島探險等等。其中最受歡迎的是玻璃船,搭上船底透明的船出海,可以看到紅樹林,欣賞到奧妙絕倫、壯觀美麗的珊瑚世界(世界第三大),幸運的話,還可以與瀕臨絕跡的海牛(manettes)相遇。

公園可提供露營,如果能乘船到Elliott Key 或 Boca Chita Key港口,在港邊露營更酷!每一營地可容 納6人,1個晚上費用只需20元。

Biscayne國家公園的盡頭(National Park Service South Florida,Caribbean Network／攝)

Miami

大沼澤地國家公園
Everglade National Park

✉ 40001 State Road 9336, Homestead, FL 33034-6733
☎ (305)242-7700
◉ Ernest Coe Visitor Center全年全天
💲 每輛車10元，行人或腳踏車5元
🌐 www.nps.gov
➡ 沒有公共交通工具，開車
🗺 P.304

公園服務中心內部(Rodney Cammauf／攝)

這是美國的第三大國家公園，面積約為台灣的6分之1，雖然名列聯合國世界遺產，但它成立主要是為保育功能，並非作為觀賞之用。

這裡的景觀很奧妙

這裡屬於沼澤地，園區內至少有36種瀕臨絕跡動物受到保護，像是佛羅里達黑豹、美利堅鱷魚，海牛等等。各種鳥類、魚類、爬蟲類、哺乳類在此沼澤溼地共生，形成一種自然和諧的食物鏈。

園內有鋪設良好的步道，供遊客欣賞自然之美，又不至於打擾到這裡的動物居民。如果開車到公園最南端，可以眺望海邊一望無際的溼地，就像是一座座小型的浮島，這種奇景充分展現大自然的奧妙與美麗。

熱帶水果及
香料植物園
Fruit and Spice Park

✉ 24801 S.W. 187 Avenue, Homestead, FL 33031
☎ (305)247-5727
◉ 每天10:00～17:00，聖誕節休息
💲 成人5元，兒童1.5元，6歲以下免費
🌐 FSP@miamidade.gov
➡ 沒有公共交通工具，開車
🗺 P.304

美國少見的熱帶水果香料植物公園，這裡有500多種類來自世界各地的果樹、蔬菜、香料、香草、核桃植物。

光芒果就有150種類之多，香蕉有75種，竹子有70種，遊客可以試吃這裡培育的水果，也可以在Mango Café中餐，想要進一步了解果樹，可參加每天3個時段11:00、13:30、15:00的免費導覽，增廣見聞。

這裡有各種蔬果香料農產品

滿街流瀉音樂、歌聲

林肯大道購物中心
Lincoln Boulevard Shopping District

✉ Lincoln Road, South Beach, FL
➡ 巴士101 Meridian Avenue & Lincoln Road站
🗺 P.316

林肯大道購物中泳裝盛行

林肯大道購物中心街景

　　Lincoln Road很長，從海灣(Biscayne Bay)到海灘(South Beach)，一路有高級的店家，還有裝飾藝術風的旅館、餐廳。愈靠近沙灘愈熱鬧，坐在任何一家露天咖啡欣賞日落，都有很好的視野，看著晚霞光芒發散，直到夜色升起，這一區的各色霓虹燈一盞一盞地亮起，整個南海灘的能量又開始散出，滿街流瀉音樂、歌聲，哇——精采、精采！

邁阿密沙灘區景點分布圖

Miami

一道令人滿意的豐富拼盤

玩家交流

　　邁阿密是個發展成熟的大城，所有好吃、好玩、好看的東西樣樣都具備，來這裡觀光旅遊不會錯的。

　　基本上，它是一個組合型的觀光都市，也就是說，沒有任何一個特點具有大到像巴黎鐵塔或紐約自由女神像，那種超越型能量，可是它有太多的特色，從南海灘、裝飾藝術街(Art Deco Row)、市景天際線(Skyline)，絕無僅有的小哈瓦那區(Little Havana)、特別規畫的南歐風建築區(Coral Gables)、超級權勢尊貴逛街處(Bal Harbor)……太多太多的美麗景點，組合成一道令人滿意豐富拼盤，這就是我印象中的邁阿密。

以藝術、海灘組合而聲名大噪

南沙灘
South Beach

✉ Ocean Drive from 5th St to 14th St
➡ 巴士103，123 Washington Avenue & 11 Street站
🗺 P.316

南沙灘 一景

　　堪稱邁阿密的第一景點。海灘處處可見，但像南海灘擁有這樣的大環境條件——既面向大西洋又規畫裝飾藝術保留區的，可絕無僅有。裝飾藝術發展時間很短(1920～1940)，所以能傳世成品有限，大部分都收藏在南海灘旁的Ocean Boulevard，藝術與海灘的組合，甚受注目與喜歡，此從讓南海灘聲名大噪。

裝飾藝術風建築物數以百計

南沙灘裝飾藝術歷史區
South Beach Art Deco Historic District

✉ Ocean Drive from 5th St to 14th St
➡ 巴士103，123 Washington Avenue & 11 Street站
🗺 P.316

　　人們以為Miami Beach是邁阿密的海灘，非也，其實它隸屬於邁阿密大都會的一區，是一個獨立城市，擁有自己的市長和市議會。

　　南海灘裝飾藝術歷史區是指Miami Beach城裡一處有特殊景觀的特定區域，其範圍西以Lenox Court為界，東至大西洋，北以Collins Canal，南到第6街。區內有數以百計的裝飾藝術風建築物，這些1923～1943年間的建築物塑造了南海灘的特有環境，目前被列為國家歷史地點(National Register of Historic Places)。

有Art Deco設計的建築外觀

邁阿密一探究竟

Check it out

　　看到路易斯安那的首府時，我愣了一下，因為美國每一州的首府都仿效國會山莊的新古典主義圓頂式古希臘神殿型建築風格，怎麼這一州的首都這麼不一樣，我問服務人員：「不是說各州的首府要向國會看齊，怎麼這棟建築一點也沒有國會的模樣？」

　　服務人員回答：「這座首府建於1929年，那時候正是裝置藝術(Art Deco)的全盛期，大概是受流行影響吧！」這答案開啟了我對Art Deco充滿了好奇，回家趕快上網研究了一番。

　　原來Art Deco的發展期間很短(1920～1940)，作品有限，不是到處都有。還好邁阿密南沙灘(South beach)的居民懂得欣賞這些獨特的作品，並且用心維護和保存，整條Ocean Drive街上的Art Deco建築物保持完好，形成只有邁阿密海邊才有的特殊人文景觀，並為邁阿密帶來無限的觀光資產。

　　Art Deco盛行在邁阿密，是一種應用在建築外觀、室內裝潢、時裝、畫作、日常用品上的設計。它的風格特點是把一點兒新古典味(Neoclassical)、一點兒方塊味(Cubism)、些許的摩登(Modernism)，加些超現代(Futurism)，配點結構傾向(Constructivism) 攪在一起後，自成一格，獨有風味，在洛杉磯、邁阿密、紐約的許多建築設計，可以看到Art Deco 的明顯特徵。

　　邁阿密地區的Art Deco作品，通常帶點熱帶風情，像是太陽、紅鶴、樹葉等點綴圖騰，因此邁阿密式的Art Deco又叫作Tropical Deco。

Miami

熱帶風情的Art Deco

這類設計的建築物、家具、藝品，通常具有冰淇淋般的亮麗顏色，有一些現代化的細管霓虹燈作周邊裝飾，有時會看到幾何線條模式，多半有鋁製外觀和裝飾用小尖塔，在邁阿密海灘的Ocean Drive有許多代表性建築，是一種視覺效果非常突出的藝術學派。

Mary Brickell Village

- ✉ 901 South Miami Avenue, Miami, Florida 33130
- ☎ (305) 381-6130
- http www.marybrickellvillage.com
- ➡ 巴士102，248 SE 10 Street & S. Miami Avenue站
- MAP P.304

Mary Brickell Village的雕刻

位在South Miami Avene 介於第9和第10街間，正是邁阿密財經銀行核心區。早在1870年Brickell 夫婦就在這裡和印地安人作貿易，Brickell 先生過世後，太太Mary繼續擴展，這一地區不曾停止商業活動，幾經發展後，辦公大樓像熱帶雨林茂密，邁阿密的最高樓——四季大酒店也在這，多棟都市生活型的退休大樓別墅，還有這座高檔的住商購物中心和多家異國風味的餐廳。

Bayside Market Place

- ✉ 401 Biscayne Blvd, Miami, FL 33132-1924
- ☎ (305)372-9811
- http www.baysidemarketplace.com
- ➡ 巴士95 Biscayne & NE 5 Street
- MAP P.304

將數座購物中心搬到海邊，配上現場音樂表演，再加上拉丁風情，這——就是Bayside Market

Bayside逛街可搭帆船出海

Bayside的店家

Place特有的休閒氛圍。駐足此地，清涼海風吹來，令人身心舒暢；眺望廣闊海景，令人心情開朗；輕快音樂聲起，更令人流連忘返。

Miami

✿親眼目睹古巴雪茄製造過程

El Credito Cigar Factory

✉ 1106 S. W. 8th Street, Miami, FL 33130-3604

☎ (305)858-4162

🕐 週一～五08:30～17:00，週六09:00～12:00，週日休息

🌐 elcreditocigars.com

➡ 巴士8，208 SW 8th Street & SW 10 Avenue

🗺 P.304

雪茄工廠的正門

菸草在這變成雪茄

除非你去過古巴，到邁阿密不可不去雪茄工廠，搭巴士到第8街和第12大道交會口下車，走到這家著名的古巴雪茄製造廠，親眼看工人們用熟練的技巧捲菸草、黏紙、切菸管，讓你知道雪茄是怎麼來著！

這裡的菸草是從生長在多明尼加的古巴品種菸草，進口到邁阿密，算是最接近古巴菸草，到邁阿密一定要看看，抽菸者一定要試試，不論你抽不抽菸，到了這裡，每個人都想買些雪茄。

✿世界名牌與美麗園景相得益彰

Village of Merrick Park

✉ 358 San Lorenzo Ave, Coral Gables, FL 33146

☎ (305)529-0200

🌐 www.villageofmerrickpark.com

➡ 巴士56 SW 42 Avenue & San Lorenzo Avenue站，Metrorail(電車)Douglas Road Station站

🗺 P.304

逛Merrick Park舒服極了

裝潢和擺設都高雅

這個購物中心有Merrick(名建築師George Merrick)的氣質，有度假村的舒適感，到處熱帶植物，還有精心設計的造園噴水池，又有許多世界一級的品牌像是Carolina Herrera、Gucci、Hugo Boss等等，和美麗的園景相輔相成，可搭免費噹噹車(Trolly)。

BOOKS & BOOKS

Books & Books 是邁阿密的誠品

Books & Books

- ✉ 265 Aragon Avenue, Coral Gables, FL 3313
- ☎ (305)442-4408
- ⏰ 週日～四09:00～23:00，週五、六至24:00
- http www.booksandbooks.com
- ➡ 巴士24 Aragon Avenue & Ponce De Leon Bd站
- MAP P.304

寬敞雅致的Books & Books

　　這是邁阿密的誠品書店，有3家聯鎖店坐落在邁阿密的高級購物區，喜歡看書的遊客可以藉此放慢腳步，調整體力。如果你帶著小孩旅遊，可以問櫃檯服務人員「說故事」的時刻表(Story Times)，說故事時間一開始，小孩就會安靜下來，你就可以暫時休息一下嘍！

Eternity Coffee Roasters

- ✉ 117 SE 2nd Avenue, Miami, FL 33131
- ☎ (305)926-8298
- ⏰ 08:00～17:00
- 💲 3元起
- http www.eternitycoffeeroasters.com
- ➡ 沒有公共交通工具，開車
- MAP P.305

好咖啡令人倍感溫馨

　　摩登的店面設計給人一股新潮清爽的感覺，從咖啡豆的烘焙、輾磨、沖泡，整個過程全部呈現在客人眼前，不但可以喝一杯上好咖啡，還可以參觀各種相關的產品，值得一訪。

小公主、小王子的高貴衣飾店
Boy Meets Girl

✉ 355 Miracle Mile, Coral Gables, FL 33134-5819
☎ (305)445-9668
🕐 週一～六10:00～21:00，週日12:00～19:00
http www.bmgkids.com
➡ 巴士42 SW 42 Avenue & Coral Way站
MAP P.304

這是一家小公主、小王子的衣飾店，所有高貴的款式，華麗的設計都有，有點奢華卻又忍不住想看一下、甚至買一件，因為太可愛了。

現代小王子和小公主的衣服

露天逛街吃冰淇淋，休閒氛圍佳
Coco Walk in Coconut Grove

✉ 3015 Grand Avenue, Coconut Grove, FL 33133
☎ (305)444-0777
🕐 週日～四10:00～22:00，週五、六至23:00
➡ 巴士48，249 Grand Avenue & Virginia Street或Grand Avenue & Matilda Street站
MAP P.304

這個露天的逛街有音樂演奏、各種名店、餐廳、電影院；美式優格在Yogurbell，義大利式冰淇淋在Coco Gelato，這兩家我都很喜歡前往。

Coco Walk購物中心

古樸風情家飾店
Fly Boutique

✉ 7235 Biscayne Blvd, Miami, FL 33138
☎ (786)332-4156
🕐 11:00～19:00，週六公休
http www.flyboutiquevintage.com
➡ 沒有公共交通工具，開車
MAP P.305

若是喜歡有點古樸風味的人，一定要造訪此店，舉凡衣服、飾品、家具，以及各種生活用品都非常有特色，頗具歷史味道。

這一世紀的眼光，上一世紀的產品

名牌二手貨店可挖寶

Fashionista Consignment Boutique

✉ 3135 Commodore Plaza#101, Coconut Grove, FL 33133
☎ (305)443-4331
🕐 週一～六11:00～17:00
🌐 www.thefashionistaboutique.com
➡ 巴士48，249 Grand Avenue & Commodore Plaza站
🗺 P.304

母女檔經營此間名牌二手貨店已有15年之久。許多衣服皮包還是全新的，來這兒仔細找，也許會挖到寶。

二手名牌就像新貨

沙灘區Miami Beach Areas

整區像高級私人俱樂部

Bal Harbour Shops

✉ 9700 Collins Ave, Bal Harbour, FL33154-2208
☎ (305)866-0311
🌐 www.balharbourshops.com
➡ 巴士108、119、120 Collins Avenue & #9700 (Bal Harbour)
🗺 P.316

這裡比棕櫚灘的貴婦逛街處——Worth大道更高一級，入口有守門員，進入這個購物中心要付4元停車費。

購物中心的雕刻是博物館級的藝術品

4層樓高建物的每個角落，都表現出高級設計和特殊造型，椰樹高、花草多、噴水池像藝術雕刻，所有心血都用上了，就是要表示極致的品質、新潮的設計。來這兒逛街，就好像翻開一本Vogue時尚雜誌，只是這回不是在紙上，在Bal Harbor 裡面。

商店新穎，有各種歐美名牌Giorgio Armani、Dolce & Gabbana、Christian Dior、Fendi……非常奢華，整區像高級私人俱樂部，充滿質感和高雅氣氛，不論要不要採買，都很值得去逛逛。

精心打造的逛街環境

Miami

專人解說Art Deco特色
Art Deco Welcome Center

✉ 1200 Ocean Drive, Miami Beach, FL 33139
☎ (305)531-3484
🌐 www.mdpl.org
➡ 巴士103，123 Washington Avenue & 11 Street站
🗺 P.316

這個服務中心是Art Deco 導覽團的起點，有專家為你解說Art Deco的特色，你也可以自己走走看看，省下$20元費用。中心的紀念品店有各式各樣Art Deco 飾品、用具、書籍、小玩意，看多了會對Art Deco 有概念。

裝飾藝術服務中心

限量酷貨裝扮輕鬆模樣
BASE Clothing

✉ 939 Lincoln Rd, Miami Beach, FL 33139
☎ (305)531-4982
🕐 每天11:00～19:00
🌐 www.baseworld.com
➡ 巴士101 Meridian Avenue & Lincoln Road站
🗺 P.316

強調只賣「酷」貨，而且限量。有些衣服穿在身上看起來很隨意，其實是花好多時間打扮成輕鬆模樣的那種風格。還有一些有世界味的裝飾品，很隨性，但是天知道他們用了多少心思設計出來的。

看起來隨意，其實用了很大心思

邁阿密最摩登建築之一
Fifth & Alton

✉ 1100 6th Street, Miami Beach, FL 33139
☎ (954)622-4212
🕐 10:00～21:00
🌐 www.properties.edens.com
➡ 沒有公共交通工具，開車
🗺 P.316

Fifth & Alton購物中心是邁阿密海灘區內一棟超級大、超級摩登的建築，非常醒目。內有各種品牌的商店及餐廳，從大型的平價時尚連鎖店Ross，大型的電氣品連鎖店Best Buy，到連鎖超市Publix統統都有，囊括的幾乎全都是大型店家，並有許多餐廳，可說是將食衣住行娛樂一切所需都涵蓋其中。可免費停車。

各種百貨及時裝都有

開胃菜buchata好吃免錢

Villagio Restaurant

- ✉ 360 San Lorenzo Ave. #1430, Coral Gables, FL 33146
- ☎ (305)447-8144
- ⏰ 每天 11:30～23:00
- 💲 10元起
- ➡ 巴士56 SW 42 Avenue & San Lorenzo Avenue站、Metrorail(電車)Douglas Road Station站
- MAP P.304

義大利烤餅免費任你吃

走進這家餐廳之前，完全沒有作任何研究，實在太餓了，只好碰碰運氣，沒想到竟然這麼美味，尤其他們的開胃菜buchata (義大利烤餅配番茄沙拉)是免費，能吃到「俗擱大碗」的食物，那種感覺真好！這也是旅行的好處之一，經常會有意外驚喜！

高品質手工義大利麵食

Soy e Pomodoro

- ✉ 2502, 120 NE 1st Street, Miami, FL 33132
- ☎ (305)381-9511
- ⏰ 午餐：週一～六11:30～16:30，晚餐：週一～六19:00～23:30，週日休息
- http www.soyepomodoro.com
- ➡ 沒有公共交通工具，開車
- MAP P.305

Soy e Pomodoro 是「豆」和「番茄」的義大利文，也是該餐廳的主要食材。由兩位從義大利來美國闖天下的好朋友共同創立，除了手工的麵食新鮮美味，還有許多藝術品及現場音樂表演，整間餐廳充滿了藝術氣息，是邁阿密最好的義大利餐廳之一，大力推薦！

旅行小抄

用餐的快樂時光

棕櫚灘有錢人太多，餐廳百貨都走高檔路線，如果喜歡好貨，又不想buy太多，就趁「快樂時光」(Happy Hours)下手吧！許多餐廳在午餐時間過後、晚餐尚未開始，約15:00～18:00之間，對某些餐點會給予折扣或半價，叫作「快樂時光」，如果早餐吃得晚，就把中餐時間往後移，剛好可以用上這種省錢機會。

好吃的手工麵食

好像來到牙買加品嘗美味

Clive's Cafe

✉ 2818 N. Miami Ave. Miami, FL
☎ (305)576-0277
🕐 週一～四08:00～18:30，週五至20:30，
週六09:00～17:00
💲 低於10元
🚌 巴士6 NW 29 Street & N Miami Avenue
站
🗺 P.304

這家牙買加烤肉店
位在市中心西北的
倉庫區，北邁阿密
大道(N Miami)和28
街(N.E 28th Street)交
會口附近。約莫10張座

這就是Akee

位，一個超小的吧檯，老饕們不
介意其狹小，只因太好吃了。買
單只收現金，每天傍晚就關門。
來這裡，別忘了嘗牙買加國菜
「akee炒蛋和鹹魚」，吃起來好
像到了牙買加一樣快樂。

Clive's Cafe的牙買加菜出名，就
是「akee炒蛋和鹹魚」

每道佳餚令人心滿意足

Perricone's Marketplace & Cafe

✉ 150 Southeast 10th Street, Miami,
FL33131-3007
☎ (305)374-9449
🕐 每天07:30～23:00
💲 15元
🌐 www.perricones.com
🚌 巴士102，248 SE 10 Street & S. Miami
Avenu站
🗺 P.304

從傳統的義大利茄醬烤麵、
通心粉、新風格的鮪魚排、嫩牛
排、新鮮沙拉，及精緻甜點，到
廣集種類的義大利美酒、商品，
又吃又逛，在在令人滿意。

草莓起司蛋糕
精緻美味的義大利麵

多樣飲茶點心吃開懷

Kon Chau

✉ 8376 Bird Road, Miami, FL 33155-3355
☎ (305)553-7799
🕐 每天11:00～21:30
💲 點心1元起
🚌 巴士40 SW 40 Street & SW 84 Avenue
🗺 P.304

欣賞完Biltmore Hotel，車往西
開或搭巴士，不消10分鐘，就可
以吃到好吃的廣式菜肴，點心多
樣價格便宜，喜歡飲茶的人可以
盡情得吃。

Kon Chau的叉燒包

Miss Saigon Bistro

✉ 148 Giralda Avenue, Miami, FL 33134
📞 (305)446-8006
🕐 中餐週一～五11:30~15:00，晚餐週一、三、四、五、日17:30~22:00，週六至23:00
💲 9～22元
🌐 www.misssaigonbistro.com
➡ 巴士24 Aragon Avenue & Ponce De Leon Bd站
🗺 P.304

大碗公越南湯粉過癮！

家庭式經營的越南餐館，越式春捲做得很好，尤其是佐料特有滋味。另外，它的米粉湯味道也很讚。由於美味受歡迎，材料保證新鮮，生意好到新開2家店。

越式春捲美味清淡

南沙灘South Beach

Yardbird Southern Table & Bar

✉ 1600 Lenox Ave, Miami Beach, FL 33139
📞 (305)538-5220
🕐 週一～五11:00~24:00，週六、日09:00~24:00
🌐 www.runchickenrun.com
➡ 沒有公共交通工具，開車
🗺 P.316

最近流行的從農場直接採購食材做法，所以食物品質比較好而且非常新鮮，摩登鄉村裝潢廣受年輕人喜愛，以美國南方料理為主軸，提供炸雞、漢堡等，還有威士忌酒吧。

好看、好吃又新鮮，一定要訪

Spiga Restaurant

✉ 1228 Collins Avenue, Miami Beach, FL 33139-4607
📞 (305)534-0079
🕐 每天18:00~23:00，週五、六至24:00
💲 15～25元起
🌐 www.spigarestaurant.com
➡ 巴士103、120、123 Washington Avenue & 13 Street站
🗺 P.316

這家餐廳很容易找，逛完邁阿密沙灘，沿海洋大道逛，與海洋大道平行的Collins大道比較安靜點，這家義大利料理強調手工麵，馨香的家庭味，氣氛好吃的十分親切。

手工義大利海鮮麵很讚

住宿情報

美國旅館標準是以房間為單位，每1個房間都設有衛浴，房內通常擺設2個雙人床(可睡4人)，一個大的單人床(king size bed可睡2~3人)，預訂房間時，可以指名喜歡的床鋪安排，價錢通常是一樣的；青年旅館則是算床位，衛浴設備要加錢，所以預約時要先問清楚。

奢華型旅館

一生一次浪漫型住宿

Biltmore Hotel and Resort

✉ 1200 Anastasia Avenue, Miami, FL 33134
☎ (855)311-6903
$ 219元起
http www.biltmorehotel.com
➡ 巴士56 Anastasia Avenue & Columbus
MAP P.304

Biltmore Hotel的外觀

整個邁阿密都會區一生一次浪漫型的5星大酒店，有全美最大的旅館游泳池、高爾夫球場、哥德式藝術大廳、義大利式花園中庭設備。餐廳料理精緻，所有細節皆屬頂級標準，不論住不住，都要去看一下高質感的創意設計。

迎面海景美得炫目

Intercontinal Miami Hotel

✉ 100 Chopin Plaza Miami, FL 33131
☎ (305)577-1000
$ 239元起
http www.icmiamihotel.com
➡ 巴士95 Biscayne Bd & Chopin Plaza
MAP P.304

這家商業型豪華旅館遍布全球，台灣朋友稱為洲際酒店。餐廳料理非常讚，主要是迎面的海灣海景美得炫目，如果不是出公差，至少可以來這裡吃頓飯，看看風景。4顆星級旅館，服務卻是5星級。

西班牙風格大方氣派

Hyatt Regency Coral Gables

✉ 50 Alhambra Plaza, Coral Gables, FL 33134
☎ (305)441-1234
$ 159元起
➡ 巴士37 SW 37 Av & Giralda Av站
MAP P.304

這棟西班牙風格大樓擁有250個房間，每間房間從裡到外都悉心裝飾，維護得完美。2008年花了1,000萬美元重新裝潢。大方氣派的商業旅館，服務頂級、地點好，旅遊度假也很適合。

Hyatt Regency Miami

🏠 中等型旅館

❖ 臨近南沙灘

Best Western Windsor Inn

- ✉ 12210 Biscayne Boulevard, North Miami, FL 33181
- ☎ (305)891-7350
- 💲 79元
- http www. bestwesternflorida.com
- ➡ 巴士3、93、107 Biscayne Bd & NE 123 St 站
- MAP P.304

這家旅館在1號和922號公路交會處附近，由1號往北很快就到羅德岱堡海邊，由922往東可達Bal Harbor逛街。從Bal Harbor往南開，約5分鐘就會到South Beach。

🏠 經濟型旅館

❖ 往返機場很方便

Runway Inn

- ✉ 656 East Dr. Miami Springs, FL 33166
- ☎ (305)888-6411
- 💲 44元
- http www.runwayinn.com
- ➡ 巴士36、37、42、95、132 NW 36 St & East Dr
- MAP P.304

如果到達邁阿密太晚，或是你隔天要搭早班飛機，住在Runway是最好的解決之道，有專車接送機場往返很方便，還有這裡到Everglade 國家公園也近。

南沙灘 South Beach

🏠 中等型旅館

❖ 精采夜景不教人失望

Avolon Hotel

- ✉ 700 Ocean Drive, Miami Beach, FL33139
- ☎ 800-933-3306
- 💲 120元起
- http www.avalonhotel.com
- ➡ 巴士103，123 Washington Avenue & 7th Street站
- MAP P.316

就在霓虹燈閃亮處，每天都有樂聲傳來，海洋大道上舞會衣香鬢影，走到海邊幾步就到，再方便不過了。如果喜歡熱鬧，住在這裡就對了，非常精采的夜景，不會令人失望。旅客喜歡來這樓下酒吧喝個啤酒，歇歇腳，看過往行人，休閒氣氛極致。

❖ 《飄》男主角也曾下榻於此

Cadet Hotel

- ✉ 1701 James Avenue, Miami Beach, FL33139
- ☎ 800-432-2338、(305)672-6688
- 💲 125元起
- http www.cadethotel.com
- ➡ 巴士103、112、113、119、150 Collins Av & 17 St站
- MAP P.316

雖然位處角落，極具造型美的外觀，十分引人側目。旅館本身就是一棟Art Deco 建築，難怪《飄》男主角克拉克·蓋博(Clark Gable)也曾在此下榻過。許多參加郵輪的旅客結束假期後，想多留幾天南沙攤，因沒有車子，都會考慮走路可到任何地方的旅館，這家就有這個方便。

Miami

經濟型旅館

白色旅館乾淨大方

Blue Moon Hotel

- ✉ 944 Collins Avenue, Miami Beach, FL33139
- ☎ (305)673-2262
- 💲 127元起
- http www.bluemoonhotel.com
- ➡ 巴士103、120、123 Washington Avenue & 9th Street站
- MAP P.316

Blue Moon Hotel室內設計乾淨大方

有點地中海式建築風，有點佛羅里達Art Deco味道，一棟3層樓高的白色旅館，乾淨簡單大方，最重要的是住得很舒適。

民宿型旅館

歡迎同志大駕光臨

Sobe You Bed & Breakfast

- ✉ 1018 Jefferson Avenue, Miami Beach, FL 33139
- ☎ 877-599-5247
- 💲 157元起
- http w.sobeyou.us
- ➡ 巴士113，119 Alton Rd & 11 Street站
- MAP P.316

因為南沙灘是有名的同志區，因應需求，許多旅館強調歡迎男女同志，這家旅館就是其中之一，位在比較安靜的街巷，越過5條街就到海灘。

背包客型旅館

地點方便、採購容易

South Beach Hostel

- ✉ 235 Washington Avenue, Miami Beach, FL 33139
- ☎ (305)534-6669
- 💲 通舖26元起
- http info@sobeho.com
- ➡ 巴士113，123 Washington Avenue & 2nd Street站
- MAP P.316

南海灘上最南的一棟青年旅館，走路不消5分鐘，就到沙灘，各種店家、各式雜貨都在附近，地點非常方便。

像是包3餐的學生宿舍

Ocean Hotel & Hostel

- ✉ 236 9th Street, Miami Beach, FL 33139
- ☎ (305)534-0268
- 💲 23元，private room 59元
- http www.oceanhotelmiamibeach.com
- ➡ 巴士103、120、123 Washington Avenue & 9th Street站
- MAP P.316

學生型旅館住宿非常划算

這家旅館又叫作Miami Beach International Traveler Hostel，南沙灘是美國東岸大學生最喜歡的春假住宿處，所以學生住宿型旅館特多。Ocean Hotel & Hostel 的特色是像學生宿舍，還包含早中晚3餐伙食，非常划算。

邁阿密
周邊重要去處
棕櫚灘、羅德岱堡、西港

　　邁阿密附近有許多值得的一日遊去處，其中棕櫚灘是工商界大富翁、企業大亨、影視明星、王室貴族、國際知名作家、仕紳貴婦的豪華別墅所在地。上流社會匯集，跟著帶動了時尚、美食、政治影響力，「名」「利」在這相輔相成，形成了一個處處可見「財富」和「頂級享受」的特殊城市。

　　羅德岱堡的新河(New River)蜿蜒穿過市中心，流入大西洋海域，造成許多水域及濕地，該市以此為基礎，興建了許多運河聯繫全城，所以又名「美國威尼斯」。沿河兩岸有許多住宅區，許多住戶在河上設置碼頭，停泊私人遊艇，也有住戶在濱河的庭院上設計造型園景，整體市容賞心悅目。

　　西港的崛起是因為亨利‧法萊格勒(Henry Flagler)經營的佛羅里達東海岸鐵路開到棕櫚灘後，他認為夠南方了，就開始在鐵路附近蓋酒店當作終點服務站，沒料到1894年冬天遭嚴重寒流，連棕櫚灘都冷到結冰，他決定把鐵路再往南延伸，一直到冬天不再受冷的地方。

　　翌年鐵路開始往南發展，一直到美國最南疆的西港(Key West)，其實西港不過是一個濱海小港口，它的地理位置很特別，明明是位在美國最南，因為是邁阿密附近一串小島嶼中最西的一個，所以變成叫作西港。

Miami

交通資訊

一般所謂的棕櫚灘，概稱為Palm Beach、West Palm Beach、Lake Worth和附近一些小城鎮，不論是北上或南下，得先從I-95下交流道，往東後轉到Ocean Boulevard,這裡就在Palm Beach；往西則是去West Palm Beach和Lake Worth。

若是搭飛機到羅德岱堡，在領行李處出口，有Broward County Transit(BCT)公共汽車站，BCT巴士會帶你進城，有任何問題可以電話(954-357-8400)詢問；Tri-Rail火車也到城中心，詢問電話為800-874-7245。

如果租車前往，建議指定有GPS裝備的車子，只消輸入打算前往的住址，GPS就開始帶你上公路。

往西港(Key West)通常是上95號(南北向)、76號(東西向)，在邁阿密市結束後，轉1-A號公路往南，一路經過許多座超級長的跨海大橋，一直到1-A公路的盡頭。

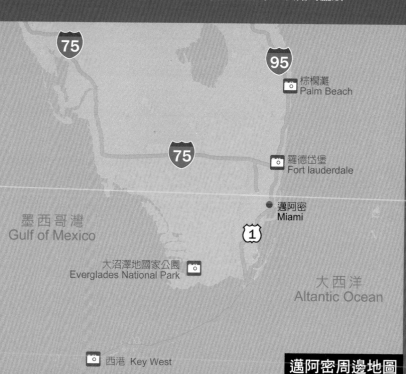

75

95

棕櫚灘
Palm Beach

75

羅德岱堡
Fort lauderdale

墨西哥灣
Gulf of Mexico

邁阿密
Miami

1

大沼澤地國家公園
Everglades National Park

大西洋
Altantic Ocean

西港 Key West

邁阿密周邊地圖

亨利·法萊格勒擎建鐵路開始發展

棕櫚灘
Palm Beach

✉ 1300 Biscayne Blvd, Miami, FL 33132-1608
☎ (305)949-6722
🌐 www.arshtcenter.org
➡ 巴士3、93、95、103、119 Biscayne & NE 9 Street
🗺 P.333

Breakers等候廳

棕櫚灘是佛羅里達州最東邊的城市，位在一座16英哩長的珊瑚礁小島，1876年住在紐約，身兼石油大亨、鐵路大戶、地產投資家亨利·法萊格勒(Henry Flagler)的太太Mary Flagler患了一場大病，醫生建議她到氣候溫暖的地方修養，Henry於是帶著愛妻南下佛羅里達州居住。

棕櫚灘市的海灘一景

他發現佛州氣候好，海景很漂

一開入棕櫚灘市，迎面而來的就是棕櫚樹

富豪度假第一首選——棕櫚灘

玩家交流

　　棕櫚灘有錢人多，私人俱樂部也多，最傲視群龍的則屬川普的Mar-a-Lago莊園，莊園極致豪華，彷若回教皇宮，金碧輝煌。

　　棕櫚灘向來是達官貴族巨賈的休閒渡假第一選擇，自川普搞豪奢後，整座城更是尊貴奢侈，優美的私人海灘別墅高築，高檔的設計、漂亮的花草庭院，人們對棕櫚灘的印象就是——財富和享受。

　　這裡雖然上流社會氣氛重，然而風景整齊優雅，棕櫚樹在海風下搖曳生姿，海景又遼闊無際。不論你從哪個方向來，下了95號公路(Exit 68)往東走，直到海洋大道(Ocean Boulevard)，就是令人心情開朗的美麗海洋，即使富人環繞，也不會特別羨慕，因為你知道，當下所欣賞的風光，與他們同值。

亮，然而愛妻2年後病逝，他卻很快再婚，帶著新太太在佛州南部度蜜月時，深感佛州交通不便、旅館不好，之後他開始購買土地，興建了一條佛羅里達東海岸鐵路(Florida East Coast Railway)，將原先擁有的鐵路線往南延伸至棕櫚灘，現在棕櫚灘的世界頂尖豪華酒店Breakers(1 South County Road)就是當時配套興建的。

　　棕櫚灘另一重要景點The Henry Morris Flagler Museum (One Whitehall Way)則是當年富可敵國的Henry Flagler宅邸。

Breakers Hotel的設施遠超越5星級

棕櫚灘市的海灘一景

許多住家後院就是碼頭

深海釣魚的碼頭

羅德岱堡的沙灘風光

羅德岱堡
Fort Lauderdale

羅德岱堡約有20萬人口，因為陽光、海水吸引退休人士，老年人口比例很高，全城分為市中心商業區和海灘旅遊區，市中心的沿河步道走廊Riverwalk Fort Louderdale，可供遊客散步和乘坐遊艇，每月第一個星期日有1次爵士音樂會，民眾藉此沿河邊野餐，非常愉快愜意。

水藍沙白的遼闊海灘Fort Lauderdale Beach，有數英哩的白色波紋型設計堤防，防沙兼作休閒步道，供民眾和遊客享受連綿無際的白色沙灘海景和棕櫚樹，空氣中充滿輕鬆休閒氣氛。當東岸美國人不需要工作時，不到這兒要去哪兒呢？所以這裡的退休人口特多。

如果想深入海洋，這裡的海釣向來有名，Fish Local Knowledge的船長 Gary表示，他的船只帶6位遊客，船上有各式飲料免費招待，每趟行程500元，由6位遊客平均分攤費用，他保證每個人都會釣到大魚，他的員工負責清理魚，然後切成魚排，給客人帶回家，這些魚排的市價不菲，比所付船費還貴，喜歡海釣的人可以試試大西洋的海產，詳細資料請上網www.FishLlocalKnowledge.com查詢。

船來船去，連鐵路軌道都要舉起來讓船通行，真是一大奇景

浪漫與浪蕩共存，海明威也著迷

西港

Key West

✉ 1300 Biscayne Blvd, Miami, FL 33132-1608
📞 (305)949-6722
🌐 www.arshtcenter.org
➡ 巴士3、93、95、103、119 Biscayne & NE 9 Street
🗺 P.337

　　西港基本上是一個小珊瑚礁港，許多藝術家、流浪漢、想要與世隔離的人、喜歡海洋者、浪漫的人特愛來此，這裡逐漸充滿浪蕩氣氛，連海明威都曾在此落腳過，並且創作了許多作品。

　　現在這裡觀光業掛帥，浪漫氣氛和浪蕩氣質兼具，令許多人充滿好奇和興趣，以隨意、淳樸和慵懶著名的觀光之處是Duval Street及其最北處Mallory Square，這片面對墨西哥灣的廣場，旁邊就是大郵輪停泊處。這裡的夕陽聞名世界，每天日落前2小時有街頭藝人表演、音樂演奏、畫攤藝展、路邊小吃聚集此地，慶祝夕陽的壯觀與美妙，這是西港的重要大事，又叫「Sunset Celebration」。

西港的沙灘

西港是純休閒的地方

美國最南點

墨西哥灣
Gulf of Mexico

往邁阿密方向

Duval Street

Mallory Square　西港 Key West

✈ 西港國際機場
Key West Internaitonal Airport

大西洋
Altantic Ocean

西港地圖

美國東岸重要城市旅遊黃頁簿

Travel in USA East Coast Cities

遊客在行程上所需要的所有資訊盡皆囊括其中，讓您的行程規畫得更為完整，確保旅遊的平安與舒適。

前 往 與 抵 達
DEPARTURE & ARRIVAL

簽證

自從美國宣布將台灣納入免簽國家後，還是要申請才能赴美，程序為登錄「旅遊許可電子系統(ESTA)」網站，送出申請資料，因為ESTA是美國法律要求國土安全部(DHS)為了增強免簽證計畫的安全性，因應免簽所施行的旅遊許可系統，一次最多可同時50人送出群組申請，也可請其他人代為申請。申請群組中，即使有人的旅遊許可被拒絕，也不影響已核准人的申請狀態。

申請ESTA須持有新版晶片護照，並需刷卡交付14美元申請費，網站大多能立即回應，(若旅遊許可被拒，則只需繳4美元處理費)。通過ESTA後，有效期

中華民國
REPUBLIC OF CHINA

TAIWAN
護照
PASSPORT

晶片護照
的識別

限為2年(或至你的護照過期日為止)，在此2年內可隨時前往美國，停留時間每次不超過90天。若已持有有效簽證的個人，按簽證原定目的前往美國，則不需要再申請ESTA。

請注意ESTA網址http後方有s，且網址結尾為.gov，請確認清楚，避免誤上詐騙個資的釣魚網站。

旅遊許可電子系統(ESTA)

http https://esta.cbp.dhs.gov

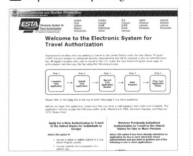

美國在台協會台北辦事處
✉ 台北市信義路3段134 巷7號
☎ (02)2162-2000
🕐 開放時間：週一～五08:00～14:30

美國在台協會高雄分處
✉ 高雄市中正三路2號5樓
☎ (07)238-7744

航空公司

全球各大航空公司都有航班飛往美國東岸(紐約、華盛頓D.C.)，從台灣出發的直飛紐約航班有長榮航空和華航。

中華航空
☎ (02)2715-2626
http www.chinaairlines.com

長榮航空
☎ (02)2501-1999
http www.evaair.com.tw

海關

入境旅客必須持有6個月以上有效護照及美國簽證備檢，如果攜帶1萬美元以上的現鈔或旅行支票必須申報，表格可在入境廳取得。年滿21歲可以200支菸或50支雪茄免稅，酒則限於1公升內免稅。千萬不要帶肉類、鳥類、蔬果和植物，尤其避諱牛肉乾。

政府駐美國東岸單位

在美東期間如有緊急事件或護照遺失，可與當地警察局聯絡或請求政府駐外單位協助。

駐波士頓台北經濟文化辦事處
✉ 99 Summer St. Suite 801 Boston, MA 02110
☎ (617) 737-2050
http www.tecoboston.org
傳真：(617) 737-1260

駐紐約台北經濟文化辦事處
✉ 1, E. 42nd Street, New York, NY 10017
☎ (212)317-7300
急難救助 (917)743-4546（假日）
(212)317-7300（平日）

http www.taiwanembassy.org/US/NYC

FAX (212) 754-1549

駐美國台北經濟文化代表處(位於華盛頓特區)

✉ 4201 Wisconsin Ave., N W Washington, DC 20016-2137

☎ (202) 895-1800(20線)

急難救助(202) 669-0180 ，免付費專線(800)0885-0885

http www.roc-taiwan.org/us

FAX (202) 363-0999

駐亞特蘭大台北經濟文化辦事處

✉ 1180 West Peachtree St., Suite 800, Atlantic Center Plaza, Atlanta, GA 30309

☎ (404) 870-9375

急難救助 (404) 358-3875

http www.taiwanembassy.org/US/ ATL

FAX (404) 870-9376

消 費 購 物
SHOPPING

貨幣

美元紙鈔面額分為1、5、10、20、50、100，硬幣則有1分(penny)、5分(nickle)、10分(dime)、25分(quarter)、1元(dollar)。

因為新台幣在美國不易兌換，最好在台灣先換好美金或旅行支票。還有美國有小費制度又處處設有自動販賣機，最好準備多一些小鈔和銅板。

匯率查詢請上網www.rate.bot. com.tw，旅行支票兌換地點www.americanexpress.com/taiwan

常用幣值單位換算

美元	台幣
1	30
5	150
10	300
20	600

常用的消費兌換表

基本消費	美元	台幣
礦泉水或可樂	1.5	45
速食店套餐	5~8	150~240
晚餐	15	225
小費	5	150
車票(地鐵或巴士)	2	60
郵票	0.98	28
旅館	70	2100

美金紙鈔都長得一樣大小，只有數字和人像的差異

銅色為1分，最小的銀色為10分，最大的銀色為25分，中型的為5分

美國商店使用信用卡多過現金或支票，除非是很小的商家，通常沒有最低消費額限制，即使喝個飲料都可以刷卡。如果你需要現金，可以在提款機(ATM)以信用卡提領，在美國提款機很普遍，銀行、超市、購物中心、便利商店處處可見。出國之前，先問好手續費再做斟酌。

信用卡

提款機的顏色因公司銀行而異

提款機的右上角是信用卡插口

商店營業時間

商店營業時間通常是10:00～21:00，週末則至18:00，餐廳營業時間差異較大，有些週末休息，有些酒吧營業至凌晨02:00，有些24小時開放，多數餐廳都營業到22:00。

折扣季

美國主要折扣時間是感恩節的下一天，又叫「黑色星期五」。所有商品都有很大的減價，以應聖誕佳節的需要。在各種節日之前，也有應景的折價和促銷，像是學生開學之前(約8月底～9月

341

初)，文具、衣服都有折扣。餐廳都營業到22:00。

小費

　　美國餐廳、酒吧、美容院、計程車、飯店的標價不含服務稅，支付小費不可以省略，否則服務生就沒有收入。通常小費約為消費金額的15%，如果服務人員很殷勤又很客氣，你可以多付一些，如果服務很差，你可以從15%往下減，但是一定要付，這是許多旅客不習慣處，不巧這正是美國文化之一。

觀光客服務臺 TRAVEL INFORMATION

　　美國幅員廣大，每個城市都有含地方特色的慶典及活動，到達之前，先上網搜尋訪留期間的各項活動、各種優惠票價和訂房服務。

波士頓人民公園觀光資料中心(Boston Common Visitor Informaiton Center)

✉ 147 Tremont St., Boston, MA

☎ (617)536-4100

🌐 www.massvacation.com/getAround/visitor-centers.php

　　波士頓有許多觀光資料服務中心，位在各風景名勝區，網上有住址電話，可在旅館就近走訪，每一個都有全波士頓的資訊。

紐約市觀光資料中心

✉ 810 Seventh Ave., New York, NY 10019

☎ (212)484-1200

🌐 www.nycgo.com

費城觀光服務處

✉ 1 N. Independence Mall W. (6th and Market sts.), Philadelphia, PA 19106

☎ (215)965-7676、(215)636-1666

🌐 www.independencevisitorcenter.com

華盛頓D.C.觀光服務

✉ 1300 Pennsylvania Ave NW, Washington D.C. 20004

☎ (866)324-7386

🌐 www.itcdc.com/explore.php?p=2

　　如果殘障旅客需要協助，可要求輪椅服務，詳情請上網www.visitthecapitol.gov/Visit/Visitors with Disabilities/查詢。

奧蘭多觀光服務

✉ 8723 Internaitonal Drive, Suite 101, Orlando, FL 32819

☎ (407)363-5872

🌐 www.orlandoinfo.com/visitorcenter

　　網站上有許多主題樂園的資訊及減價票出售。

邁阿密觀光服務處(Great Miami Convention and Vistor's Bureau)

✉ 701 Brickell Ave., Miami, FL 33131

☎ (800)933-8448

http www.miamiandbeaches.com

租車

租車基本條件

1. 一份有效的國際駕照加上一份有效的台灣駕照。
2. 一張有效的信用卡。
3. 在美國租車年齡必須滿25歲(18～25歲雖然有租車權利，但是租車公司通常會拒絕，即使不拒絕，也會收超級昂貴的費用，讓你自動退縮)。

租車須知

1. 先上網了解一下所要租車的公司有些什麼樣的車型、尺寸、保險及價目。

2. 租車費主要是由租車天數決定，小型車約30～45元1天；大型車約50～60元，加上稅金和保險費，通常1星期的價錢比4天還便宜，如果要租4～6天，乾脆租1星期較划算，租期內提前還車沒關係。

租車公司一覽表

■赫茲租車(Herts Car Rental)

☎ 1-888-654-3131

http www.Hertz.com

艾維士租車(Avis Rent a Car)

☎ 1-800-331-1212

http www.avis.com

■省錢租車(Dollar Rent a Car)

☎ 1-800-421-6868

http www.dollar.com

■預算租車公司(Budget Rent a Car)

機場搭租車公司巴士到租車處

☎ 1-800-527-0700

✉ www.budget.com

■汽車保險

1. 全險(All)：負責賠償人身損傷，車身損壞，幾乎所有狀況都涵蓋，保費高許多約20元一天。

2. 第三責任險(Liability)：當出狀況時保險公司會理賠因你而受傷的對方，但是自己部分不論人身或車子的損傷，都得自掏腰包。

3. 車身險(LDW)：保險範圍只負責車身損壞部分，不賠人身受傷部分，所以價格比較低，約5～10一天。

4. 如果你在出國前買了「旅遊平安險」，包括了生病醫療項目，建議買車身險就可。如果沒有任何保險，最好買全險，出門在外，還是心安一點玩得比較開心。

5. 有些信用卡提供租車時附送免費汽車保險，出國前可事先詢問信用卡公司，是否提供海外租車的免費保險，如果有這項服務，就可以省下這筆費用。

加油

美國的加油站分為自助(Self)和代客服務(Full Service)兩種。汽油依品質分 87、 89 、92 等無鉛汽油。收費方式多為信用卡自助付款，在加油機左上方的刷卡機，插入信用卡等候，按螢幕上的指示操作，非常方便。或者也可進入加油站的商店內，告知要加多少錢的油，繳了費用後，再回加油機加油。

加油站的信用卡付款機

加油站的加油機通常有3種油品(87、89、93)

油價是指每一加崙的單價，約3.3公升

加油站的自助式加油平臺(self)

主要國內航空公司一覽表

■美國航空(American Airlines)

📞 (800)433-7300

🌐 www.aa.com

■達美航空(Delta Airlines)

📞 (800)221-1212

🌐 www.delta.com

■聯合航空(United Airlines)

📞 (800)241-6522

🌐 www.united.com

■美洲航空(U.S. Air)

📞 (800)428-4322

🌐 www.usairways.com

■捷藍航空(Jet Blue Airlines)

📞 (800)538-2583

🌐 www.jetblue.com

■西南航空(Southwest Airlines)

📞 (800)435-9792

🌐 www.southwest.com

國內航空機坪

西南航空飛機停泊處

日常生活資訊
BEING THERE

時差

台灣比美國東岸快12小時，每年4～10月間因實施日光節約時間，與台灣的時差為11小時。

電話

1. 公共電話只消拿起話筒，投入50分錢，直撥電話號碼即可。長途電話則先撥1再撥區域號碼、電話號碼。然後你會聽到總機聲音，告訴你電話費用，之後再投入所需費用。

2. 酒店的電話比公共電話貴許多，如果用自己購買的國際電話卡，會比較便宜，但是仍要付費，只有公共電話不需手續費。

3. 電話的區域號碼800或888為免付費電話。

4. 從台灣打到美國：國際碼+美國國碼(1)+區碼+電話號碼。

5. 打回台灣：011886 加上區碼和電話號碼(手機需去0)。

6. 可將台灣手機設定國際漫遊帶至美國，在緊急情況下使用。

美國緊急電話碼

911 求救，報警，火警
411 查號臺
800-222-4357美國汽車協會
(AAA)公路緊急救援專線
800-238-5355 聯邦快遞服務
(Federal Express Services)
800-742-5877 聯合快遞服務
(United Parcel Services)

郵寄

寄回台灣的明信片郵資為98分($0.98)，郵票可在郵局或郵票販賣機買到。超市、便利商店也都有出售。

網路

許多咖啡店都有wi-fi服務，但是不會強調自己是網咖，像是星巴克咖啡大街小巷都有，只需點個飲料，任你免費使用網路。

喝酒限制

法定年齡滿21歲才可在公共場合喝酒或購買酒類，銷售者會要求你提出有照片的證件，通常是美國汽車駕照或護照，經過證實你是合法購買者，才會出售酒品。

藥局

24小時開門營業的藥局有Walgreen、CVS全國連鎖型商店，超市通常附有藥房，酒店也有簡易的藥房，多半是基本藥品普拿疼、感冒成藥、外傷藥膏、保險套、女性經期用品。如果是買醫師開的處方箋藥品，需有藥劑師在場才能取得。

Tarvel Information

CVS藥局就像台灣的便利商店

Walgreen 藥局也是處處可見

旅行常見的病痛名稱

頭痛	Headache
胃痛	Stomachache
漲氣	Gas
腹瀉	Diarrhea
嘔吐	Throw up
感冒	Cold
發燒	Fever
咳嗽	Cough
流鼻水	Running nose
喉嚨痛	Sore throat

電器

美國的電壓(110V)和電波都與台灣相同，電器插座也是一樣規格，旅客不需準備變壓器及插座。

竊盜

美國觀光區治安通常很安全，不要夜間獨行就好。所有重要資料(護照、支票、重要聯絡住

址、電話)最好事先影印一份放在旅館備用。萬一不幸碰上小賊，遺失護照要先向警局報案，索取遺失報案證明，然後到駐美台北經濟文化辦事處申請補發。

如果遺失旅行支票要先聯絡通運公司(American Express 免費電話800-221-7282)，然後持護照購買證明、旅行支票票號，到就近辦事處申請補發。遺失機票則要打電話給航空公司 (每家航空公司都有免費電話)，請航空公司重新安排。

遺失信用卡時，可以打411查詢信用卡發行公司銀行的電話，然後與該行聯絡止付，之後再申請補發。

習俗禁忌

美國人通常打扮輕鬆簡單，禮節可是一樣不能少，見面先微笑問好，謝謝掛在口上，公共場合談話要輕聲，避免詢問個人訊息，尤其不要問年齡、體重、收入和宗教信仰，受邀作客別忘了帶小禮物──一瓶酒、一束花、一盒蛋糕、糖果等。

度量容量換算表

度量衡	美國	台灣
重量	1公克	
	1 公斤	台斤
容量	1 毫升	
	1公升	

美東重要城市氣溫表

攝氏氣溫(C)	1月	2月	3月	4月	5月	6月
波士頓	-6~2	-4~4	-1~8	5~13	10~19	15~25
紐約	-1~5	-3~4	-3~5	1~8	6~16	11~21
費城	-4~4	-2~6	2~11	7~17	13~22	18~27

攝氏氣溫(C)	7月	8月	9月	10月	11月	12月
波士頓	18~28	18~27	14~23	8~17	3~11	-2~6
紐約	17~27	18~29	19~28	16~25	10~19	5~12
費城	21~30	21~29	16~25	9~19	4~13	-1~7

美國國定假日

新年	1月1日
金恩博士紀念日	1月第3個星期一
總統紀念日	2月第3個星期一
母親節	5月第2個星期日
國殤日	5月最後1個星期一
國慶日	7月4日
勞工節	9月第1個星期一
哥倫布紀念日	10月第2個星期一
退伍軍人紀念日	11月11日
感恩節	11月第4個星期四※全美路空交通最繁忙的時候※
聖誕節	(12月25日)

尺碼對照 女裝

美國	2	4	6	8	10	12	14	16
台灣								
歐洲	30	32	34	36	38	40	42	44
日本	5	7	9	11	13			

尺碼對照 男裝

美國	S	M	L	XL			
台灣	83				85		
歐洲	44	46	48	50	52	54	56
日本	S	M	L	XL			

尺碼對照 女鞋

歐洲	36	36	37	38	39	40	41
美國	5.5	6	6.5	7	7.5	8	8.5
台灣	66	68	69	70	71	72	73
日本	22.5	23	23.5	24	24.5	25	25.5

尺碼對照 男鞋

歐洲	40	40	41	42	42	43	43
美國	7.5	8	8.5	9	9.5	10	10.5
台灣	73	74	75	75	76	77	78
日本	24.5	25	25.5	26	26.5	27	27.5

個人旅行 *103*

美國東岸重要城市 最新版
紐約‧華盛頓D.C.‧波士頓‧奧蘭多‧邁阿密‧費城

作　　者	柯筱蓉

總 編 輯	張芳玲
發想企劃	taiya旅遊研究室
編輯部主任	張焙宜
企劃編輯	張焙宜
特約編輯	徐秀娥
修訂編輯	黃琦、鄧鈺澐
封面設計	許志忠
美術設計	何仙玲
修訂美編	許志忠
地圖繪製	魏志孟、何仙玲

國家圖書館出版品預行編目(CIP)資料

美國東岸重要城市：紐約.華盛頓D.C..波士頓.奧
蘭多.邁阿密.費城 / 柯筱蓉作. -- 二版. -- 臺北市
: 太雅, 2019.01
面；　公分. -- (個人旅行；103)
ISBN 978-986-336-286-9(平裝)

1.自助旅行 2.美國

752.9　　　　　　　　　　　　　　107019137

太雅出版社
TEL：(02)2882-0755　FAX：(02)2882-1500
E-MAIL：taiya@morningstar.com.tw
郵政信箱：台北市郵政53-1291號信箱
太雅網址：http://taiya.morningstar.com.tw
購書網址：http://www.morningstar.com.tw
讀者專線：(04)2359-5819 分機230

出 版 者	太雅出版有限公司
	台北市11167劍潭路13號2樓
	行政院新聞局局版台業字第五〇〇四號

總 經 銷	知己圖書股份有限公司
	106台北市辛亥路一段30號9樓
	TEL：(02)2367-2044／2367-2047　FAX：(02)2363-5741
	407台中市西屯區工業30路1號
	TEL：(04)2359-5819 FAX：(04)2359-5493
	E-mail：service@morningstar.com.tw
	網路書店：http://www.morningstar.com.tw
	郵政劃撥：15060393 (知己圖書股份有限公司)

法律顧問	陳思成律師

印　　刷	上好印刷股份有限公司　TEL：(04)2315-0280
裝　　訂	大和精緻製訂股份有限公司　TEL：(04)2311-0221

二　　版	西元2019年01月10日
定　　價	470元

(本書如有破損或缺頁，退換書請寄至：台中市西屯區工業30路1號　太雅出版倉儲部收)

ISBN 978-986-336-286-9
Published by TAIYA Publishing Co.,Ltd.
Printed in Taiwan

編輯室：本書內容為作者實地採訪的資料，書本發行後，開放時間、服務內容、票價費用、商店餐廳營業狀況等，均有變動的可能，建議讀者多利用書中的網址查詢最新的資訊，也歡迎實地旅行或是當地居住的讀者，不吝提供最新資訊，以幫助我們下一次的增修。聯絡信箱：taiya@morningstar.com.tw

填線上回函,送 "好禮"

感謝你購買太雅旅遊書籍!填寫線上讀者回函,
好康多多,並可收到太雅電子報、新書及講座資訊。

好康 1

好康 2

每單數月抽10位,送珍藏版 「祝福徽章」

方法: 掃QR Code,填寫線上讀者回函,就有機會獲得珍藏版祝福徽章一份。

填修訂情報,就送精選 「好書一本」

方法: 填寫線上讀者回函,並提供使用本書後的修訂情報,經查證無誤,就送太雅精選好書一本 (書單詳見回函網站)。

*同時享有「好康1」的抽獎機會

個人旅行
美國東岸重要城市
(最新版)

bit.ly/2PJhFi0

* 「好康1」及「好康2」的獲獎名單,我們會於每單數月的10日公布於太雅部落格與太雅愛看書粉絲團。
* 活動內容請依回函網站為準。太雅出版社保留活動修改、變更、終止之權利。

太雅部落格 http://taiya.morningstar.com.tw

有行動力的旅行,從太雅出版社開始

太雅22週年慶

登錄發票，抽好禮。
首獎 CASIO 美肌運動防水相機

凡於 **2019.1.1-9.30** 期間
購買太雅旅遊書籍（不限品項及數量）
上網登錄發票，即可參加抽獎。

精緻好禮等你拿
登錄發票

掃我進活動頁面

活動時間
2019/01/01～
2019/09/30

發票登入截止時間
2019/09/30
23:59

中獎名單公布日
2019/10/15

網址
taiya22.weebly.com

CASIO美肌運動
防水相機
（型號：EX-FR100L）

首獎 3名

普獎 100名

M Square旅用瓶罐組
（100ml*2＋50ml*2＋圓罐*2）

活動辦法

● 於活動期間內，購買太雅旅遊書籍（不限品項及數量），憑該筆購買發票至太雅22週年活動網頁，填寫個人真實資料，並將購買發票和購買明細拍照上傳，即可參加抽獎。

● 每張發票號碼限登錄乙次，即可獲得1次抽獎機會。

● 參與本抽獎之發票須為正本(不得為手開式發票)，且照片中的發票上須可清楚辨識購買之太雅旅遊書，確實符合本活動設定之活動期間內，方可參加。

  *若電子發票存於載具，請務必於購買商品時告知店家印出紙本發票及明細，以便拍照上傳。

◎ 主辦單位擁有活動最終決定權，如有變更，將公布於活動網頁、太雅部落格及「太雅愛看書」粉絲專頁，恕不另行通知。